北大文化產業評論

Peking University Cultural Industries Review

叶朗　向勇◎主编

中国出版集团公司
華文出版社

图书在版编目（CIP）数据

北大文化产业评论. 2020 / 叶朗，向勇主编. -- 北京 ：华文出版社，2021.1

ISBN 978-7-5075-5398-7

Ⅰ. ①北… Ⅱ. ①叶… ②向… Ⅲ. ①文化产业-研究 Ⅳ. ①G114

中国版本图书馆CIP数据核字(2020)第252186号

北大文化产业评论. 2020

主　　编：叶　朗　向　勇
责任编辑：郭俊萍　杨艳丽
出版发行：华文出版社
地　　址：北京市西城区广安门外大街 305 号 8 区 2 号楼
邮政编码：100055
网　　址：http：//www.hwcbs.com.cn
电　　话：总 编 室 010-58336239　发 行 部 010-58336212 58336238
责任编辑 010-58336254
经　　销：新华书店
印　　刷：北京明恒达印务有限公司
开　　本：787mm×1092mm　1/16
印　　张：15.25
字　　数：270 千字
版　　次：2021 年 1 月第 1 版
印　　次：2021 年 1 月第 1 次印刷
标准书号：ISBN 978-7-5075-5398-7
定　　价：68.00 元

本书为2017年度国家社会科学基金重大项目“丝绸之路经济带沿线国家文化产业合作共赢模式及路径研究”（课题编号17ZDA043）阶段性成果。

编者按

2020年是我国全面建成小康社会，实现第一个百年奋斗目标的重要时间节点。作为小康社会的五项指标之一，文化建设指标包含了覆盖全社会的公共文化服务体系基本建立、文化产业占国民经济比重明显提高、国际竞争力显著增强、适应人民需要的文化产品更加丰富等内容。为达成小康社会的文化建设指标，2020年1月4日至5日，以“新使命：大国文创与文化小康”为主题的第十七届中国文化产业新年论坛在北京大学举办。论坛广邀文化和旅游产业主管部门负责同志、国内外知名专家学者和业界精英共聚燕园，通过多元对话推动新时代文化和旅游产业融合的理论思考与实践关怀，总结新中国成立70周年来我国文化和旅游发展的成就、经验与教训，力求为小康社会的全面建成集思广益。近年来，文化遗产的保护与传承亦是热度很高的话题，文化遗产代表着民族的身份和记忆，也是一个国家文化发展繁荣的根基所在，珍视宝贵的历史文化遗产，能为当代社会的发展进步提供精神源泉。以“文化遗产的多元保护与创意传承”为主题的2019北京大学艺术学国际博士生学术论坛文化产业分论坛于2019年8月30日至9月1日在北京大学召开，文化产业分论坛面向全球接收了16~20位相关研究领域的青年学者的论文，分享研究成果，引发思想碰撞和经验交流。以上两次会议中的优秀论文是本刊的主要稿件来源，此外，本刊还广发征稿启事，吸纳来自不同研究领域、拥有不同学术背景的学者投稿，共囊括优秀论文15篇。

为加速推动《北大文化产业评论》成为国际文化产业领域中知名学者研究成果发表的主要阵地，并入选南京大学中文社会科学引文索引（CSSCI），《北大文化产业评论（2020）》继续规范投稿要求，完善审稿程序，并将本年度收录的稿件统筹于《理论视野》《前沿观察》《产业动态》《区域热点》这四个固定栏目之下，有侧重点地展现出不同角度、不同层次的文化产业研究视点。

《理论视野》所选论文涉及宏观和微观的不同层面：既有立足于我国目前文化艺术市场中存在的现象和问题，从宏观层面入手，研究艺术体制和艺术资产的论文；也有从文化生产和消费的角度出发，将时代背景和行业特点结合起来，讲述文化遗产村落和艺术场域结构的论文。

在《前沿观察》栏目中，本刊探讨的话题包括城市空间更新、短视频平台的受众接受度、实体书店的转型、新型阅读空间等。北京城市空间更新的核心逻辑在于通过构建胡同创意空间场域，激活北京旧城空间改造，达到促进社会生活发展、有机保留当地文化风格、构建城市身份认同等目的。进入新时代后，非物质文化遗产保护面临着新的重大机遇：短视频平台成为宣传非物质文化遗产的新阵地，将非物质文化遗产的内容与现代科技巧妙结合，形成了以非物质文化遗产为代表的传统文化传播新思路。实体书店在互联网的冲击下已从单纯的售书空间转为追求美好生活的体验空间，对消费者而言，实体书店则从购书意义转为旅游意义，因而在实体书店空间功能与意义转换的背景下对实体书店空间规划提出新的研究思路是有必要的。新型阅读空间可以通过打造原真性的方式，建构以书籍品质为核心的自然原真性、以创意设计为核心的原创原真性、以服务体验为核心的附加原真性、以唤醒回忆为核心的延伸原真性，以及以价值认同为核心的影响原真性。

在《产业动态》中，学者多采用案例研究的方法阐释某些行业门类的跨界发展和最新动向：在文商融合、文旅融合的背景下，演艺行业出现了众多新业态，如表演艺术的发生地向剧场以外的非标准空间延伸，出现公共空间艺术节等；在全球化、工业生产、环境气候压力与新社会文化的共同影响下，传统纺织手工艺人、纺织遗产社区与其他形式的传统手工艺一样面临着巨大压力，这不仅需要在新文化环境下重新识别传统纺织遗产的价值，更要激活纺织遗产群体适应现代社会的能力；数字出版产业商业模式创新应以数字版权价值链为基础，充分利用区块链的理念和技术特性重构数字版权的确权、授权、维权、扩权等环节，拓展价值创造、价值传递、价值运作、价值分配等具体实施路径；如今，电影已经成为美术馆中最为重要的展陈叙事形式之一，跨媒介语境下的电影需要适应美术馆作为艺术公共领域的公共性、空间性、互动性与共享性，在新技术的影响下唤起公共探讨，打破感知边界，创新互动方式，共享艺术观念，从而更好地释放电影的力量。

在《区域热点》中，所选论文多以某个区域的现实问题来反映文化产业的发展动态：韩国、日本在传统工艺的保护与利用方式上正在进行的探索与创新，对于其他国家传统工艺的复兴颇具启示；日本北海道曾被认为是一片“无主之地”，近年来，其原住民族阿伊努民族文化的振兴成为民族文化遗产保护的重要课题；非物质文化遗产的活态化传承需要发挥市场开发和文化延续的双重作用；地方创生理论为四川道明竹艺村乡镇开发非物质文化遗产资源提供了正确指引。

本刊致力于把有价值的学术观点、正确的文化导向传播给广大受众，并期待文化产业与其他行业能够产生更具创造性的良性互动。我们也真诚欢迎社会各界人士继续关注和支持本刊。

——《北大文化产业评论》编辑部

目　录

理论视野

“广州双年展”与20世纪90年代初中国现代艺术体制的萌芽

张 慧[①]
（清华大学美术学院，北京，100084）

【内容提要】20世纪90年代初，在市场经济的社会环境下，中国当代艺术的发展面临着新的语境。1992年“广州·首届90年代艺术双年展（油画部分）”（以下简称“广州双年展”）是中国构建现代艺术市场体制的一次实践探索。本文将回顾“广州双年展”的始末，分析投资人、批评家、艺术家、媒体等展览参与者，探讨相关法律问题，讨论中国现代艺术体制萌芽阶段呈现的特点和问题，以期勾勒出20世纪90年代初的艺术生态样貌。

【关键词】市场经济；20世纪90年代初中国艺术市场；现代艺术体制；广州双年展

Guangzhou Biennial Art Fair and the Beginning of Chinese Modern Art System in the Early 1990s

Zhang Hui
（Academy of Arts and Design，Tsinghua University，Beijing，100084）

Abstract: In the early 1990s, the development of art confronted new context under the social environment based on market economy. Guangzhou Biennial Art Fair in 1992 is a practice of the construction of modern art system in China. This paper will review Guangzhou

① 【作者简介】张慧，女，清华大学美术学院史论系博士研究生。主要研究方向为艺术管理、艺术社会学、艺术与设计产业。

Biennial Art Fair and analyze the investors, critics, artists, media and legal issues related to the exhibition. The characteristics and problems of modern art system in the preliminary stage will be discussed and the ecosystem of art in the early 1990s will be described.

Key words: Market Economy; Chinese Art Market in The Early 1990s; Modern Art System; Guangzhou Biennial Art Fair

一、理论基础及研究背景

20世纪后半叶，传统的定义已难以界定不断突破自我边界的艺术探索，于是一种新的艺术定义随之诞生。新的定义关注的，“不是我们从艺术作品中直观到的某种外显特征，而是隐藏在艺术作品背后的某些非外显的特征”，这是当代艺术定义理论与传统艺术定义理论的显著区别。它是由艺术理论、艺术史、艺术批评构成的“理论氛围”。受亚瑟·丹托在论文《艺术世界》中提出的“艺术界”（artworld）概念的启发，乔治·迪基从20世纪70年代开始构建他的艺术体制理论，并用“艺术界”的概念设定了艺术的“程序定义”。在迪基看来，一个物品要变成艺术作品就必须经过这样的程序：首先，它必须是某人怀有艺术意图制造出来的；其次，它必须为艺术界所接受。迪基与丹托的“艺术界”概念有所不同。迪基的艺术界是由艺术家、艺术公众、艺术媒体、艺术机构等构成的艺术体制，是一种社会学概念，是“社会关系的总和”；丹托的“艺术界”是由艺术理论、艺术史、艺术批评等组成的理论氛围，是一种哲学概念，是“逻辑关系的总和”。伴随艺术新定义的发展，基于艺术社会学的艺术史研究方法随之兴起。研究者逐渐将目光由作品和作者本身转向与之相关的经济、社会、政治、文化等更加广阔的领域，从而引领艺术研究进入了新世界。同时，一些社会学家也开始研究艺术体制。

18世纪，随着西方现代化进程的推进和美学学科的建立，诞生于资本主义商品经济下的现代艺术体制开始成长。在艺术市场中，艺术家通过自由交易将自己的作品出售给以新兴资产阶级为代表的买家。自文艺复兴以来建立的传统艺术体制及艺术家对艺术赞助人或官方保护人的人身依附关系从此结束，艺术家获得了创作自由与经济独立。随着艺术市场的逐渐成熟和社会分工的细化，出现了艺术品经销商、画廊、艺术批评家、艺术博物馆、美术馆、艺术媒体及出版社等现代艺术体制的要素，它们在艺术家与买家之间扮演着中介角色，也在艺术品的传播与接收环节发挥着更重要的作用。

在中国，现代艺术体制因特殊的历史背景建立较晚，直到20世纪90年代才随着市场经济的合法化获得发展空间，在效仿西方的同时更有鲜明的特色。近年来，中国经济转型升级，国家大力推动文化产业，中国的艺术市场快速发展。艺术产业的实际需求也催生了艺术管理学科的发展，促使关于现代艺术体制要素的研究成为艺术管理领域的热点。

本文将聚焦20世纪90年代初中国艺术市场建立初期这一特殊的历史时期，通过“广州双年展”这一典型案例，对中国艺术市场萌芽时期的艺术投资人、批评家、艺术家、媒体、法律制度等现代艺术体制要素进行分析，以期勾勒出20世纪90年代初中国艺术生态的特殊样貌。

二、时代背景：市场经济与艺术市场的萌芽

20世纪80年代，在改革开放政策的推动下，中国文化艺术界进入了新时代。大量地引入西方文艺理论，掀起了新的美术思潮，新的艺术探索试图突破传统艺术体制的束缚。20世纪80年代初，出售美术作品的商业机构开始进驻酒店、旅游景点、官方美术机构等场所①。1992年，邓小平的南方谈话开启了中国改革开放的崭新篇章，中国开始大力发展市场经济。在市场经济背景下，中国艺术市场进一步发展。据不完全统计，到1996年年底，全国共有3 000多家画廊。同时，本土艺博会、拍卖公司不断涌现，如1993年“首届中国艺术博览会”在广州举行，同年6月上海朵云轩艺术品公司举行中国近代书画拍卖会，随后北京嘉德、瀚海、中商盛佳等拍卖公司相继成立。到1996年，国内拍卖企业已有近1 000家。一些本土企业家开始进行艺术品投资，如1992年深圳东辉实业股份有限公司投资100万元收藏“广州双年展”获奖作品，1993年广东大亚湾信息开发公司投资200万元收藏“中国油画双年展”获奖作品。自此判断艺术生效的权力不再单方面地掌握在官方美术机构之手，一种建立于商品经济基础上的艺术市场机制开始萌发，主流美术与商业美术并行的发展态势逐渐显现。

在这样的时代背景下，市场问题一度成为中国艺术界关注的热点，美术类期刊上刊登了大量关于艺术与市场的讨论。例如，《江苏画刊》从1991年开始专门开辟了《艺术市场》栏目，其专栏文章涉及中国艺术市场的现状分析、批评家对于艺术

① 例如，位于王府井的北京饭店画廊、北京画店，位于德胜门的东方油画艺术厅，以及位于官方美术机构之中的中国美术馆画廊、中央美术学院画廊等。

市场的讨论、西方艺术市场信息及评述等内容，对参与建立东方油画廊、中国油画年展、广州双年展、上海朵云轩首场艺术品拍卖会、中国艺术博览会等艺术市场的重要机构均进行了报道或评论。另外，艺术出版界还出现了专门讨论市场问题的艺术刊物——《艺术·市场》，该刊物由孙平任主编，吕澎任特约执行编辑，郑胜天任特约编辑，先后由湖南美术出版社和四川美术出版社出版，1991 年至 1993 年间共出版 9 期。该刊物刊登了孔长安、殷双喜、吕澎、黄专、祝斌、彭德、杨小彦、鲁虹等批评家关于艺术市场与艺术批评的文章，其中《艺术与金钱》栏目还发表了王广义、何多苓、张培力、丁方、周春芽等艺术家对于艺术市场的批评。从《江苏画刊》《艺术·市场》这些刊物中，我们发现批评家们开始关注包括艺术家、艺术评论、艺术经营机构、收藏家、媒体、法律法规、税收政策、艺术保险等在内的艺术生态因素。一些批评家尝试建立一种不同于以往的艺术体制，通过艺术市场为中国当代艺术的未来找寻一条合法与合理的道路。

三、从“广州双年展”看中国现代艺术体制的建立

有了市场经济的时代机遇，“广州双年展”试图从市场领域为中国当代艺术寻求一条新的发展出路。这一探索是中国构建现代艺术体制的一次实践探索，也是 20 世纪 90 年代初期中国艺术生态的一个微缩景观。

（一）从赞助到投资：从市场为艺术寻求出路

随着国际艺术市场频频传来天价神话的消息①，中国的一些企业家也开始尝试将艺术品投资作为财富管理的一种方式，并将投资艺术视为树立企业文化形象的一种手段。“广州双年展”不同于以往艺术展览的突出特点之一，是它的投资方为私人企业——成都西蜀公司。该公司以经营汽车配件为主要业务。青年艺术批评家吕澎经大学同学介绍结识了西蜀公司的老板罗海全。罗海全聘请吕澎当艺术顾问，并在他的帮助下开办了一家艺术公司，为汽车配件公司做公关服务。1989 年，吕澎与易丹走访重庆、长沙、昆明等地的艺术家，打算拍摄一部关于中国现代艺术

① 1988 年，凡·高的《鸢尾花》在美国纽约苏富比拍卖行拍出了 5 370 万美元的天价。1988 年 7 月的《美国艺术》杂志及 1989 年 11 月 27 日的《时代》杂志都刊登了“艺术与金钱”的封面主题报道。在国际市场上，中国当代艺术品的价格在 20 世纪 90 年代初开始快速攀升。例如，陈逸飞的江南风情油画作品经由汉默画廊引入西方艺术市场，他的作品《浔阳遗韵》（创作于 1991 年）在 1991 年 9 月的香港佳士得秋拍上的成交价为 137.5 万港元，另一幅作品《夜宴》（创作于 1991 年）在 1992 年 3 月的香港佳士得春拍上的成交价为 198 万港元。

家的电视片。在拍摄中，他了解到艺术家们艰难的创作处境和捉襟见肘的经济状况。当时，王广义生活困难，吕澎说服了担任公司经理的大学同学孙玉泾、唐步云买下王广义的“后古典”作品。有感于艺术家的困境，吕澎希望寻找一种有别于传统艺术体制的新的展览方式，通过调动市场资源，以吸引企业家进行艺术投资的方式为艺术家们寻找发展出路。经过若干次讨论，吕澎向罗海全提交了“广州双年展”的方案，期待“造就一片新的空气”，“为年轻的艺术家提供一次展览、发表、卖画的机会”。该方案提出展览可通过报名费、广告赞助、作品销售等收入收回投资，这使罗海全认为投资艺术展是可行的，并最终决定投资“广州双年展”。

随后投资方成立了“西蜀艺术公司”作为“广州双年展”的运营主体，公司总经理罗海全任“广州双年展”组委会主任。西蜀艺术公司聘请吕澎为艺术主持，并与吕澎签订了首届广州双年展责权分配合同，合同约定了乙方（吕澎）的义务是“按组委会决定的工作方案负责该展览的筹备、宣传、组织及实际工作履行，负责邀请至少 800 名艺术家参展”，乙方的权利是“负责展览的策划及实际操作”。合同同时约定甲方（西蜀艺术公司）“必须承担展览的投资及组织工作”，“由甲方支付该展览赢利的 20% 给乙方”。

1992 年 1 月，西蜀艺术公司向成都市武侯区文化广播电视局提交了《关于举办广州·首届 90 年代艺术双年展（油画部分）的报告》。2 月初，又向成都市武侯区文化广播电视局提交了《关于组建广州·首届 90 年代艺术双年展组织委员会的报告》。2 月下旬，该报告得到了成都市武侯区文化广播电视局的批复许可。1992 年 1 月 23 日，“广州双年展”组委会还以广州经济技术开发区当代文化事业发展有限公司、广州艺术家画廊的名义向广州市文化局文化管理处递交了关于办理刊登广告征集业务的申请，并于当月 25 日获得批复许可。在批复中，广州市文化局文化管理处要求“展品交送我办审核后才能展出”。

与 20 世纪 90 年代其他当代艺术展览略有不同的是，“广州双年展”在内容审查方面，并未承受过多来自官方的压力，反而是资金问题成了最大阻碍。根据 1992 年 4 月 26 日的一份文件《关于双年展预算修正计划》显示，此次展览的总体预算为 247.3 万元，包括展览组织工作花费、广告宣传和画册及获奖作品的奖金。展览计划通过收取报名费、销售出版物、参展作品和门票等方式收回投资。投资方由于经济实力有限，实际只打算出资 45 万元，资金缺口很大程度上需要依靠销售作品来弥补，所以在展览筹备期间各方都承受了巨大的筹资压力。

为此，“广州双年展”专门制订了投资方案以吸引更多的投资。在《广州·首届90年代艺术双年展（油画部分）认定书》中，组委会将参与此次投资活动的投资金额分为从150万元、100万元、50万元、35万元到1万元的13个等级，并规定了相应的投资回报。其中第一级投资为150万元人民币，投资人将买断并收藏所有获奖作品（共27件），其获得的经济利益为：(1) 拥有27件获奖作品的所有权及其他新闻版权；(2) 主办单位代表拍卖的收入全归收藏单位；(3) 收藏作品（获奖作品）受邀到国外展出时，其经济收益、社会收益均归收藏单位独享。同时，投资者还能获得相应的广告收益，如在《广州·首届90年代艺术双年展获奖作品》高级画册上呈现收藏单位的名字，在5家国际知名艺术刊物及国内《羊城晚报》《文汇报》《光明日报》《江苏画刊》等报刊上做专题介绍，于《艺术·市场》发表所有收藏作品并呈现收藏单位的名字，在“广州双年展”展览期间在大型广告宣传招牌上呈现收藏单位的名字等。此外，“广州双年展”组委会还承诺“两年内收藏作品未能增值3倍，主办单位将原投资（除广告、宣传费用外）奉还。按国家正规贷款利息补偿。作品收回”。

1992年8月，在资金问题一筹莫展之时，深圳东辉实业股份有限公司提出购买“广州双年展”的27件获奖作品。因为急于获得投资，所以主办方最终与东辉实业股份有限公司谈定的出资额为100万元人民币，而非投资方案中的150万元。即便如此，这次购买行为依然成为“爆炸性”新闻。1992年8月27日，《羊城晚报》在头版头条发表了文章《中国艺术市场初露端倪，可能成为房地产及股票之后的投资热点》。1992年11月25日，《深圳特区报》刊登了深圳东辉实业股份有限公司用100万元购买“广州双年展”27件获奖作品的整版广告版面。这笔投资在很大程度上缓解了展览的资金压力，促使“广州双年展”于1992年10月23日在广州中央酒店国际会议厅正式开幕。

这27件获奖作品中，一部分作品很快再次进入了市场。《艺术·市场》第9辑的一篇文章——《拍卖进入“双年展”历史》报道，“广州双年展”的27件获奖作品之后参加了香港亚洲艺术博览会，其中的5件作品被深圳华韵艺术公司以数十万元购得。1994年3月27日，中国嘉德国际文化珍品拍卖有限公司进行了中国油画专场拍卖会，拍卖项目全部为当代艺术作品，这在中国拍卖史上尚属首次。这场拍卖会的拍卖额为196.13万元，成交率为70.59%。这次拍卖作品中有8件选自“广州双年展”获奖作品，其中4件未成交，4件成交，成交作品的总成交额为152 900元。具体作品及成交情况见下页表1。

表 1　1994 年嘉德春拍油画专场中“广州双年展”获奖作品成交情况

作品名称	作者	参考价（¥RMB）	成交价（¥RMB）	“广州双年展”获奖情况
《黑色的线条　红色的人体》	周春芽	45 000~55 000	未成交	学术奖
《自语》	刘虹	43 000~48 000	未成交	优秀奖
《捆着的亚麻布》	冷军	45 000~55 000	68 200	优秀奖
《夜莺》	何红蓓	40 000~45 000	未成交	优秀奖
《创世篇》	张晓刚	30 000~35 000	25 300	优秀奖
《室内·人物》	韩冬	25 000~30 000	未成交	优秀奖
《永无终结的演奏》	葛震	30 000~35 000	35 200	优秀奖
《房子的变相》	曾晓峰	30 000~35 000	24 200	优秀奖

数据来源：中国嘉德国际拍卖有限公司官网（http：//www.cguardian.com/AuctionResult.html）

进入 21 世纪，随着中国当代艺术市场的飞速发展，“广州双年展”的一些获奖作品成为拍卖场中炙手可热的拍品。例如，获得“广州双年展”文献奖的王广义《大批判——万宝路》在匡时国际 2008 春拍中的成交价为 1 097.6 万元[①]；获得“广州双年展”优秀奖的张晓刚《创世篇》在香港苏富比 2010 秋拍中成交价为 5 218 万港元[②]；获得“广州双年展”优秀奖的毛旭辉《92 家长》（大三联）在北京保利 2019 春拍中成交价为 1 265 万元人民币[③]。

虽然“广州双年展”的部分获奖作品在艺术市场中实现了较大增值，然而作为主要投资方的西蜀艺术公司并未从展览中获得预期的经济收益。西蜀艺术公司只是一个注册资本 30 万元的小公司，此次展览投资金额大大超出了公司的承受能力。而且西蜀艺术公司对于艺术的理解较为局限，一发现从展览中无法得到预期的利益，就放弃了对艺术的投资，甚至不愿继续承担法定的责任。展览结束后，西蜀艺术公司并未按合同约定支付艺术家们的部分画款，很多作品也没有退还给他们。尽管艺术家们试图运用法律武器保护自身权利，但是遇到了执行难的问题，这使得很多遗留问题至今悬而未决。

西蜀艺术公司的行为反映了在艺术市场发展初期，企业对于艺术投资的理解还非

①　数据来源：新浪财经 http：//finance.sina.com.cn/stock/t/20080621/01152289139.shtml?from=wap.

②　数据来源：雅昌艺术网 https：//m-news.artron.net/20101005/n126624.html.

③　数据来源：雅昌艺术网 https：//news.artron.net/20190604/n1053794.html.

常有限。艺术投资需要较长的操作过程，涉及评论、展览、新闻推广、出版等一系列工作，需要投入大量的时间和资金，切忌急功近利。许多企业对艺术市场运作方式的特殊性了解不够，加之艺术市场信息不对称，使得艺术投资带有极大的风险性。当投入无法在短期内获得回报时，企业就中途退出，导致艺术品的市场价值难以实现增长。

（二）批评家做主：以学术价值引领商业价值的理想乌托邦

在商品经济下的新艺术体制中，批评家是连接艺术家与收藏家的中间环节，起着为艺术品价值背书的重要作用，引导着整个艺术市场的品位，这是新时代赋予艺术体制的新逻辑。曾经活跃于美术刊物上的批评家们不再满足于单纯的文本批评，而是更加积极地走向社会，在商业资本的支持下，通过展览这种更加具有社会影响力的传播形式表明自己的学术立场，争取获得更大的话语权，同时在理想与现实的冲突之中坚持摸索艺术与商业的边界。

“广州双年展”是批评家将艺术批评权力与市场结合的一次实验。“广州双年展”的评审机制以艺术主持为中心，由艺术评审委员会和资格鉴定委员会共同参与。艺术评审委员会成员包括易丹、严善錞、邵宏、杨小彦、黄专、祝斌。他们负责评审展览作品，提名27件获奖作品，并写出评审意见。资格鉴定委员会成员包括皮道坚、彭德、殷双喜、易英、陈孝信、杨荔、顾丞峰。他们负责组织学术鉴定、作品定价、监督评审委员会的评审工作，对参展作品进行风格分类，组织编辑《江苏画刊》专号稿件等。这些委员均是当时拥有一定知名度、比较成熟又十分活跃的中青年批评家。“广州双年展”组委会向每位评委和鉴委支付3 000元的评审费用，这在当时是非常高的报酬，足见组委会对批评家的专业评审意见非常重视。艺术主持人吕澎负责主持整个评审工作，他是协调艺术评审委员会与资格鉴定委员会关系的中心枢纽，拥有评选的最终仲裁权。

评审会于1993年8月23日正式成立，至9月1日正式解散。“广州双年展”组委会共收到报名作品约600件。经艺术主持、艺术评审委员会、资格鉴定委员会的反复筛选，最终确定入选作品约400件，落选作品约200件。在约400件入选作品中，有90件作品获得文献奖、学术奖、优秀奖三类奖项的提名资格。经投票表决，90件作品中又选出54个提名奖作品。最后，由学术总监、鉴委皮道坚主持，由易丹、严善錞、邵宏、杨小彦、黄专、祝斌6位评委对54个提名奖作品进行投票，选出27个获奖作品，并为具撰写评审意见书，最终由艺术主持终裁，产生正式获奖名单，其中包括2个文献奖（奖金具体获奖作品、作者及奖项如表2所示。5万元人民币）、5个学术奖（奖金为3万元人民币）、20个优秀奖（奖金为1万元人民币）。

表 2 “广州双年展”获奖作品

作者	作品	奖项
王广义	《大批判——万宝路》	文献奖
李路明	《今日种植计划・四季延异 A、B、C、D》（4 联）	文献奖
毛焰	《小山的肖像》	学术奖
尚扬	《大风影——赶路》	学术奖
周春芽	《黑色的线条　红色的人体》	学术奖
舒群	《同一性语态，宗教话语秩序》（3 联）	学术奖
魏光庆	《红墙——家门和顺》	学术奖
王劲松	《又是一个大晴天》	优秀奖
毛旭辉	《92 家长》（3 联）	优秀奖
叶永青	《大招贴・中国版和海外版》（2 联）	优秀奖
石磊	《一定要把房子修好》	优秀奖
任戬	《集邮系列之一“欧洲邮票”》（32 幅）	优秀奖
李邦耀	《产品托拉斯》	优秀奖
刘虹	《自语》	优秀奖
沈晓彤	《红红的那些人》（6 联）	优秀奖
冷军	《捆着的亚麻布》	优秀奖
何红蓓	《夜莺》	优秀奖
张晓刚	《创世篇》（2 联）	优秀奖
陈雷	《辫子症结・生物工程之三・观察与对话》	优秀奖
宫立龙	《腊月二十九，去狗柱儿家送“福”的春秀儿》	优秀奖
韩冬	《室内・人物》	优秀奖
曾晓峰	《房子的变相・2》	优秀奖
曾梵志	《协和三联画》（3 联）	优秀奖
韩裴	《有牛车的风景》	优秀奖
葛震	《永无终结的演奏》	优秀奖
管策	《一个模糊的概念》	优秀奖
戴光郁	《真伪难辨的石涛先生》（2 联）	优秀奖

来源：《中国广州・首届 90 年代艺术双年展（油画部分）作品文献》，四川美术出版社，1992 年 10 月。

学术评审并不是"广州双年展"的唯一目的。在评审之外,"广州双年展"还承担着销售艺术品的工作。在中国,"广州双年展"第一次提出了双年展的概念,该双年展与国际通行的以学术性质占主导的"双年展"有较大区别。它本质上属于商业性质的"艺术博览会",展览的英文翻译"Guangzhou Biennial Art Fair"正透露出其商业属性。

"广州双年展"与艺术家约定,广州双年展组委会将在展览期间及此后六个月内担任参展艺术家的销售代理人,并在双方商议的价格幅度基础上代为销售作品。作品售出之后,甲乙双方①按税后70%(甲方)和30%(乙方)分成,所得税由乙方代为交(缴)纳。由此可见,"广州双年展"既是艺术价值的评判者,又是艺术作品的临时代理销售者。虽然主办方坚持宣称"广州双年展"实现了"学术价值对批评价值的引领",但是身份的模糊性还是引发了一些批评家和艺术家的质疑与批评。

"广州双年展"开幕后,1992年10月26日在广州华南植物园举行的"中国当代艺术研究文献资料展"②研讨会,引发了与会者对"广州双年展"的讨论。范迪安发言说,"双年展以一家公司为后盾办展,其终极目的在于盈利,因而批评家的参与不能视为真正的参与。批评家与公司的关系是雇佣关系……主持人仅是西蜀公司的代表。从本质上说,艺术家与市场永远是异己的力量"。栗宪庭在发言中说,"今天,我的右边坐的是吕澎,左边坐的是王林,他们分别代表了双年展与文献展。尽管追求不同,但他们都是理想主义者,在我看来他们在当代都呈现出一种病态!……吕澎过于乐观,他已掉入商业的陷阱;王林过于悲观,他将自己封闭起来。我来广州前很高兴,到了广州后却很失望,我很担心现代艺术会被商业压垮"。

"中国当代艺术研究文献资料展"的策划人王林对市场怀有批判的态度,他极力捍卫批评的学术地位及独立于市场的立场。在"广州双年展"前后,他接连在《江苏画刊》上发表了《定位和定价——略论市场机制的建立》《市场神话与艺术权威——再论批评与市场的关系》这两篇文章,分析了批评与市场的关系。他指出批评的归宿在于定位而非定价,定价必须经过操作,但不一定是批评定位的结果,批评在定价过程中的作用是间接的而不是直接的,批评对于投资性收藏具有指导作用。在"广州双年展"之后发表的文章中,他鲜明地批判了市场对批评的收买,强调批

① 甲方指参展艺术家,乙方指"广州双年展"组织委员会。

② "中国当代艺术研究文献资料展"是由王林策划组织的一种低成本的学术展览,该展览将近期创作的国内外艺术作品的图片、幻灯片、文字资料等进行展示,在北京、广州、重庆等地巡展并组织学术研讨会,从1991年第一届展览开始共举办过6届。

评的独立性，认为“艺术批评自有其价值，这种价值可以独立于市场之外”。

曾经为“广州双年展”写下《谁来赞助艺术》的批评家黄专在回首过往时指出，“广州双年展”是由幻想支撑的乌托邦之想。他在2006年接受《艺术世界》采访时坦言，当时参与“广州双年展”是为了验证商业有没有可能成为一种超越意识形态的现代艺术的运作方式，后来的发展证明这是“乌托邦之想”。“‘广州双年展’是由两种幻觉组成的，一种是市场幻觉，一种是批评家、策划人可以左右市场的幻觉。其实策展人没有那么大的权力，当时也根本没有艺术市场，就是‘骗’了几个老板而已，但是双年展确实是中国现代艺术第一次主动地调动社会力量，至少调动了几个收藏家和老板。”

易英对市场与前卫艺术的关系进行了反思，他指出市场与前卫艺术是相悖的，市场总是倾向于投资那些已经被社会所接受的样式化风格。他指出，“批评的生命力在于其前卫性”，“从严格的意义上说，批评家关注的应是有创造性的创作行为，而不是如何进入市场的商业行为。由于中国的特殊情况，这两个不同的问题被搅到一起了，甚至为了建立由国内收藏家收购艺术品的国内市场，这种设想本身也被想象成了前卫艺术行为”。

以上批评家对于批评与市场的关系持有不同观点，这表明在商品经济情境下，批评家的身份面临重新定位。批评家与商业资本在合作中遇到的各种冲突和障碍，暴露了非功利性的、追求独立价值的艺术批评与功利性的、追求收益回报的商业资本之间天然的矛盾关系。刚刚迈入市场经济语境的中国艺术界还缺乏一种既能够吸纳社会资金又能为艺术批评追求独立价值提供充分空间的机制。

（三）市场语境中的艺术家

20世纪90年代初，一部分艺术家脱离官方美术机构，转而在体制外进行前卫艺术的创作，他们没有固定的工作和收入，被称为“盲流艺术家”。他们聚居在城市郊区的村庄中，形成“圆明园画家村”这样的艺术家村落。国内艺术市场刚刚萌芽，尚未形成完整的市场体系。商业画廊主要经营以迎合国外游客趣味的中国风情画为代表的行画，对追求实验性、探索性的前卫艺术家没有形成有效的支持。官方艺术机构更无法为前卫艺术家提供足够的展示机会。一些艺术家出走国外，通过西方艺术市场寻求发展出路。大部分前卫艺术家的经济状况困窘，创作条件很不理想。“广州双年展”之所以创办，在很大程度上是为了给身处困境的艺术家们提供一个出场的机会。

在“广州双年展”的获奖艺术家中，王广义是最为突出的艺术家之一。“广州双年展”将王广义的“大批判”系列作品推向了艺术世界，成为王广义个人艺术生涯中的一个重要节点。20世纪90年代初，越来越多的西方商品涌入中国。受此影响，王广义开始创作“大批判”系列作品，将“文革”时期的工农兵宣传画与西方商品社会的标志和符号并置。后来，批评家栗宪庭把这种创作风格命名为“政治波普”。除了在艺术创作中表现商业潮流，王广义在艺术事业的探索中也非常注重对画廊、收藏家、批评家的选择与合作。

在《艺术·市场》第1辑的《艺术与金钱》栏目中，王广义坦言“高档次的东西一旦落入‘地摊’，就将损失其价值……我只同西方艺术博物馆和高层次的画廊打交道，但同时我也热心支持国内一些有远见的企业家创办的画廊和美术馆”。在很多艺术家还不屑于谈论金钱的时候，王广义对于金钱已经形成了实用主义的认识。他认为“作为一个艺术家像普通人一样热爱金钱，不同的是普通人用钱来过豪华的生活，而艺术家则用钱来维持神话的形象。一个艺术家的神话魅力越大，他的作品就越值钱，这是因为神话的形而上向神话的世俗转换的规律在发生作用，这两方面必须互为关系，才能推进艺术的进程”。王广义在20世纪90年代初已经意识到必须创造“实证性神话”，“那个所谓的‘真理’或‘真实’不过是一块普通的石头，而文化不过是以这个石头为中心形成的雪球，人类的意义在于通过雪球的产生构成文化事实的历史”。这种“实证性神话”代表了商品社会情境下艺术家的新形象——艺术家不再是遗世独立的天才，而是成为艺术体制下众多角色中的一个，与画商、批评家、收藏家、博物馆、媒体、法律等艺术体制的各个要素共同创造历史。参加“广州双年展”就是王广义努力创造的“实证性神话”的一部分。通过“广州双年展”，王广义在官方权力体系之外，用批评家的学术认定和投资人的商业认定进一步确立了自己在艺术界的艺术地位。

“广州双年展”在给艺术家们带来希望的同时，也给艺术家们的思想带来了很大的冲击。尽管很多艺术家渴望得到市场的认可，希望通过才华以换得更好的物质生活，然而“广州双年展”却将成败与贫富差距赤裸裸地展现在众人面前，让艺术家们真切地感受到金钱和市场的残酷和无情。“这个展览以最直截了当的方式释放给大多数参展艺术家一种无奈的挫败感……也就是从这个展览开始，很多人深深地体会到精神世界被物质世界无情颠覆和架空的强烈阵痛。艺术家们，特别是具有前卫观念的艺术家们，以前一直相信他们是一群反抗体制和意识形态压迫，追求精神自由的命运共同体，现在他们却看到这个共同体内部已经因为金钱和市场的介入而呈现出阶级划分的态势。”

（四）多渠道的媒体推广

“广州双年展”在新闻媒体的宣传推广上进行了大量投入，其宣传渠道主要分为大众媒体与专业媒体两部分，推广形式则包括展览奉告、广告、新闻报道、艺术评论等。

1992年第3期的《江苏画刊》上发表了《广州·首届90年代艺术双年展（油画部分）奉告》，向社会公布了首届“广州双年展”即将举行的消息，阐明了此次展览的组织方式，并向国内外艺术家发出作品征集令。“广州双年展”还在《光明日报》《深圳特区报》《粤港信息日报》上刊登了整版广告用以宣传。

深圳东辉实业股份有限公司花费100万元买下了27件获奖作品，使“广州双年展”的资金短缺问题得到了解决。主办方开始在大众媒体上进行新闻宣传，其新闻内容主要是关于中国艺术市场发端的讨论。代表性的新闻报道包括：1992年8月25日，《广州日报》经济信息版刊登了《艺术市场正在发育成长，广州具良好环境和土壤》；1992年8月27日，《羊城晚报》在头版头条发表了《中国艺术市场初露端倪，可能成为房地产及股票之后的投资热点》；1992年10月15日，《北京青年报》第4、5版刊登了“广州双年展”专版；1992年10月21日，《中国文化报》第2版刊登了《中国艺术市场方兴未艾　首届90年代艺术双年展将在穗举行》；1993年4月20日，《成都日报》第3版刊登了《建立艺术市场势在必行——吕澎谈艺术与市场》；1999年12月18日，《北京青年报》第16版《视觉艺术》刊登的《广州双年展：批评家操作与艺术市场启动》被纳入“影响20世纪90年代——中国当代艺术的九件大事”。

除了广泛的大众媒体宣传之外，“广州双年展”还在《江苏画刊》《艺术·市场》等专业刊物上进行了深入的学术探讨，内容包括展览的主张、定位、操作方式、回顾反思等。代表性文章有：1992年第7辑《艺术·市场》刊登的《标准必须由中国人自己来确定》、1992年10月《江苏画刊》刊登的《走向市场》、1993年第1期《雄狮美术》刊登的《从“广州双年展”看大陆90年代艺术发展的基础及方式》、1993年第2期《广东美术家》刊登的《“广州双年展”后的反省与问题》等。此外，“广州双年展”还将展览涉及的各种文本资料结集成一本书——《艺术操作》，由四川美术出版社于1994年出版。在展览举办20周年之际，四川美术出版社又编辑出版了《“广州双年展”——中国广州·首届90年代艺术双年展（油画部分）20周年文献集》。

大众媒体、专业期刊及出版物的联合宣传推广，有效实现了“广州双年展”的价值传播，也为日后的艺术史研究提供了丰富的文本基础。

（五）著作权转让、代理制度及其他法律问题

艺术投资必须在法律的保障下运行，因此“广州双年展”在法律程序的规范化上进行了相应的尝试。该展览在刚刚开始筹备时就聘请了法律顾问为展览的组织工作提供法律咨询，拟定、审查和修改展览的各项规章制度及经济合同，参与重大经济合同的谈判。主办方与艺术家签订《广州·首届90年代艺术双年展（油画部分）展览、销售合同》（下称《合同》），依法对著作权与所有权、参展作品的销售办法，合同的履行、变更和解除，违约责任及争议的解决等方面做出了明确的约定，从而以法律文书取代了官办展览中具有行政命令式的通知文件。

著作权转让问题是“广州双年展”在拟定合同时格外关注的法律问题。由于《中华人民共和国著作权法》对著作权转让制度没有明文规定，只规定了著作权许可使用制度，所以“广州双年展”的法律顾问在制定著作权转让条款时，尽可能参照民法、经济合同法等有关规定，维护参展作者及购置参展作品企业的著作权与所有权。在《合同》第五条中约定了作品所有权的归属问题：“甲方在参展作品未卖出之前对该作品拥有所有权；甲方如为画廊或其他艺术机构或个人，送交作品的所有权以甲方与该作品作者在此前签订的具有法律效力的协议或合同为准；甲方作品获学术评奖，乙方按学术评奖级别给予相应价格购买，作品所有权由此转移于乙方。”①合同第六条约定“作品的著作权永远属于制作该作品的作者本人”。

《合同》中还体现了“广州双年展”对建立艺术家代理制度的探索。从《合同》可以看出，“广州双年展”组委会扮演了画家临时代理人的角色，承担着在展览期间代理销售参展作品的责任。按照国际惯例，参加艺术博览会的通常为画廊等艺术机构，由画廊代理销售艺术家作品，而非艺术家本人亲自参展。这种由展览组委会代理销售参展作品的做法是我国艺术市场发展初期出现的特殊情况。

《合同》第七条约定了作品销售办法：“（1）甲方同意乙方在展览期间及此后六个月内，为甲方作品的销售代理人，并在双方商议的价格幅度基础上代为销售；（2）展品如从展览三日起六个月内未能卖出，乙方有义务将展品在第七个月内寄还甲方；（3）乙方保证作品的最低售价为壹仟元人民币，并有义务为甲方展品争取尽可能高的售价；（4）乙方尊重甲方意见，同意甲方对展品自定最低售价，若甲方对作品定价过高，远远超过代理代销期间的市场价格，乙方无义务承担必须按此价售出展品的责任，乙方在代理期满后将作品寄还。”

---

① 甲方指参展方，乙方指“广州双年展”组织委员会。下同。

根据殷双喜撰写的《“双年展”作品的定价与销售》，组委会确定代理作品最低售价的方法是：组委会先请画家或出售作品的画廊参照以往销售作品的实际成交记录，提出最初的自定最低销售价；组委会聘请若干专家，根据作品的质量、尺寸及市场销售情况，对作品进行综合评估，形成组委会制定的最低销售价。若组委会的最低销售价低于画家所报最低销售价（获奖作品不在此列），则画家在以下 5 个选项中做出选择，并与组委会签署补充协议：“A. 坚持（画家）原定的最低销售价；B. 同意组委会制定的最低销售价；C. 提出与 A、B 两项不同的调整价；D. 若按 A、B、C 三项中任何一项售价均未能售出，则授权组委会以这一售价为基础下浮若干百分比例出售作品；E. 画家全权委托组委会定价出售作品。”制定最低销售价的过程反映了画家的实际态度——许多画家不了解市场，定的最低销售价偏高，他们希望通过定价高的方式使作品的艺术价值得以承认，但这却不符合市场规律。因此，组委会要按照市场情况制定价格，在买卖过程中不断与艺术家沟通，共同商定价格以符合市场标准。吕澎在谈到作品定价问题时提出了艺术家定价与组委会定价之间的矛盾：“艺术家的心态是明确的，一是要更多的钱，二是要通过定价高的方式使作品的艺术价值得以承认。主办单位则根据市场的实际情况进行操作，根据艺术家作品的质量为作品定价，这使双方产生矛盾。双年展就是要协调这种矛盾，让市场标准迎合学术标准，确定恰如其分的价位关系。”

《合同》还在第九条约定了销售分成：“作品售出之后，甲乙双方按税后 70%（甲方）和 30%（乙方）分成，所得税由乙方代为交（缴）纳。”根据当时的国际惯例，“画廊为其代理画家销售作品，在代理人承担展览的全部场租、宣传及各项费用的情况下，画家与画廊的分成比例一般是四六开或五五开，即画家 40% 或 50%，画廊 60% 或 50%”。相比之下，“广州双年展”的分成比例表现出主办方对画家利益的倾斜，以及对画家权益的支持。

“广州双年展”还引入公证机制，在展览签订重大经济合同和其他合作协议时，由国家公证机关进行审查和监督，并出具公证文书。在评选作品时，也有公证机关对评委组成人员的资格、评选原则及评选规则进行真实性、合法性的审查，并出具公证文书。通过一系列法律手段，保证“广州双年展”在合法的框架下进行，确保评选工作的公开、公平、公正。然而，“广州双年展”的法律保障工作最终未能在真正意义上保护艺术家权益。在“广州双年展”的筹办过程中，因投资方资金不足，不能按照合同约定履行支付获奖艺术家奖金和按时退还未售出作品的义务，艺术家们不得已只能通过法律手段维权，但是主办方一直以资金不足为由拒不履行义务，使本应保护艺术家合法权益的合同变成了一纸空文。

“广州双年展”的法律顾问王琪在展览结束后总结了双年展带来的若干法律问题，通过思考指出了中国艺术品行业在法律制度上需要完善的三个方面。（1）艺术品的运输与仓储保管。艺术品在运输过程中要求有特殊的包装、标志、装卸方法、运输工具型号和种类、运输辅助设备及温度等，在仓储保管中要求有特殊的验收标准、方式和储存条件、出入库手续等。在运输合同、仓储保管合同的订立、履行、变更、解除、违约等方面，均要求有特殊的约定。建议我国有关立法、行政机关对艺术品的运输和仓储保管制定具体的管理规定。（2）艺术品保险。20世纪90年代初，在西方，艺术品保险制度已经形成了一整套具体的规定和措施。在中国，当时还未形成完整的艺术品保险制度，保险公司拒绝为“广州双年展”的艺术品提供保险服务。经过组委会的多方努力，中国人民保险公司四川保险公司承接了“广州双年展”参展作品的保险①。我国艺术品贸易和艺术市场的形成和健康发展，有待于保险法律制度对艺术品保险规定的确立与完善。（3）艺术品贸易中的税收。王琪指出对艺术家转让版权征收个人所得税会影响艺术家进行创作和进行艺术品贸易的积极性，建议在艺术市场形成初期适当减征个人所得税，以鼓励艺术家在保证艺术创作质量的前提下，将优秀的艺术品转让给博物馆、画廊或画商，使艺术品展览公诸社会。这样的政策将有益于艺术品的传播和艺术创作的繁荣的，从而使艺术市场顺利发展。王琪还建议对经营艺术品的法人或其他经济组织减征营业税和所得税，以促使当代中国艺术市场早日形成。可以说，“广州双年展”面临的运输、仓储、保险、税收等问题是当下中国艺术市场依旧亟待解决的焦点问题，它们的妥善处理是维系现代艺术市场体制顺利运行的重要保障。

结　论

20世纪90年代初期，在市场经济登上中国历史舞台的社会背景下，艺术体制发生了重大变化。判断艺术生效的权力不再单方面地掌握在官方美术机构手上，而是逐渐演变为由现代艺术体制的各个因素综合作用形成结果。“广州双年展”即预示着一种全新的艺术权力体系的开端。它完全不同于以往官方主办的艺术展览，而是

① 具体投保方式为：以最低销售价为投保值。参照国际惯例，“广州双年展”的作品如售出，则按作品实际售价的1%从中扣除保费；如未售出，则由组委会承担此费用，不再向艺术家收取保费。

由政府管理部门批准举办，私人企业投资并组织，批评家以学术标准评价作品的艺术价值，企业家以货币的形式认定作品的艺术价值，从而以全新的权力体系实现了对新艺术的价值发现和认定。这是在市场经济体制下，由批评家、投资者、艺术家、政府主管部门、金融机构、律师、媒体等现代艺术体制的各方参与者（尽管这些参与者都不甚成熟）共同完成的一次“艺术操作”实验。正如“广州双年展”画册的“序言”所述：“在操作的经济背景方面，‘投资’代替了过去的‘赞助’；在操作的主体层面，公司企业代替了过去的文化机构；在操作的程序方面，具有法律效力的合同书代替了过去的行政‘通知书’；在操作的学术背景方面，由批评家组成的评审委员会代替了过去以艺术家为主组成的‘评选班子’；在操作的目的方面，经济、社会、学术领域的全面‘生效’代替了单一的、领域狭窄的并且总是争论不休的艺术‘成功’。”

“广州双年展”是基于薄弱市场基础上的策展实践，因此不可避免地存在很多局限。在薄弱的市场基础上，“广州双年展”对现代艺术市场体制进行了尽可能全面的“艺术操作”实验，包括商业投资、学术评定、法律保障、艺术保险、新闻宣传等。展览操作过程中涉及的艺术市场问题，如艺术投资、艺术批评、法律保障、艺术保险、媒体传播等，是当下建设艺术市场依旧要解决的关键性问题。在中国建立一个真正的艺术市场还需要多方的努力，涉及艺术家及批评家自身水平的提升，政治、经济、文化体制的全面改革，艺术法的建立和完善，画廊管理制度的完善，税收制度的改革，艺术保险制度的建立，等等。此外，要想建立成熟的艺术市场体制，还需要各方市场主体及有关行政机构的共同努力。

参考文献

[1] 彭锋 . 从艺术体制论看艺术管理［J］. 艺术设计研究，2014（1）：17.

[2] 陈岸瑛 . 艺术世界是社会关系还是逻辑关系的总和？［J］. 南京社会科学，2019（10）：136.

[3] 小瑜 . 我国艺术市场 50 年［J］. 美术大观，2000（1）：25.

[4] 周思中 . 论中国艺术品拍卖强势市场的形成［J］. 收藏家，2004（8）：55.

[5] 吕澎 . 中国当代艺术的历史进程与市场化趋势［M］. 北京：北京大学出版社，2010：40.

[6] 蓝庆伟 . 艺术与操作：“广州双年展”历史考察［M］. 长沙：湖南美术出版社，2011.

[7] 吕澎 .“广州双年展”中国广州・首届 90 年代艺术双年展（油画部分）20 周年文献集［M］. 成都：四川美术出版社，2013.

[8] 成峰 . 广州双年展、文献展特写：理想主义的亢奋与疲惫［J］. 江苏画刊，1993（2）：43.

[9] 王林.出场、定位和定价——略论市场机制的建立[J].江苏画刊，1992(10)：19-20.

[10] 王林.市场神话与批评权威——再论批评与市场的关系[J].江苏画刊，1993(1)：20.

[11] 黄专.艺术世界中的思想与行动[M].北京：北京大学出版社，2010：231.

[12] 易英.进展与徘徊——1989年—1993年美术批评述评[J].艺术探索，1994(2)：2.

[13] 艺术与金钱——王广义答丛书编辑[J].艺术·市场，1991(1)：3.

[14] 吕澎.王广义在20世纪90年代的艺术问题[J].东方艺术，2007(1)：139.

[15] 吕澎.双年展主持人谈年展的举办和其他问题[J].江苏画刊，1992(12)：7.

[16] 王琪.对双年展所带来的法律问题的思考[J].江苏画刊，1992(12)：19.

"一带一路"文化艺术资产合作发展分析

刘岱松 ①
（中国人民大学，北京，100872）

【内容提要】 艺术品市场在文化产业中发挥着重要作用，体现了艺术在现代社会的全面资本化及其不可逆性。艺术品行业的管理要结合学术创新与策略创新，注重对深度学习、专注投资、人格特质、资产管理等理论的实践。艺术品行业中，优质艺术家发挥着重要作用，社会应当通过语言创作、学术梳理、资本运作等方式培育艺术家，进而通过各项资产化运营原则适应行业发展需求，整合国际产业链资源，实现艺术品行业的国际化发展。

【关键词】 艺术产业；艺术资产；策略

An Analysis of the Development of "The Belt and Road" Cultural and Artistic Assets Industry Cooperation

Liu Daisong
（People's University of China，Beijing，100872）

Abstract: The art market plays an important role in the cultural industries, which reflects the comprehensive capitalization and irreversibility of art in modern society. The management of the artwork market needs to combine academic innovation and strategic innovation, and pay attention to the practice of theories in such aspects as deep learning, focused investment, personality traits and asset management. In the artwork market, high-quality artists play an important role. The society should cultivate artists through creative language,

① 【作者简介】刘岱松，女，中国人民大学哲学院博士研究生，东南亚陶瓷学会副会长，新加坡松艺术文教基金会执行董事，主要研究领域为重要华人艺术家在海外的发展。

academic sorting and capital operation, and then adapt to the development needs of the industry through various capital operation principles, and then integrate the resources of the international industrial chain, so as to realize the international development of the artwork market.

Key words: Artwork Market; Art Assets; Strategy

当前，国内具有规模的有效公共投资渠道只有股票市场和房地产市场，很多投资以各种形式流入了这两个市场，而艺术品市场作为一个巨大的资本市场存在。艺术品如果能形成产业优势，就能在提升人民群众文化艺术修养的大环境下，产生辅助的财富保值升值效应，同时形成财富配置的"另类资产池"，作为有限投资渠道和资产配置方式的有益补充，并响应国家号召，为建设美好社会，解决人民日益增长的美好生活需要和不平衡不充分的发展之间的矛盾做出贡献。

一、艺术在现代社会的全面资本化及其不可逆性

艺术品是人类在走向文明的过程中创造的结晶，它不但是人类在自身演进过程中对客观事物的一种记录和写照，也是人的内心世界与主观精神的情感性抒发。伟大的艺术品，更是创作者丰富的内心世界不可言说的流露。莱维·施特劳斯说，"正是这个为收藏者，甚至为观看者的利益而占有物品的强烈欲望，构成了西方文明中艺术最突出的原始特点之一"。任何时代的艺术，都是为统治阶级的意识形态和利益服务的。资产阶级的兴起形成了对待财产和交换的新态度，形成了观察世界的新方式。市场把一切事物都纳入平等的地位，实物都按其物质性得以衡量，一切都成了商品，都可以用来交易。拜物，并不是商品的结果，而是商品神奇的前提条件，也是成熟资本主义发挥作用的前提条件。

现代艺术市场的升腾，很大程度上取决于资本的推波助澜，这也许是艺术品的价格在20世纪以前总体上不如现在的价格这么高的主要原因。虽然学术界及许多有清醒意识的人批评这是疯狂的资本投机与逐利行为，与艺术性和艺术价值无关，但不可否认的是，当今全球艺术市场是建立在高度资本化的经济基础之上的。

英国国家美术馆曾将在普通大厅展示多年的达·芬奇作品《岩间圣母》突然移到一个特别的房间，并在画前加装了一层防弹玻璃。有一个美国人愿意出250万英镑购买这张画，使它获得了一种新的感染力。它不曾被新发现了什么表现内容，亦

非由自内涵，而是被重新定义了市场价值。在机械复制时代如本雅明预言失去“光韵”的艺术品，经由财富的标贴重新获得了另类“光韵”。

20世纪初，资本主义的实质从自由开放竞争走向垄断。1907年，德国占比不到全部工业公司总数1%的特大企业，使用了全国75%以上的电力和蒸汽。1912年，全美约三分之一的财富归洛克菲勒和摩根家族掌控。这是新型生产技术和手段所需的生产规模带来的必然结果，也可以说是资本主义发展的必然历史趋势。庞大的资本操控着国家选举和政治、经济政策制定、文化艺术走向，实际上已经全面渗透于社会的每一处空间。资本的巨大影响力不可避免，只要资本依然占据统治地位，艺术市场的资本化就不可逆转。

资本的垄断集中对应在艺术界的表现是——特定艺术作品经典化，这是一个“极度选择”的过程和结果。人类在浩瀚的历史长河中创造了宛若河沙的众多作品，只有极少数作品最终进入美术馆得以展示，或进入经典美术史教程被全世界的读者观看、了解。未被选上的作品渐渐从大众的视线中消失，沉没在旧文献或库房里。经典作品则成为艺术史的“保留图像”，被广泛研究，成为商业化的娱乐产品，并占据着与自身不成比例的无限膨胀的学术空间和大众文化空间。艺术家都希望自己的一些作品能进入保留剧目，并以独特的艺术性和品质作为时代的代表，这反过来又可以成就马太效应——多者更多，强者愈强。

二、学术创新和策略创新

中国历史上确实有一个艺术家与赞助人的圈子，但不具备产业的实质和规模。艺术品往往被上层社会人士收藏，这是它存在的意义。世界范围内艺术产业化首先经历了商业化，安德烈·莱沃于1904年在法国创立“熊皮”联盟，被视为现代艺术基金的鼻祖。莱沃在“熊皮”联盟里，每年以2 750法郎的共同资金购买当时的“前卫艺术”，包括毕加索、马蒂斯等人的画作。他在1904—1911年间共购入12件毕加索的作品。在1914年“熊皮”联盟到期清盘的拍卖会上，所有收藏作品的销售额，相当于其成本的4倍。其中毕加索作品的收益倍数更高，以丑角为主题的作品《杂耍艺人之家》在购入6年之际，其销售额超过成本的12倍。“熊皮”项目反映出商业成功可强化艺术的重要性，反击了当时对前卫艺术的美学品质持怀疑态度的人，也预示着资本在艺术市场上的威力正在爆发，以及必然接踵而来的话语权争夺之战。“熊皮”联盟停止购入，进入休眠期，正是因为他们的购买标的——“前卫艺术”的价格在那些年间迅速飙升，开始超出每年 2 750 法郎的预算——时值欧洲战前的资本主义高速发展期，艺术市场发展迅猛。

佩姬·古根海姆于 1959 年回到她阔别 12 年的纽约，感受到艺术界与当年经营"本世纪的艺术"画廊完全不同的商业气氛，她说"纽约发生了天翻地覆的变化，艺术运动已经变成了一项巨大的商业投资，令我惊诧万分"。

中国艺术市场是在 20 世纪 90 年代开始发展的，而形成产业或者说致力于产业化则是最近 10 年的新趋势。作为全新的产业概念，因其产业独特性，例如产生于人的创造力、以物质性载体阐释精神性内涵、制作方法和数量上不同于工业化制造可以无限批量或规模化生产、有其独特的价值判断体系等因素，在作为产业进行运营时，更应当尊重其产业背景与特色，不可僵化地将其他产业经验机械地套用在艺术产业中。此外，还应该擅用这些产业特点，发挥其长处及独特的意义与作用。艺术品应当区分为投资级和消费级两大类型，其创作根源、对应艺术家、购买和收藏群体，以及未来潜力皆有本质性差异，必须区别对待。在整个艺术市场中，具备投资级资质的艺术品仅占整体的极小比例。本文专注于讨论在艺术产业中将艺术品作为资产管理的这一类全新资产类型，该资产类型需要学术创新思维与策略创新实践来指导和应对。

三、理论与实践的结合

目前，国内对艺术产业的金融化研究有着夯实的学术基础，如中国人民大学经济学院黄隽教授的著作《艺术品金融》，从微观到宏观对艺术金融进行了全面的分析，范围涵盖了艺术金融所应当考虑的方方面面。最终落实到实战层面，理论与实践的结合需要具有坚定的独立思考的能力，需要在对艺术家、艺术作品、国家产业政策、艺术潮流、资本介入的程度、艺术市场的景气度、收藏家的成熟度等进行独立认知的基础上，具有敏锐的判断力，需要时刻对大众潮流保持警惕，对舆论风向保持怀疑。

（一）深度学习与思考

巴菲特非常强调独立思考的重要性，他说自己从没通过和别人谈话得到过好主意。只有通过深度的认知和把握，再经由深刻的思考，伴有怀疑、自我审视、重新思考等复杂的认知检验过程，才有可能做出明智的决策，作为实践推行的基础和根据。

艺术是人类历史上存在的最古老的活动之一，早在新石器时代，原始人出现盈余和分化伊始，某些较高级的群体开始不必为吃饱肚子而担忧，当时极其珍贵的大量生产力就被分配去制作对生存并无助益的器物[①]，这种礼制艺术作为中国最早的艺术传统，背离了“最少致力”的制作原理，引入了“奢侈消费”的原则。维布伦（Thorstein Veblen）认为浪费可以提高消费者的社会声誉和权力的观点在此处十分适用。中国古代，每当有新材料或新技术出现，都毫无例外地被吸收到礼器传统中来，并成为其专属财产——石与铁都是用来制作实用器的“恶”材，而玉与铜则是服务于礼制艺术的“美”材，这也说明艺术是人类与生俱来的一种高级本能需求。

对产业的认知要建立在深度了解的基础上，产业的成功运营及操盘则必须基于这种理解与把握。这就要求管理人深度理解所管理资产的内在属性、产业生态及市场规律，尊重产业本身的发展规律，同时终身学习数千年来积淀的菁华，深入理解传统。这是层层积累的领悟过程，也是澄怀味象的人生历程。

（二）专注而非投资组合

另一个非常有益的原则是专注。著名的葛拉汉－杜德派超级投资人（The Superinvestors of Graham-and-Doddsville）组合均为反投资组合派，巴菲特也强调控制风险的最好办法是深入思考，而不是投资组合。“多样化是无知的保护伞”，“风险来自无知”，巴菲特认为“不把所有鸡蛋放在一个篮子里”的行为是错误的，投资者应该把所有鸡蛋放在同一个篮子里，然后小心地看好它。之所以在此多次引用巴菲特的话，是因为其在多年的投资实践中反复证实了这些箴言，它们是对投资管理的基本之“道”。太阳底下没有新鲜事，成功其实来自对一些正确的基础性原则的反复实践。巴菲特是著名的反投资组合派，他坚持认为，如果对哪项投资有相当的把握，那么就应当专注地执行这一项。那些提倡分散投资并把它们都变成组合的人，本质上是因为他们对其中任何一项都没有把握。假设我们是某项投资的“内幕人士”，明确知道这项投资会带来收益，那么就不会把钱投在并不确定的其他项目中，这是基本逻辑。因此，需要深度思考，找出有把握的那几项进行投资，然后专注地做好对这些项目的管理工作，这比以某些通用的规则进行大范围撒网式的粗放经营更加高明。

---

① 主要是作为礼器，礼器的传统决定了自新石器时代晚期到夏、商和西周三代中国艺术的主流开端，例如模仿日常工具而磨制的玉斧和仿照日常器物做的蛋壳陶。

（三）人格特质

胆识与信念是投资者必备的素质，即使投入10%以上的身家，也要无所畏惧。艺术资产的管理人在决定是否持有艺术资产之前，应当有这样的把握和信心，把自己的净资产一同投入，而非只是以代理人的身份为别人下注。绩效并非投资的绝对因素，更重要的是人格特质，艺术资产管理是长线投资与重要的资产布局，要求出资方与管理方高度契合，并具备长期合作的共同基础，因此对于管理方的人格特质特别是道德操守和信用度有严格要求。

（四）形成自己的资产管理法则——附加价值投资法

从事一项事业的成功要点是认识与原则。对产业理解正确，对原则把握到位，是持续进步与成长的基石。艺术资产管理与投资最终能够获得的理想回报可以涵盖以下四部分收益：一是以时间换空间，赚取时间的价值，这是艺术品收藏的天然属性，只要买入的作品与价格得当，时间的流逝必然会产生价值的增长；二是价值洼地的价值回归，这就要求管理人熟悉产业及市场，能够准确预判大市的发展趋势，在艺术市场不同板块间的联动关系中发现价值洼地，或能发现某些艺术品的真正价值所在，或具备理想的买入渠道，从而以低于市值的价格买入建仓，待学术价值得到提升或价值被发掘和回归后赚取价值差；三是内线操作和内幕交易，在公开市场违法的内幕交易在私募市场广泛存在，艺术产业中有大量的内线交易机会，只要把握得当，就能取得漂亮的成绩单；四是主动作为，为所持有的艺术资产增加价值。

在主要的投资类资产股票证券和房地产市场上，为所管理的资产增值并不容易。但在艺术资产的投资和管理中，为所持有的资产增值是管理人的一项重要功用。管理人对自己专注的板块内涉及的艺术作品、艺术家、地缘优势、美术馆及学术资源等都很熟悉，因而得以频繁调动这些资源，为这些作品增值。如美术馆的展览出版等活动都是增值过程，将为作品日后销售增添出色的履历。

四、艺术与财金的跨界

艺术品与财富金融有着非常密切的关联，艺术收藏品质的优劣在很大程度上取决于财富水平的高低，但又并非完全由财富多少而决定。中国历史上著名的艺术品收藏家，如安歧、项元汴、庞元济、乾隆皇帝，以及当代的“清玩雅集”成员们，他们的收藏都建立在其坚实的购买力基础上。另外，大部分收藏者都可自主支配收入进行艺术品购藏，但又受净资产所限不能买所欲买，此时如果能够在自己喜爱的作品中做出明智的选择，假以时日还是能够建立起一个有品质甚至非常重要的收藏体系的。

这种情形通常发生在某些价值尚未完全体现出来的艺术品门类当中，如王世襄之所以关注铜炉、明式黄花梨家具，是他首先搜集并发掘了这些门类的价值，认定在当时收藏这些类型的器物比收藏当红的玉器、瓷器要节省得多。另一个有代表性的例子是美国的古根海姆家族，佩姬·古根海姆（1898—1979）因父亲早逝，靠继承的遗产与经营画廊生意的收入支撑艺术收藏。她热爱结交艺术圈的朋友，自20世纪20年代起就跻身现代艺术最核心的圈子里，终于拥有一批深具时代意义的藏品，囊括了欧洲现代艺术和美国战后艺术的顶尖艺术家的代表作品。她的叔叔所罗门·古根海姆则是家族力量的代表，早在所罗门父辈就已垄断了全球的铜矿贸易。他在艺术购藏上有专人负责，他庞大的资源可以将收藏范围向更早期延伸，涵盖并超越了佩姬所能达到的领域。他购入了当时已经非常昂贵的前后印象派、立体派、野兽派大师的作品，最终成就了今天美国重要的现代艺术品牌——古根海姆美术馆。

在现代社会中，财富就像是艺术的助燃剂。如何让艺术之火升腾跳跃，又不至于燃起熊熊火势涂炭生灵，这要看资本的火候掌握是否恰到好处。巧妙的资本参与可以让艺术家的创作充满动力，帮助他们度过最艰难的时期而不至于放弃，让有才华的人得到施展才华的机会和空间，让优秀的价值得以彰显，这样，资本就能凭着卓越眼光和坚韧耐力获得丰厚报偿。而过度依赖资本则会忽略艺术的本质，即有品质的艺术才是根本，一旦呈现揠苗助长之势，终将毁坏艺术家的整个职业生涯，资本投入也会荡然无存，可谓害人害己，损毁全局。驾驭资本需要金融与艺术的跨产业融合，这种融合存在于同一个主体内部的有机性决定了实践效果是否显著。如果融合存在于主体之外，即金融专业主体与艺术专业主体之间属于非有机合作，这种配合就难以产生有机融合的状态，因为配合本身是不同主体之间外在的联系沟通、磨合妥协，而不是同一主体内部对于不同产业领域学知的理解领悟、融汇思考、战略推演及权衡实施。这是因为不同产业的运行原则、产业规律和思维方式差异巨大，旧话所谓“隔行如隔山”。

金融主体在资本界长袖善舞，这是长期以来形成的注重信用、相对透明的体系，有公开市场信息，有公开价格，有交易柜台。为降低门槛、方便参与，高流动性的资产在此被切割成块，按份额交易。也可以利用杠杆，增加资金倍数，以小搏大。

金融资产可以打包进行证券化操作，重获流动性。如果反复打包，则按照金融运算法则产生衍生资产，相当于初始资本经由金融手段和法则多次放大，取得了乘数效应。一个合格的金融主体需要恪守职业准则，遵守行业规范，尊重市场运行规律和机制。金融主体在业界能够长期生存并健康成长，关键在于风险控制。葛拉汉呼吁大家重视公司的真正价值，奠定价值投资的基石，继承其衣钵的巴菲特则对投资法则进行了言简意赅的总结：第一法则是不要赔钱，第二法则是莫忘第一法则。美国资本市场上，很多精明的对冲基金管理人都曾经踩对节奏，取得过当年度 100% 以上的投资回报率，但他们总是在随后不久的金融动荡中亏损之前赚取的利润，并亏损大部分本金，因而黯然清盘。从 100 到 200 需要成长 100%，但从 200 到 100 只需要下跌 50%。对于从业者而言，最重要的原则是保住本金，及时看清高回报率背后的高风险率，同时不要小看复利的威力。

在市场中，不同主体的实践体验不同，他们即使坚持相同的逻辑和原则，也会各自选择自己所擅长的办法。同时，这也涉及产业实践中的另一关键角色——“策展人”——的职能。

五、艺术产业中的核心“资产”

艺术产业中的核心资产是人的资源，即优质艺术家。在全面商业化的社会中，优质艺术家进行产生需要具备三个方面的要素。

第一要素是创作语言，也就是艺术家在职业发展过程中经由探索而形成的个人语汇和表现特色。需要注意的是，重复地表现同样的内容只是一种个人标志，而非创作语言；语言不必一直重复，而可以被用来表达丰富多样的题材。当贯穿在不同的表象之中，我们会看到艺术家的独特根基，正如以中文可以表达爱恨悲欢，而不必总是重复说相同的句子。在艺术家成为大师的过程中，艺术语言的形成是最珍贵、最具挑战性的一环，绝大部分艺术家终生都未能形成这样的个人特色。成功的艺术大师必然有其独具特色的、强烈的表现语言，它也是艺术作品的重要辨识特征之一。

第二要素是学术梳理与学术认可。艺术家的创作在展览呈现后得到学术界的瞩目，被艺术批评家和理论家进行学术整理和认定，归入艺术史的脉络。经过这个过程，艺术家就被留在了艺术史上。

第三要素是资本运作。在全面商业化的社会，艺术家需要以尽可能快的速度崭露头角，得到一定程度的关注，这是他们得以坚持职业创作之路的重要支持力量，过迟则夭折的风险很高。因此具有一定创作品质的艺术家应当得到商业体系的支撑，维持良好运营，为其未来的长期职业化发展铺平道路。恰当地运用商业资源，可以让艺术家在成长为名师的过程中获得双赢。

创作要素是基础，需要艺术家在自己的专业领域中坚持不懈地探索，需要天资聪颖，更需要勤奋努力。后两个要素是资本可以达到的，目前在全球的当代艺术领域都存在资本滥用的现象，资本揠苗助长不但无助于修成正果，还可能毁灭大量潜力优秀的青年艺术家。

艺术家本身的发展，首先需要提升内在修养。大师之作是其无数努力的微小结晶，是其心胸和格局的自然流露，是其丰富情感世界的溢出。缺乏内涵的创作者无异于缘木求鱼，不在“道”的高度提升，仅在“技”的层面重复，或许收获不大。艺术家的成长过程是不断把艺术的疆界向外拓展的过程，在漫长深厚的艺术世界中找到某处疆界，并有能力将之向外拓展，需要具备极其深厚的学养，即使很小的拓展也需要具有能力和天赋，更需要进行长期的努力和积累。

艺术资产所要配置的正是由优质艺术家创造的艺术作品，选择这些艺术家和作品是有标准和依据的，只有观其本质，本质上合乎资质的作品才能获选。巴菲特说过，在投资企业时不要想进行大的改变；投资和婚姻一样，意欲改变对方通常都不会成功。选择本质不合要求的作品当作资产持有，幻想经由各种资本运作、加持而使次级货变成优等品，这是不现实的，因为其本质无法改变。

六、艺术作品资产化运营的原则

艺术资产管理的原则包括以下几点：

（一）真伪分明

进入艺术资产之门的第一个门槛就是真伪问题，只有解决了这个问题，才有资格谈后续的发展。很多艺术资产配置的投资者希望直接入手当代艺术品，避过真伪这个门槛，其配置结果往往不理想。因为够资格作为资产存在的优质艺术资源，即投资级艺术品更多地存在于现当代以上时期的作品中，以当代艺术品进行配置的风险过高，直接触及资管风控的第一条红线，损失本金的概率极高。当代作品能否进入艺术史脉络存疑，绝大部分艺术品最终无法沉淀为优质的投资级作品。

既然无法避免这道门槛，就必须直面真伪这一问题。这就要求资产管理人对艺术史进行扎实的研究，不但要厘清艺术史的发展脉络，而且要具备鉴定真伪的火眼金睛。业界要确实存在一种风气，即认为能卖出的就是真货，这种错误的认知为艺术资产投入埋下了巨大的隐患。只要作品存在伪作的可能性，就会产生卖不出去的风险，在资产管理环节必须杜绝这个风险。

（二）资金来源

艺术产业所需的资金是长期资金，因为艺术产业带来的是长期效益。在马斯洛需求梯级中，对艺术品的需求接近顶端，这与司马迁在《史记》中写的“仓廪实而知礼节，衣食足而知荣辱”不谋而合，这说明艺术品需求是一种高级的情感性需要。中等收入以上的人群，特别是高净值人群，他们在为资产进行多样化配置中也需要艺术品。他们的净资产中有一部分资金是用作长期资产配置的，中短期的计划不需要用到这部分资金，这是最适合的情况。在购入艺术品后，这部分资产的效能主要体现为观赏、陶冶性情、同好社交，甚至具有对自己的能力和地位进行炫耀的价值。其最后可能会有几种去处：一是作为长期资产配置，在多年后卖出，不但得到了精神享受，还可实现资产保值升值；二是作为家族传承的一部分，可能是因为情感性需求而难以割舍，从门外汉变身为鉴赏专家，实现了自我和家族成员在审美和精神境界的提升，可能作为家族信托或家族基金会传承下去。这两方面都可谓名利双收。

（三）谨慎使用金融工具和杠杆

艺术资产作为一项精神文化资产具有特殊性质及规律，作为重要的资产配置手段，艺术资产本质上不适宜与其他高风险高收益类投资比较。艺术投资的核心功用是资产配置、保值增值、避险、税省、资产安全和保护、家族财富传承，因此，要求具备诸多功能和优势的艺术资产的同时还能取得一些股票和地产类资产收益的期望既不现实，亦不合理。

艺术资产不应当被证券化或者份额交易，因为这完全背离了艺术品本身的特质，背离了产业自然的运行规律，直接取消了艺术品的精神属性，简单粗暴地将它们视为与股债类相同的资产。高端的投资级艺术品具有非常高的文化精神内涵，被全球范围内的高净值人士青睐，它们是归属于高净人士的资产项。低端的消费级艺术品既然不具有太高的资产价值，单纯而盲目地进行证券化运作，最终会遭遇底层资产价值崩溃的结局。艺术资产作为高净值人士财富拼盘中必不可少的组成部分，既具备多重价值保护功能，也可能因为杠杆化而化为乌有。

（四）长线资产投资

艺术投资的长线投资比较合理的区间是5~10年，平均持有7年以上，才会取得理想收益。在5年内必然会遇到一个经济周期的低谷，如果在此时恰逢卖出方面有压力，则投资遭受损失或收益欠佳的可能性甚高。艺术品的交易成本相对较高，平均溢价不低于10%，短期内频繁交易不但不能赚到理想收益，连正常的增值也会被交易成本侵蚀。优质艺术品在7年左右的时间段里一般会取得相当程度的价值增长。长期稳定持有的成本低，上涨的潜力大。业界津津乐道的两个成功案例："熊皮"联盟持有周期是10年；英国铁路养老基金单是买入建仓就用了6年，持有期从13年到25年不等。

艺术投资的本质是高风险、高收益的。对业内高手而言，其风险的可控性较高，因此能成为相对低风险和高收益的投资。因此，艺术投资需要专业人士控制风险端，才能将收益最大化。它的健康发展需要具有高度职业道德的专业人士。理想的管理者是能够内在融合艺术与金融两个产业经验的人，这个融合性大脑所产生的思维理念超过一位艺术界精英加上一位金融界才俊的外在组合。同时这个管理者将金融产业的专业严谨和操守导入艺术产业来，这种专业度能够让事业发展拥有很大的格局，核心在于"信用"。

只要买入时作品的质量与价格合理恰当，资产实现保值增值就是必然结果。如果在买入时只考虑是否赚钱，而忽略艺术品的本质价值，就有可能因受到市场和风潮的影响而变得盲目。因为如果本身并不欣赏这件可能会赚钱的作品，那么赌错的可能性就更高。经得起时间流逝和市场波动考验的佳作，必然具备雄厚的内在审美价值和艺术史价值，其本质不可忽视。

艺术投资适用于高净值人士中愿意放长线的人。这种合作是朋友式的，是一辈子的合作，是家族与家族之间的多代信任和代际传承。只有彼此是理念契合的投资人和管理人，而不是投机者，才经得起长线，才能做到长期持有、共同成长。

（五）另类资产的特殊属性

艺术品所特别具有的艺术熏陶、品位培养、文化认知和家族传承等特殊和附加属性，是此类资产区别于其他资产类型的特殊优点，本应被善加利用，取得配置其他资产所不具备的效果。在关注和收藏投资级艺术品的过程中，个人的审美品位和美学修养将会得到极大提升，同时亦可运用投资艺术品的心得提升生活品质，获得更多的人生乐趣，而不仅是对财富增加的追求，因为财富的增加没有尽头，且对幸福感的提高具有限定瓶颈。家族依靠文化的力量和价值观的接力实现代际传承，往往比单纯依靠财富接棒更确定、更踏实，所谓"授人以渔"是也。艺术品恰恰承载了这样的文化内涵与价值观，以及生活态度与品位。

（六）另类资产的另类保护

艺术品不记名，具有方便转移与隐藏的特性，因此作为重要的另类资产为投资者在整体资产配置和布局中提供了最后一层保护。这也是以上第三要点强调不宜金融化、杠杆化的重要原因。如果投资者所有的资产都证券化、杠杆化，在出现危机时就失去了这最后一层保护。西方发达国家的高净值人士一般在总资产中配置不少于 10% 的艺术资产，这个部分是净资产，与其他类资产市场的联动性低（如表 1 所示），在其他部分遭受损失时还可依赖艺术资产的配置作为缓冲和辅助。

表 1　2013 年摩根大通银行艺术市场与其他类资产低关联度或负关联度研究（1988—2012）

	标普500指数	摩根士丹利欧亚中东澳洲综合股指	FTSE NAREIT房地产投资信托	巴克莱综合债券指数	标普高盛商品指数	梅摩世界艺术品指数
标普 500 指数	1.0000					
摩根士丹利欧亚中东澳洲综合股指	0.7367	1.0000				
FTSE NAREIT 房地产投资信托	0.4909	0.4898	1.0000			
巴克莱综合债券指数	0.2137	−0.1783	0.0884	1.0000		
标普高盛商品指数	0.1157	0.3593	0.1609	−0.2271	1.0000	
梅摩世界艺术品指数	0.0270	0.0882	−0.1365	−0.0902	0.2440	1.0000

资料来源：2013 年摩根大通银行《投资的艺术》研究报告

2008 年美国发生次贷风暴，雷曼兄弟执行长福尔德（Richard Fuld）当即把自己收藏的小部分艺术品卖出。16 件近现代纸上素描作品卖得 1 350 万美元，这是在雷曼倒闭、市场极为悲观时取得的成绩。其中，他于 1996 年以 37 万美元购入的高尔基（Arshile Gorky）的一件作品，以220万美元售出，12年的直线年均回报是50%。同时，福尔德沽出所持的雷曼股票，一年半前价值2.47亿美元的雷曼股票，当时仅价值50万美元，折合0.2%。

（七）尊重艺术产业客观规律，按规律运行

目前，艺术资产管理和产业运行之所以问题频现，是因为大量借鉴其他产业的运营原则和方法，急速地进行产业化扩张，膨胀产业规模，甚至不切实际地找出理由和数据，希望将其扩展到股票市场和房地产市场的巨大规模。

艺术产业涉及人的精神文化状态、人的消费心理、创作者的人生境遇、创作生产与消费购买之间的平衡等方方面面的微妙关系，归根到底是一项关于“人”的事业，最终目的也是满足人的精神性需求，宜以人为本，以尊重产业规律和特色为基础促进发展和进行管理，生搬硬套其他不相关产业的方法，往往会得不偿失。

举例来说，根据目前国内的学术界研究总结，艺术资产缔约各方的相互监管有诸多不合理之处，其操作借鉴的是其他金融资产交易的经验，而这些经验恰恰不适合甚至阻碍了艺术资产投资的发展与收益。作品的储存保管强调在银行或第三方的保险库，以确保安全互信。实际上在艺术基金的运营中，理想的状况并非把作品藏匿在万无一失的地方，而是尽可能多地在展览中曝光，提升其知名度；不但可以在美术馆向公众展现，也可以在理想的私人场合、会所、画廊等向潜在客户展现，从而为买卖交易创造最有利的时机和条件。

七、“一带一路”倡议下艺术资产的布局方向与策略

中央提出“一带一路”倡议，为艺术产业的发展提供了新的方向和思路，也是产业布局和策略的重要依据及指导原则。我们应当正视国内的地域性局限，进行国际化的全产业链资源整合，并在研究中发现具有时代特色、符合国家顶层倡议和利益要求的艺术家和作品，兼顾严谨的学术精神与创新性思维，构建“一带一路”大时代的产业平台。

（一）国际间、全产业链资源整合

中国的艺术产业界以往多基于国内的美协、书协、画院等机构的行业组织力量，地方特色和活动能力较强，但缺少跨地区和国际间的交流互动，使产业发展的地域性限制问题日渐突显。在创作产出上往往“近亲繁殖”，作品多属同样或类似的地方流派，缺乏新鲜创意，也没有独特风格。在产业经济上受地域能力的限制，难以形

成规模和效益。在“一带一路”倡议背景下，中国与其他国家将加强各方面的合作机制，互联互通。产业参与的各方要打破地域思维的迷思，响应并善用国家政策的外向方针，坚持国内外并重，协力发展，与其他国家的公私机构进行交流，将产业的影响力向外推广，给其他国家和地区留下深刻的印象。这样的力量会逐渐积累，并在更广泛的范围内引导公众熟悉和了解中国艺术。必要的宣传也可以加强公众的理解，因为当代艺术非常依赖解释和说明。

策展人是沟通艺术家、学术界、购买群体、展馆画廊等诸方关系的重要角色，在中国艺术市场中是一个全新的职业，它来自英文“curator”，即“curate”的人。“Curate”这个单词在“选择、组织（某个收藏或展览的作品）”之外，还有“照顾、关爱”的意思。策展人的作用，在西方成熟的体系里，主要是为一个展览选择作品，按照某种学术线索组织展示陈列，撰写导览手册，编撰图录。策展人服务的内容还包括以自己的专业为某个有实力的收藏家挑选和搜罗藏品，建立收藏体系。另外，在某些展览活动中（如艺术博览会和拍卖公司的私洽活动），策展人不但负责挑选展品，还负责招商和销售展品，于是在选择作品时要考虑其对销售业绩的影响。在策展人的多项工作中，有一项重要的工作往往被忽略，那就是与艺术产业的核心之一——艺术家有关的工作。一个高端的专业策展人，实际上也能作为某些艺术家的顾问和导师，类似职业运动员的教练，始终站在时代前沿。艺术家离开“保育”他们的学院后，在漫长的职业生涯发展中，展策人能够慧眼发现艺术家的天赋和缺陷，在创作发展方向及人生各阶段目标上给予艺术家充满智慧的引导，在艺术家感到孤独绝望时支持鼓励艺术家坚持下去，并激励艺术家重燃斗志。

（二）布局方向与策略

身处亚洲，依托“一带一路”倡议的产业布局，可多关注亚洲现当代华人艺术大师及他们的作品。这些艺术家具备一些共性，如出生在中国、接受中国传统教育、具有在西方留学或长期生活的经历、擅长使用东西方的水墨与油彩媒材、创作中融入东方思维之根脉与西方表现形式、在世界多个美术馆举办过系统性的学术展览、作品被国际间美术馆购藏、主要收藏群体遍布全球等。他们能够理解并尊重传统，东西兼备，深谙西方艺术潮流，却能坚持民族性，不随波逐流，不懈地推陈出新、继往开来，又自成体系，如李可染先生说的“以最大的功力打进去，以最大的勇气打出来”。这是由大时代的机会成就的，后不可再造。

近年来，在艺术品投资领域，很多人都在积极有效地努力。2011 年 11 月，在由新加坡国家文物局、国家艺术理事会、南洋艺术学院与中国福建省厦门市政府、厦门美术馆联合组织的中新两国文化交流活动中，林学大、林友权父子在厦门美术馆举办了作品联展，并出版展览著录《（新中两国艺术交流展）　传承与开拓——林学大与林友权美术作品展》。2015 年，北京保利艺术馆与新加坡当代美术馆合作举办了陈文希精品回顾展，并出版展览著录《陈文希大师精品回顾展作品集》。该回顾展对印度尼西亚重要收藏家珍藏约 30 年的陈文希各个时期的 240 余件作品进行了学术整理，是艺术家陈文希逝世以来最大规模、最完整的一次回顾展，成为陈文希研究领域的重要参照指标。2016 年，松艺术基金会与新加坡当代美术馆联合举办杨可均亚洲巡展，新加坡当代美术馆出版《悦情可均——杨可均亚洲巡回展》大型作品集。这些研究填补了新加坡学术界对于这些先驱华人艺术家的研究之缺疏。目前，松艺术基金会正在协助刘抗家族整理刘抗本人的作品及其家族收藏的作品，其中包括大量刘抗与刘海粟的书信和刘海粟赠给刘抗的作品。这些长期的规划、布局和努力对于“一带一路”倡议在文化领域的落地与推进产生了切实而正面的影响，可以增进中国与其他国家和地区在文化软性实力方面的融合与对话，减少误解与冲突。此外，产业的布局发展需要韧性和耐性，既需要进行长期规划与布局，也需要拥有学术的高度和深度，其效果可能在经过数十年不懈的坚持后才会逐渐显现出来。

结　语

大师的出现会让我们回首看见“传统”，每个时代的大师都是引领时代的先行者，“传统”正是由他们发掘造就推动，并延伸拓展的。今日大师之实践，成为明日大师之传统。值中华崛起之际，在艺术领域出古入今、融合东西的伟大探索，正是我们在艺术鉴赏和收藏投资领域密切留意的，也是“一带一路”沿线国家顶层倡议在文化艺术领域的重点。艺术融入生活，全面提升审美，让我们在欣赏的同时享受高端艺术升值所带来的资产品质和生活品质的全面提升。

艺术产业是国家内在精神和社会价值观的体现，艺术产业政策与实施策略是国家顶层战略的重要组成部分，精神文化生活与人民的幸福感提升及国家整体发展水平提升息息相关。艺术从来都不只是风花雪月，而是大国重器。

巴菲特曾说，“如果只要了解历史就能推测未来投资赢利，那么最富有的人都是图书管理员”。艺术品收藏和交易是艺术产业中历史最悠久的部分，其涉及的学问极其细腻、深奥，往往需要学习多年才会有些微的心得，也是艺术产业中值得作为资产进行终身投入和管理的部分，我们必须长期不断地学习和领悟。

参考文献

［1］［英］约翰·伯格 . 观看之道［M］. 戴行钺，译 . 广西：广西师范大学出版社，2015：116.

［2］［美］米切尔 . 风景与权力［M］. 杨丽，万信琼，译 . 南京：译林出版社，2014：371.

［3］［英］约翰·伯格 . 毕加索的成败［M］. 连德诚，译 . 广西：广西师范大学出版社，2007：76.

［4］［美］巫鸿 . 美术史十议［M］. 北京：生活·读书·新知三联书店，2016.

［5］［美］佩姬·古根海姆 . 一个艺术迷的自白：佩姬·古根海姆自传［M］. 徐小丹，译 . 北京：中国青年出版社，2014：120.

［6］［美］巫鸿 . 中国古代艺术与建筑中的“纪念碑性”［M］. 李清泉，郑岩，等，译 . 上海：上海人民出版社，2009.

场景理论视阈下文化遗产村落的艺术介入与创生研究

陶蓉蓉①

（盐城师范学院，盐城，224007；南京艺术学院，南京，210013）

【内容提要】 场景理论赋予文化遗产村落研究一个关于地点的美学与功能视角。在乡村振兴和文旅融合的时代背景和要求下，一些文化遗产资源禀赋丰富的村落有机会获得创造性发展。艺术介入作为文化遗产村落创意活化与创生发展的常用手段，从经济生产和在地生活两条路径影响文化遗产村落的特色模式。一方面，艺术化村落场景作为一种新的“生产要素”加入地方经济发展；另一方面，艺术介入所塑造的日常生活审美化趋向有助于本地原有居民“自者”身份的价值认同，也影响着文化异质区“他者”对文化遗产村落的接受与表达。本文以场景理论为视角，从生产、消费和美学维度来阐释艺术介入文化遗产村落的形式与内涵，以“反身性”的社会学思考正视当前文化遗产村落的创生实践过程，从功能、审美、认同等多个角度的整体性探索艺术介入特色村落创生的可持续发展模式。

【关键词】 场景理论；艺术介入；文化遗产村落；创生

---

① 【作者简介】陶蓉蓉，女，博士研究生，盐城师范学院副教授，南京艺术学院文化产业学院在读博士，主要研究方向为设计艺术学、文化产业研究。

A Probe into the Artistic Intervention and Creation of Cultural Heritage Villages Based on Scenescapes Theory

Tao Rongrong

(Yancheng Teachers University, Yancheng, 224007;
Nanjing University of the Arts, Nanjing, 210013)

Abstract: The Scenescapes Theory provides cultural heritage villages with aesthetical and functional perspectives of locations. Against the backdrop of village vitalization and culture-travel integration, some villages endowed with rich heritage resources have gained the opportunity for creative development. As a common means adopted in the creative activation and development of cultural heritage villages, artistic intervention explores the unique modes of cultural heritage villages from two aspects: economic production and local living. Onone hand, the artistic village scenescapes have been incorporated into the local economic development as a new production factor; on the other hand, the aesthetics embedded in everyday life shaped by artistic intervention helps local residents realize their self-identity, and influences the perception and expression of cultural heritage villages from "others" point of view, the cultural heterogeneity. Applying Scenescapes Theory, this thesis aims to illustrate the form and content of artistic intervention into cultural heritage villages from dimensions of production, consumption and aesthetics; to envisage the present creative practice going on in cultural heritage villages from the view of sociological reflexivity; and to explore integrally the sustainability of artistic intervention into creative development of specialty villages from multi-faceted angles like function, aesthetics, self-identity, ect.

Key words: Scenescapes theory; Artistic Intervention; Cultural Heritage Villages; Creation

从2008年安吉县首提“中国美丽乡村计划”，到2017年党的十九大报告将“乡村振兴”定位到国家战略层面，关于乡村建设与发展的实践和研究在中国大地上掀起了热潮。在中国，对农业、乡村问题的关注绝不是心血来潮，而是中国改革与建设的重要传统，从新中国成立后强调农业是国民经济的基础，到十一届三中全会后，从农村经济体制改革入手奠基改革开放，再到新时代在当代语境下提出乡村振兴战略，文化和精神要素在农业、乡村问题上的参与度逐渐上升，艺术、设计在本轮乡村振兴实践中成为非常活跃的因素。

文化遗产村落是一类特殊的村落，它们往往因为具有得天独厚的资源禀赋，已经成为地域性文化记忆的重要载体，也是人类文明多样性的直观展现。1964 年《威尼斯宪章》提出“历史古迹的要领不仅包括单个建筑物，而且包括能从中找出一种独特的文明、一种有意义的发展或一个历史事件见证的城市或乡村环境”。1999 年国际古迹遗址理事会在墨西哥通过《关于乡土建筑遗产的宪章》，补充了《威尼斯宪章》，提出乡土建筑遗产是社会文化的基本表现，是社会与其所处地区关系的基本表现。2005 年《西安宣言》将文化遗产看作是动态复合的整体，提出遗产与周边环境的互动作用包括自然的和人工的、有形的和无形的、传统的与当代的，使人们对于文化遗产的认识更加深刻。政策的更新传递出文化遗产村落工作理念的迭代，“整体观”成为文化遗产村落保护与发展的重要准则：一方面，强调将文化遗产村落保护工作置于当代乡村振兴、文化多样性涵养、文化产业发展的宏观环境中布局；另一方面，主张在个案操作层面注重文化遗产村落的内生性发展，强调对艺术介入乡村实践案例之于项目周边与乡村整体社会环境的嵌入性思考。

但本文讨论的文化遗产村落的成立条件并不限于建筑遗产的类型，如同文化遗产可分为有形的物质文化遗产和无形的非物质文化遗产，文化遗产村落也可以分为以建筑构造、体系的独特性著称的文化遗产村落和以民俗、民艺等非物质文化遗产为内容的遗产村落。在当今乡村振兴和文旅融合的时代背景下，艺术介入成为文化遗产村落创意活化与创生发展的常用手段，使一批文化遗产村落得到创造性发展的机会，艺术性场景的设置与解读成为实践中最常见的范式，场景理论由此赋予了文化遗产村落研究一个关于地点的美学与功能视角。

一、设置场景：艺术介入与文化遗产村落的创生实践

（一）场景理论

场景，是一个地方的整体文化风格或美学特征，其本身并不是当代的新鲜事物。物质意义上的场景作为人类文明产生和变迁的空间载体，自古以来见证了无数、多样的人类历史。但是，场景理论仍然是一个较为年轻的研究视角。

关于场景问题的思考伴随产业方式变革、经济社会发展而自然产生，在场景理论提出之前，许多学者的研究已经具有相当的启发意义。例如，尤尔根·哈贝马斯

的公共空间理论对咖啡馆的文化意义分析，皮埃尔·布迪厄或托斯丹·凡勃伦关于阶级差异对风格和品位决定关系的分析，都已映射出对场景问题的理论思考。真正意义上的场景理论在20世纪90年代末经过经济全球化，在城市、技术、产业等因素迅猛发展的历史条件下被“催生”出来。加拿大学者丹尼尔·亚伦·西尔（Daniel Aaron Silver）和美国学者特里·尼克尔斯·克拉克（Terry Nichols Clark）提出“场景理论”，成为新芝加哥城市学派的代表性理论。在场景理论提出之初，其核心观点是从消费者的视角出发审视城市空间，将其视为汇集了各种消费符号的文化价值混合体；随着时间的推移、研究工作的深入，场景理论的贡献逐渐突破了对城市问题的研究，这一新的研究视角开始成为更广泛意义上的区位文化分析框架。2019年1月，西尔和克拉克的重要论著《场景：空间品质如何塑造社会生活》的中文译本由社会科学文献出版社出版，该书将场景理论拓展为研究文化风格如何影响地方发展和社会生活的普适性理论，从而致力于构建国际上首个分析地方文化风格、美学特征，以及其对地方发展作用的理论工具。

场景理论强调研究对象各要素之间的互动关系，在分析关于地点的文化意涵如何影响经济发展与社会生活的意义上，具有很强的解释力。将场景理论引入文化遗产村落的艺术介入及创生研究有利于实现文化遗产村落保护，其发展中所倡导的“整体观”原则也有利于地域文化的表达与认同，从而从经济生产和在地生活两条路径为文化遗产村落的振兴、活化提供智力支持。

（二）艺术介入文化遗产村落的创生实践

文化遗产村落的保护与发展搭载了文化遗产保护与乡村振兴的双重动力。一方面，从“有形”的物质文化到“无形”的非物质文化遗产保护，体现了世界文化遗产保护范畴内从认识到实践的文化反思，深化了对文化遗产村落保护、发展意义的理解；另一方面，当前宏观经济语境下的乡村振兴战略为文化遗产村落的创生实践提供了政策与经济的双重保障，使相关工作的行政沟通成本大大降低，国内优秀的项目团队得以在这一领域迅速开展工作。

对于以传统建筑、民居立项的文化遗产村落而言，艺术介入往往以村落规划、建筑修复、环境改造为主要参与手段；对于以传统风俗、民艺为特色的非物质文化遗产聚集村落而言，艺术介入通过艺术设计的途径参与塑造地方文化品牌。尤其是在“宏观设计”背景下，艺术设计的研究领域在突破传统的视觉、形态范畴之后，逐步拓展为从策划到表达，进而到市场层面的全产业链设计思维。因此，是设计服务与创意设计服务（依据《文化及相关产业分类（2018)》）的多个行业领域积极参与文化遗产村落创生，成为艺术介入的主要实践手段。

二、归因场景：艺术介入如何促进文化遗产村落创生发展

（一）作为“生产要素”的艺术化场景

伴随经济全球化和互联网技术的高速发展，世界范围内的传统文化都受到了城市化、现代化进程的冲击：一些传统民俗、技艺逐渐脱离了原本的日常生活场景，如果没有合理的传承人保护机制，大量的传统技艺文化将无以为继；一大批传统村落的年轻人口逐年流失，使村落陷入空心化的局面，治理困难，传统建筑年久失修。这样的历史过程将传统村落以地理因素区分为两类区域，前者是地处经济发达地区周边或交通较为便利的区域；后者则与之相反。1976年，世界遗产委员会成立，1978年，首批《世界遗产名录》公布，时至今日得以冠“遗产”之名的村落多数属于后者。这些历史悠久的遗产村落曾经被单纯地看作是农业生产、村民生活的“日常”场景，其生产意义通常只聚焦于传统经济增长三要素之一的“土地”意义之上。

现在，情况发生了巨大变化，国家层面的乡村振兴战略将产业振兴提至首位，文旅融合和文化产业的导向为遗产村落产业转型提供了思路，互联网技术与全国铁路、公路设施的飞速发展使一场规模性的遗产村落创生发展成为可能，一批文化、艺术工作者投身其中，成为落实项目的一线力量。在这样的情境下，拥有丰富资源禀赋的文化遗产村落不可能只是单纯的农业生产场景，通过艺术化的改造，“场景”成为新的生产要素，成为决定经济成败的关键因素。虽然大部分经济理论强调劳动力和资本的作用，但是这些要素本身无法从细节上解释为什么会发生增长，也无法从细节上解释发生的区域原因。

当“场景”作为生产要素的概念得以确立，传统经济理论下的“村落”“土地”的概念便开始逐渐消失和转化。经典经济理论的变革从亚当·斯密和大卫·李嘉图开始，他们最先将“土地”表述为关键的经济概念；接下来到马克思的理论，“土地”或多或少地消失了；随后，阿尔弗雷德·马歇尔、马克思·韦伯、塔尔科特·帕森斯等人的研究将“土地”的概念以一种转化了的、被赋予了文化意义的方式呈现出来。因此，农耕时代以土地肥力好坏、地理便利与否为标准的评价方式逐渐消融，取而代之的是建立在“舒适物”标准之上的，能传达地域文化、表达人文情感、实现精神意义的土地的场景价值。

文化遗产村落作为多样文化与传统生活方式的代表，在今天文旅融合、乡村振兴的大框架下，越来越多地被纳入文化产业的视野中，传统村落与文化产业的互动实践每天都在发生。在这种情形下，文化遗产村落的文化基因及其载体大多有意识或无意识地扮演起“生产者”的角色。艺术介入为这种交易互动提供场景，经过设置的场景表现出文化特征强化与舒适度提升的共同特征。艺术介入文化遗产村落场景设置的手段可能是简单的方法，也可能表现为复杂的物理手段，但结果一定呈现为有利于感知文化因素的具体形式。艺术的介入疏通了人的直觉对文化因素的捕捉通道。

西尔和克拉克将“美学直觉加上由欲望转化而来的活动和舒适物，使我们能够更清楚地分辨不同场景”概括为场景的重要特征之一。场景成为一个容易感知却实际复杂的多维因素聚合体。《场景》一书中将场景的分析区分为三个要素（真实性、戏剧性、合法性），下属 15 个维度；场景理论延伸了社会科学中很多重要的传统文化分析方式，于是文化遗产村落所代表的独特地方文化和人类文明通过与丰富维度的艺术化场景设置之间相互叠加，往往呈现出别具特色的在场体验。这种差异化的在场体验在文旅产业中成为体现“当地价值”的稀缺资源。当资源稀缺时，价值由此产生，多出的价值就是“场景”作为生产要素带来的贡献。如同古典经济学理论所主张的，当土地稀缺时，该价值就生成地租。马歇尔打破了总是把地租归于自然所赋予的大地的经典认识，明确了土地与文化、文化与地租的联系，把租金看成是存在于任何有价值物体中的分析元素，而不再将之与物理的大地严格等同：“甚至土地的租金是看得见的，但不是作为物本身，而是作为一大属类中的主导种类。”

清华大学建筑学院罗德胤老师给自己的工作定位是一名乡村遗产设计师，这些年他与团队所做的项目体现了艺术创意工作介入传统村落复兴产生的积极作用，如 2016 年的贵州黎平县黄岗村改造项目。黄岗村之所以能够列入世界遗产预备名单，一是因为它完整地保留了典型的侗族村寨村貌特征，二是因为村民的生活方式、生产方式和节庆习俗本身就是文化遗产，侗族男声大歌的发源地就是这儿。因此，黄岗村融物质文化遗产与非物质文化遗产于一体，是一个颇具价值的典型案例。

项目改造着手探索少数民族村寨的综合发展路径，体现了艺术介入文化遗产村落场景设置的三个方面。

首先，在宏观村落场景设计方面，项目团队修复了萨坛、碾坊，完成了两个民居标本，完善了黄岗村的遗产体系，体现了文化遗产村落复兴的“整体观”。按照西尔和克拉克的场景理论，宏观环境下可利用的文化元素可以在特定的地理环境中以多种方式组合在一起，经过复合的场景强化其自我表达维度与本土真实性。《场景》一书中还描述了一种场景分析的互动方法，解释了自我表达的场景如何增强技术集群对当地的经济影响。当然，技术集群的概念还可以替换为人群或社群因素。在文旅融合的产业经济背景下，村落场景整体性在强化自我表达的同时也将具有生产性的市场价值，正如社会学家布迪厄和其他学者在研究中所强调的文化或符号资本所产生的作用，萨坛作为侗族宗教信仰中最重要的祭拜仪式场所，构成了重要的文化符号。在文化产业视角下，文化符号作为重要的文化资源经转化将成为文化资本，进而促进产业发展。

其次，项目组为村寨内的普通民居设计了上下水，在公共区域增加了厕所，把村里最大的水塘进行了清理，并引入活水，大大提高了村庄环境的舒适度。“舒适”一词在场景理论中具有重要意义，场景设置可以理解为各种“舒适物”（Amenities）的组合安排，“舒适”可以给人带来愉悦的体验，但又很难被量化，这与增加市场价值的生产性“资本”概念形成鲜明对照，却又真实体现了场景改良的“情境价值”（马歇尔，Situation Value）与“公共价值”（马歇尔，Locational Value）。

最后，项目团队完成了村族长家的住房改建及闲置禾仓改造，体现了场景改造对地点魅力的提升作用，最终实现从闲置用房到旅游产业资本的转变。在村族长家住房改造项目中，尊重传统建筑修复中“修旧如旧”的理念，再引入新旧并置的美学，在保留墙体构架的基础上，大幅提升房屋舒适度，客观上达到四星或五星级酒店评级标准。改造后的客房价格达到日均千元以上，成为当地民宿产业的示范。禾仓是一种具有侗族特色的传统建筑，具有火灾时预防粮食受损、保障族群生计的功能，体现了侗族先民的传统智慧。随着国家粮食救济体系的完善与交通条件的改善，黄岗村一半左右的禾仓都被闲置，甚至成为废弃建筑。罗德胤老师的团队经过设计，依据建筑本底条件将这些废弃的禾仓改造为会议中心或者客房，实现了由闲置资源到旅游资本的转变。

在这两个案例中，既可以看到艺术介入场景设置进而盘活传统村落库存房产资源的经济逻辑，也可以看到项目改造中大面积引入玻璃材料进行通透性设计，从而完成人—景互动场景设置的设计思考。借助场景这个中介，延伸了村落原有的走马观花式的旅游产业链，建立了游客与村落第三产业发展的因果关联，勾勒出文旅融合时代下文化遗产村落的动力来源。

（二）作为“审美要素”的艺术化场景

艺术介入文化遗产村落最普遍、最直观的效果就是主体要素的美化。在黄岗村村落活化创生实践中，团队的工作集中在10个子项目上：（1）恢复萨坛（建筑项目）；（2）新建东寨门（建筑项目）；（3）禾仓景观群（建筑项目）；（4）荷花塘环境景观改造（景观项目）；（5）以沿溪步道、竹林步道、稻田步道为代表类型的步道系统（景观项目）；（6）戏台优化（景观项目）；（7）踩歌堂景观优化（景观项目）；（8）步行街；（9）道路改线及停车场建设（基础工程）；（10）改善给排水环卫等民生基础设施（基础工程）。在这10个具体的子项目中，除了最后2项是基础工程类项目外，其余8个项目均属于建筑或环境的美化改造，目的是强化具体地点的审美功能，将其塑造为村落布局中的各个“审美要素”，即一个个经过审美化处理的“场景”。根据“情境价值”理论，一些地区试图从周边的开发中获利，这种“区位价值”主要来自周边公共和准公共产品的提供。因此，经由艺术、设计介入所设置的审美场景在提高受众审美体验的基础上，还能进一步转化为直接的经济增长因素，如对戏台的修复与再利用。

黄岗村的景观项目包括戏台优化，被认为是容易入手并具有显见意义的项目。戏台在中国具有悠久的历史，承载着中国传统社会先民们文化生活的场景记忆。古戏台大多具有两个基本特征：一是建筑形象华丽（与周边建筑相比），二是长期依附于祠庙等宗教建筑或礼制建筑。古戏台作为中国传统社会的功能型建筑，具有特定的时代风格与建筑语言，形成了一套“自我表达”的符号系统。例如，宋金元时期的戏台普遍采用单檐歇山顶或十字歇山顶，这与它们被视为“亭”类建筑密切相关。在中国传统建筑中，“亭台楼阁”常常被认为是用于欣赏风景的“景观建筑”，凡景色优美、令人神怡之地，若不置以此类建筑，未免令人遗憾。这类建筑既用于景观，其本身也就具有了“被观”的功能，这便解释了为什么戏台与周边建筑往往具有更高的建造质量和装饰水准。因此，戏台从诞生之日起就承载着审美功能，同时它也是村民娱乐、集会的公共空间，见证着当地人的文化生活变迁。中国大部分省域均有戏台分布，它们常作为当地最高水平建筑的代表，各地不同的建筑风格投射在戏台建筑上，使戏台因此具有强烈的地域特征。伴随着时代变迁、人们生活方式的转变，古戏台的功能已由当初公共文化消费场所转变为地方记忆的文化符号，这两种身份使戏台成为一定地域空间中不同时间里的“审美要素”，构建出不同的文化消费场景。作为一种符号性很强的“审美要素”，古戏台在今天常作为重要的文化资源被重构出新的功能，以服务经济生产。云南省大理白族自治州剑川县沙溪镇有一个叫段家登的白族聚居自然村，这个小小的村落因为一个叫作“戏台会馆”的民宿出了名。段家登的路口曾经有一个破败的戏台，戏台内有一个魁星阁（魁星是白族的崇拜对象)，由苏黎世联邦理工学院主持的“沙溪村落复兴”项目选定了这里，以艺术介入的手法恢复了戏台原本的格局。当地人吴运鑫在此基础上改造戏台侧房，间隔出5个房间，后又与美国人柏昆合作将这个简单的客栈升级为现在的“戏台会馆”。借由便利的互联网传播技术，戏台会馆在相关的国际网站上好评如潮，甚至还有外交官慕名而来。旅行者在此下榻，村里有了维护老建筑的经费，村民活动中心得以维持运行，当地姑娘经过培训承担起会馆的日常运营工作，沙溪也有了对外交流的窗口。在这个过程中，可以看到古戏台由文化、审美要素转化为乡村创生发展动力的内在逻辑。

三、场景的力量：艺术介入与文化遗产村落的价值认同

（一）艺术化的生活：“自者”眼里的常态生活

“艺术化的生活”即是感知和使用生活中的艺术。对文化遗产村落的居民而言，他们是日常生活场景中的建筑艺术、民间艺术的拥有者和使用者，这些地域文化因素构成他们的日常生活场景。作为本地原有居民，他们以“自者”的身份在饮食起居、节日庆典、民俗仪式之中不知不觉地完成了日常生活的艺术化。但是，这种具有丰富文化意涵的生活却可能因为观念的改变而丧失其原本的审美意味，并转变为负面的情绪。

例如，云南省元阳县哈尼梯田的世界遗产里，一个个传统民居在“外人”看来是非常可爱的“蘑菇房”，在当地人眼中却是贫穷落后的象征，负面的价值判断成为传统民居活化保护的障碍，甚至在潜意识中影响个体对本民族文化的心理认同。个体的文化认同对文化遗产发展有重要意义，因为人本身就是文化的创造者和使用者，只有人与文化之间进行互动，才能真正带来文化发展的新活力。因此，我们不应该采用静态方式将文化遗产村落摆放到各种类型的博物馆中加以收藏和保存，而是应该以创意的方法将其活化。艺术介入作为重要的参与手段进行生活场景的审美设置，使村民对自身常态生活产生心理认同，从而赋能遗产村落，使其保持可持续发展。

理解场景理论的作用在于了解通过“舒适物”的设置可以提高人们的生活体验，影响人们的态度和行为，从而影响社会生活和选择。在场景理论中，“舒适物”通常是指能给使用者带来愉悦体验的场景要素，可以对价值体验和社会情感共鸣产生影响。这为艺术介入遗产村落存量资源的舒适化改造赋予了意义。例如，在上述云南省元阳县哈尼族民居的案例中，屋顶以茅草修建、形状酷似蘑菇的当地传统民居作

为哈尼族文化最重要的外部表征，实际却存在着光线昏暗、人畜混居、卧室狭小三大缺点。这种功能上的缺陷使传统居民不能满足居民因生活方式变迁所引起的居住需求变化，因此，尽管“蘑菇房”体现了上千年来哈尼人应对当地气候和资源条件做出的最优选择，在景观上也与当地梯田环境形成了牢不可破的和谐关系，但还是出现了巨大的衰退迹象。2012 年 4 月，“红河哈尼梯田”申请世界文化遗产相关工程开始实施时，当地全福庄中寨的传统民居两年内减少近半，令人痛心的同时也反映出关于居住的新旧理念之间的巨大冲突。罗德胤项目团队利用技术手段从扩大门窗面积、整体构架抬升、内部空间功能重构三个方面入手，在保证改造之后建筑外观没有发生大变的基础上，最终实现室内居住条件的基本现代化。室内场景的舒适化提升了居住体验，对化解传统民居与现代生活方式之间的矛盾起到了积极作用。保护文化遗产的整体观与活化观本不能以牺牲原住民的生活质量为代价；相反，遗产区居民“自者”的文化与价值认同会演化为一种红利，促进区域发展的生态演进。在这个案例中，居民的认同与居住选择才是“蘑菇房”能够延续的保障，其更大的意义在于探索了一条传统民居通过场景舒适化改造而适应现代化生活的技术路径，其中可以看到明显的艺术设计介入痕迹。

（二）生活的艺术化：“他者”视野中的文化传达

“自者”和“他者”代表了文化遗产村落创生实践中的两个群体，也代表了观察、处理问题的两个视角。“自者”对地域文化的认同是作为“执行者”的思想前提，是地域文化活态传承的基本保障；“他者”的认同则为遗产村落的创生发展注入了外部力量，尤其是在文旅融合和文化创意产业发展的宏观背景下，来自“他者”的艺术表述时常影响着村落实践的价值环境。

按照艺术人类学的方法理论，“他者”的视野强调从文化外部对文化进行审视和理解，其身份内涵可理解为对地区文化感兴趣、做研究或者具有其他目的性的群体。萨义德（Edward Wadie Said）曾经说过，一个文化体系的文化话语和文化交流通常并不包含“真理”，而只是对它的一种表述。在遗产村落研究中，占据话语主导权的往往是那些“他者”，比如学者、政府要员、文化产业者，等等。

场景理论容易通过体验、消费等环节对“他者”产生影响，使他们在自觉或不自觉的状态下对文化遗产村落做出表述。当前，文化遗产村落的保护理念有一种倾向：在对文化遗产资源进行有效记录、保存、保护的基础上，并不反对对文化遗产资源进行适当开发和利用。在实践中，即便传统文化保护与地方社会经济发展的迫切要求之间存在矛盾，无论是“文化生态保护区”还是“文化遗产开发区”，艺术介入场景设置也都能辅以助力。在强调文化生态保护的区域，工作着眼于维护、修复和滋养区域性文化生态，有形或无形的文化遗产均与居民日常生活交织一体，场景设置以“弱景观”的原则介入，适当提升体验的舒适度，这是世界文化遗产保护组织在“抢救性保护”实践中倾向的做法。在“文化遗产开发区”，鼓励文化遗产资源与文化旅游产业相结合，如《印象·刘三姐》对壮族传统文化中刘三姐故事的文化内涵进行了再生产，《印象·丽江》以雪山为背景，以当地民俗文化为载体进行了艺术加工，两者的演出均获得了巨大成功。总导演张艺谋对演出的场景要求极高，有评论指出：“对《印象·丽江》而言，如果没有海拔 3 000 米以上的雪山作为背景，就难以将生命的真实与震撼体现淋漓。”可见场景设置在其中的重要作用，积极的外部认同在信息传播技术空前发达的今天，对区域发展争取外部政策或经济资源具有重要意义。

结　语

艺术介入文化遗产村落场景美化的内生逻辑是服务当地居民生活，本土真实性是遗产村落场景设置不能回避的问题。“文化遗产村落”这一命题已经将研究范围限定在一个特殊的村落群体，无论是按照《威尼斯宪章》提出的历史信息标准，还是依据《巴拉宪章》的文化重要性原则，“文化遗产村落”都是一群“稀有村落”的集合，针对“文化遗产村落”的任何保护、创生实践都应将维护文化多样性作为基本前提，拒绝同质化、抽象化的单一场景设置。

在今天乡村振兴、遗产保护、文旅融合三力齐发的语境下，文化遗产村落面对着空前的发展机遇，在此时引入场景理论介入乡村文化遗产村落创生实践也就具有更现实的研究意义。在产业、传播、交通等因素迭代的社会语境下，政策与资本的介入很难说一定是积极因素，许多遗产村落的文化本底面临解构、重构与再生产的现实考验。无论是传统文化的延续之路，还是以传统文化为生产要素的再生产模式，艺术介入目标场景的设置都只有在正确的观念和原则引领下才能实现文化遗产村落的可持续创生发展。

尊重传统文化与当地生活、维护文化多样性是成功案例的共同特质。对文化遗产村落而言，最有价值的东西本来就已经存在，场景理论的介入原则不是要刻意设置一个空间，而是要顺应本来的存在。因此，文化遗产村落的创生实践绝不是资本和建筑师的演绎场，也不是政策的试验田，延续乡村的原有脉络比改变乡村更为重要。

在艺术介入村落创生的具体项目中，首先要研究当地的文化、风格、发展过程，因为任何对原有资源的改造、设置都需要将这个场景嵌入当地文化和居民日常生活的社会环境中去考量，任何艺术介入的手段都应当注重对场所特质和当地居民生活方式的回归。所谓场景理论的视角，就是要求在看待传统村落问题时，不仅要看到“景”和“物”，更要看到“场景”和“场景”背后的文化内涵，这样才能以更敏锐的眼光去观察、处理文化遗产村落创生实践的相关问题，发挥场景的力量，使传统村落焕发新的生机。

参考文献

［1］马金剑，吕学昌，高宜生．文化遗产视角下传统村落整体性保护策略探究——以蒙阴县岱崮镇岱崮村的保护发展为例［C］．中国城市规划学会会议论文集，2018：2.

［2］李林，李舒薇，燕宜芳．场景理论视阈下城市历史文化街区的保护与更新［J］．上海城市管理，2019（1）：7.

［3］［加］丹尼尔·亚伦·西尔，［美］特里·尼科尔斯·克拉克．场景：空间品质如何塑造社会生活［M］．北京：社会科学文献出版社，2019：147.

［4］［英］阿尔弗雷德·马歇尔．经济学原理［M］．北京：中国社会科学出版社，2007：287.

［5］［加］丹尼尔·亚伦·西尔，［美］特里·尼科尔斯·克拉克．场景：空间品质如何塑造社会生活［M］．北京：社会科学文献出版社，2019：146-147.

［6］罗德胤．从修旧如旧到新旧并置美学的思考［Z］.CC讲坛，2019-05-04. http：//finance.sina.com.cn/hy/hyjz/2019-04-19/doc-ihvhiqax3849467.shtml.

［7］罗德胤，秦佑国．古戏台，戏曲文化的建筑遗存［J］．中国文化遗产，2013（5）：25-26.

［8］范亚昆．民宿时代［M］．北京：中信出版集团，2017：233.

［9］麻国庆，朱伟．文化人类学与非物质文化遗产［M］．北京：生活·读书·新知三联书店，2018：172-173.

［10］孙娜，罗德胤．哈尼民居改造实验［J］．建筑学报，2013（12）：38.

［11］［美］爱德华·W. 萨义德．东方学［M］．北京：生活·读书·新知三联书店，1999：28.

［12］麻国庆，朱伟．文化人类学与非物质文化遗产［M］．北京：生活·读书·新知三联书店，2018：31.

自律与他律：受众对艺术场域结构的新构建

张 瑜　邓 艺[①]

（北京大学艺术学院，北京，100871；韩国高丽大学传媒学院，首尔，02841）

【内容提要】 布迪厄的场域理论对艺术场的双重结构进行了阐释，认为自律的限制性生产场和他律的大生产场分别处于艺术场的两极，二者是根本对立的。然而，在互联网时代下，以移动社交媒体为代表的新媒体为艺术受众赋权，使本依附于大生产场的大众文化受众有能力影响纯艺术家，甚至改变自律与他律之间的权力关系。本文以歌唱类综艺节目《声入人心》为例，通过对受众的深度访谈和调查研究，分析节目播出这一关键性事件对音乐剧精英文化的生产方式、传播渠道和受众行为产生的影响。研究发现，受众在新媒体平台的助力下，将原属于大生产场的消费行为引入了限制性生产场，打破了纯艺术生产的自律性，模糊了两极之间的界限。本研究对布迪厄的场域理论在新媒体时代的适应性进行了拓展，并对高雅艺术的大众化策略做出了启示。

【关键词】 布迪厄；艺术场域；声入人心；受众；艺术生产

Self-discipline and Other-discipline：the New Construction of Art Field Structure by Audiences

Zhang Yu，Deng Yi

（School of Art，Peking University，Beijing，100871；
School of Media & Communication，Korea University，Seoul，02841）

Abstract：In the field theory of Bourdieu，the dual structure of the art field is explained.

---

① 【作者简介】张瑜，女，北京大学艺术学院硕士研究生，主要研究领域：文化产业管理。邓艺，女，韩国高丽大学传媒学院硕士研究生，主要研究领域：文化产业。

It is considered that the restricted production field of self-discipline and the large production field of other-discipline are at the two poles of the art field, and there is a fundamental opposition between them. However, in the Internet era, the new media represented by mobile social media empowers artistic audiences, so that the popular cultural audiences who are attached to large production field have the ability to influence pure artists, and even change the power relationship between self-discipline and other disciplines. This article takes the music variety show "Super Vocal" as an example, analyzes effects of the program on the production of elite musical culture, the channels of communication and the behavior of the audience through in-depth interviews and a survey of the audience. This study finds that the audience, with the help of the new media platform, introduced the consumption behavior which originally belonged to the large production field to the restricted production field, changing the self-discipline of pure art production and blurring the boundary between the two poles. This article expands the adaptability of Bourdieu' s field theory in the new media era and gives enlightenment to the popularization strategy of elegant art.

Key words: Bourdieu; Field; Super vocal; Audience; The Production of Art

随着社交媒体的普及，艺术作品的受众与艺术作品之间的互动越来越频繁。社交媒体不仅仅是市场营销的一种手段，更逐渐影响着艺术生产的过程，促成了艺术家与公众之间更加开放、动态的互动关系。可以看到的是，曾经被视为小众的声乐垂直领域被引入大众文化消费市场，这在刺激文化消费的同时实现了更广泛的文化传播；而在“全民偶像化”时代，大众文化也在不断主动挖掘、塑造着从事传统艺术生产的艺术家偶像群体，从对内容的消费走向意义的生产。

一、理论演变：模糊化的艺术生产场边界

艺术生产场的概念源于皮埃尔·布迪厄（Pierre Bourdieu）的场域理论。首先，他认为场域和资本场域是一个结构化的空间位置，其中文化场（以文学为代表）和艺术场（以绘画为代表）都隶属于较高层次的文化生产场，且两者之间是同源（homology）的。两者尽管用词不同，但还是可以认为其在内、外部结构上是共通共享的。因此，和文学场一样，艺术场是由限制性生产（restricted production）场和大生产（mass production）场两个次场之间的结构性对立关系构成的，两者的主要区别

在于它们对权力领域的自主程度：限制性生产场具有相对高度的自治权，是为了生产“纯粹的”艺术产品，即“为艺术而艺术（见图 1)”；大规模生产受制于外部环境，需要符合大众期待，制造“商业的”文化产品，即“为资产阶级而艺术”。① 布迪厄有意模糊两个场域之间的边界，但始终强调这种双重结构张力下艺术生产场两极之间的斗争性，“文化艺术生产场每时每刻都是两条等级化原则，即自律原则和他律原则之间斗争的场所”②，并强调由于自律与他律原则的斗争分隔出更多的结构对立。

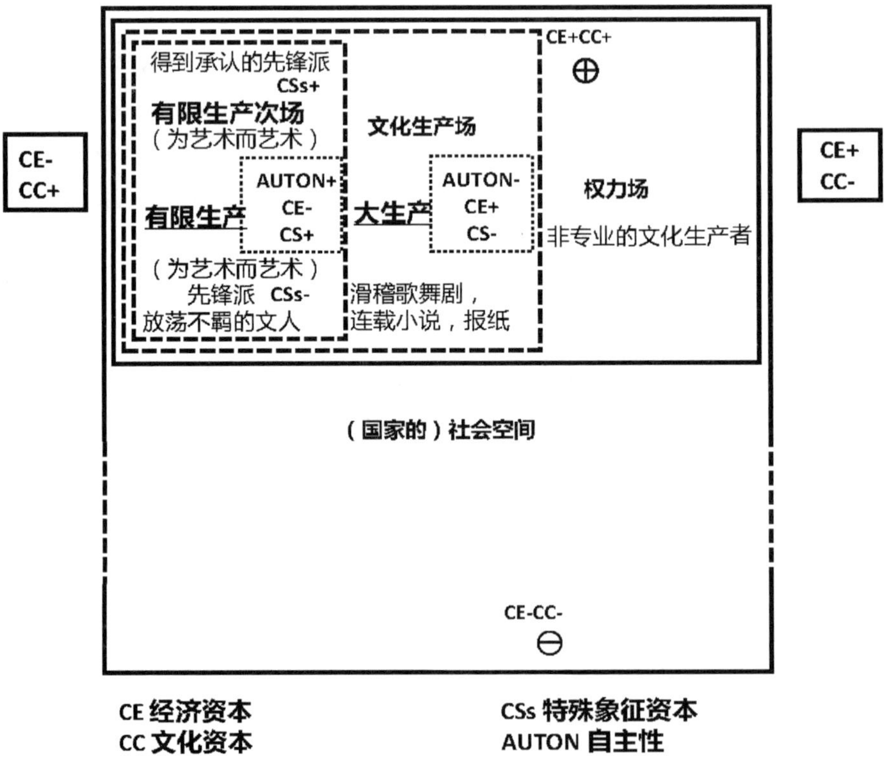

图 1　权力场和社会空间中的文化生产场

① ［法］皮埃尔·布迪厄 . 艺术的法则：文学场的生产与结构［M］. 刘晖，译 . 北京：中央编译出版社，2011：87.

② ［法］皮埃尔·布迪厄 . 艺术的法则：文学场的生产与结构［M］. 刘晖，译 . 北京：中央编译出版社，2011：197.

由此，布迪厄建构起限制性生产场和大生产场在生产模式和经济关系上的对立，然而这种他律原则与自律原则之间绝对的两极分化在不同领域同时受到挑战。在此理论基础上，帕特里克（Patrick Champagne）指出限制性生产领域和大规模生产领域都可能根据内部知识需求生产象征性产品，以回应外部需求[①]。大卫·赫斯蒙德哈尔（David Hesmondhalgh）认为在流行音乐领域现在有大量的文化生产发生在大众领域和限制生产领域的边界上，或者说限制生产已经被引入大规模生产领域。[②]向勇、白晓晴也通过对网络文学领域的研究指出，随着网络文学 IP 价值的多元开发，网络文学已经成为文化产业领域的热门商业模式，商业逻辑使网络文学场由限制性生产场逐渐转变为大规模生产场，且网络文学场与电视剧、电影、游戏等文化生产场域之间的相互作用更加频繁和复杂[③]。

事实证明，现实的异质性揭示了艺术生产场，尤其是大规模生产场的复杂性，因此也就使得艺术创作、生产行为在艺术场域中的定位变得更加困难。布迪厄认为，两者之间的根本差别在于自主程度，具体来说，可以文化生产者的商业成功、世俗成功及获得成功的手段为依据，比如对报纸和现代传媒手段的服从[④]。在多媒体、新媒体甚至全媒体的语境下，艺术场的二元结构可能面临的双重复杂性挑战，一方面是艺术的多样性——布迪厄在论述艺术场时借由同源性特征完全挪用了文学场结构，但是事实上部分不同艺术形式天然地具有其异质性，如很多舞台表演艺术在创作之初就是旨在面向观众而非面向其他生产者的；另一方面是媒介的普遍性——随着艺术与媒介的融合愈加紧密，艺术创作过程不可能完全与现代传媒手段隔离。总之，社交媒体带给艺术生产场的变革显而易见，在艺术生产场中，限制性生产场与大规模生产场的边界问题还有待进一步厘清。

---

① Champagne Patrick. *The Double Dependency: The Journalistic Field between Politics and Markets, in Rodney Benson and Erik Neveu (eds) Bourdieu and the Journalistic Field* [M]. Cambridge: Polity Press, 2005.

② David Hesmondhalgh. *Bourdieu, The Media and Ccultural Production* [J]. *Media, Culture& Society*, 28 (2): 211-231.

③ 向勇，白晓晴 . 场域共振：网络文学 IP 价值的跨界开发策略［J］. 现代传播（中国传媒大学学报），2016，38（08）：110-114.

④ ［法］皮埃尔·布迪厄 . 艺术的法则：文学场的生产与结构［M］. 刘晖，译 . 北京：中央编译出版社，2011：194.

二、参与式文化：大生产场的新信仰空间

（一）社交媒体上的价值生产

布迪厄在讨论艺术作品的价值生产时，认为在限制性生产场内，艺术家完成了对艺术作品的物质生产；价值的生产者不是艺术家，而是来自作为信仰空间的生产场。信仰空间通过生产艺术家创造力的信仰，生产作为偶像的艺术作品的价值。①在进入移动互联网时代后，社交媒体成为这种大生产场内新的信仰空间生产场，受众通过场域中的舆论行为接触、消费和再生产艺术家创造出的信仰，确认艺术作品的价值。作品科学的生产对象不仅是物质生产，更强调作品的价值生产，即对作品价值信仰的生产。②

因此，社交媒体上形成的、由受众高度参与的新的信仰空间，成为艺术作品价值生产的重要一环。一方面，基于移动设备的社交媒体打破了受众参与生产的时间和空间限制，其易于接近性、易于使用性和开放性的特点使受众参与的频率和体量呈现质的飞跃；另一方面，由于社交媒体允许每一位使用者成为舆论的主体，受众便自然地同时拥有了生产者和消费者的双重身份，因此，受众从处于劣势的传统靶向性传播关系中跳脱出来，得以赋权成为新的权力主体。③受众可以在艺术作品的生产阶段，通过社交媒体与艺术家或制作组互动，直接参与电视节目、电视剧等作品的制作过程。④同时，这种交流也能够拉近艺术家和受众之间的距离，将二者的关系从单方面的追随转变为相对平等的伪友谊（pseudo friendship）关系，从而提高了受众的地位。⑤

亨利·詹金斯（Henry Jenkins）曾提出参与式文化（participatory culture）这一概念，其是指受众对于文本的参与及再生产过程。⑥受众会自发地关注自己感兴趣的节目的生产者，并对节目进行自我解析，这一过程被称为“文本的盗猎”。社交媒体为

---

① ［法］皮埃尔·布迪厄．艺术的法则：文学场的生产与结构［M］．刘晖，译．北京：中央编译出版社，2011：205.

② 同上。

③ 易思．新媒体语境下参与式文化研究［J］．新闻研究导刊，2017（09）：109.

④ Yilu，Liang，Wanqi Shen. *Fan Economy in the Chinese Media and Entertainment Industry*：*How Feedback From Super Fans Can Propel Creative Industries' Revenue*［J］. *Global Media and China*，2016（4）：331-349.

⑤ Baym Nancy. *Fans or Friends*：*Seeing Social Media Audiences as Musicians Do*［J］. *Journal of Audience & Reception Studies*，2012（9）：286-316.

⑥ Henry Jenkins. *Textual Poachers*［M］. New York：Routledge，1992：98.

受众文本盗猎提供了呈现和表达的平台，通过用户生成内容（User Generated Content，UGC），受众成为艺术作品二次传播过程中的再生产者，对原始艺术作品的二次发酵产生影响。受众的高度参与，社交媒体的信仰空间早已不再单由节目本身进行价值传递，使艺术作品的价值实现包括对受众具有引导性的二次解读和再创造。

（二）艺术生产场的资本关系

布迪厄将资本分为经济资本、文化资本和社会资本。如前所述，艺术生产场的双重结构导致了双重的资本逻辑：限制性生产场追求文化资本（cultural capital）及象征资本（symbol capital）的积累，不以眼前的经济利益为主要目标；大生产场重视经济资本的积累，重视作品的发行量及销售量。两者对于资本积累的诉求不同，因此也就产生了“倒置的经济原则”：大生产场的生产价值较低，短期内占有较多经济资本，生产模式长期处于被统治地位；限制性生产场占有较多文化资本、经济资本，会在未来得到承认和补偿。限制性生产场和大生产场的边界被模糊，两者之间的交叉越来越频繁，这意味着艺术生产场域和文化资本、经济资本之间的对应关系不能完全结构化和模式化。

尤其值得关注的是社交媒体下社会资本的变革。社会资本表现为个人联系的网络规模和资本的容量（经济的、文化的或符号的）①，社交媒体无疑扩大了两者的范畴。正如林南指出，电子网络从根本上承载着、提供着社会资本，我们正处在由电子网络所代表的社会资本的革命性上升时代。②区别于传统媒体的相对独立性，社交媒体把原先分离的、碎片化的个体受众聚合为在线社群，在受众之间建立了更加紧密的情感联结和更加严密的组织关系，被称为超社交互动（parasocial interaction）。③与传统线下受众社群相比，新媒体环境下的社群中，成员结构更加多样化，成员更具凝聚力，并且由于网络发言的匿名性而更加排他，更具情感。④这也就强化了群体成员的认可和边界，成为艺术家获得社会认可、赢得社会声望的凭证。

（三）多样化的受众角色

斯图尔特·霍尔（Stuart Hall）在编码／解码模型中指出，受众可能处于首选

---

① 包亚明．布迪厄访谈录：文化资本与社会炼金术［M］．上海：上海人民出版社，1997：202.

② ［美］林南．社会资本：关于社会结构与行动的理论［M］．张磊，译．上海：上海人民出版社，2004：214.

③ Setyanto，Winduwati & Utami. *Early Adolescent Behavior on Media Toward Idol Figure*（*Parasocial Study Preliminary Youth As An Effect of New Media*）［J］. *International Journal of Communication and Media Studies*，2017（7）：1-14.

④ 屈夏婕．新媒介环境下鹿晗粉丝群体运营研究［D］．河北大学硕士学位论文，2019.

(preferred)、谈判(negotiated)或反对(oppositional)位置①,后两者暗示了受众对生产过程的能动参与。詹金斯在2006年关注到基于互联网的新媒体为文化产品生产场域带来的巨大影响,肯定了以社交媒体为代表的新媒体在加强受众参与的深度和广度上的作用。②受众不再单纯地扮演被动听众、消费者、接收者或“靶子”等角色,相反,其概念被扩充为探究者、顾问或对话者③。

正是因为受众在艺术生产场中扮演着复合型角色,所以有必要对不同心理、行为特征的受众加以区分。首先,传统的消费者细分一般是基于经济利益关系和市场的,常见的消费者行为特征细分变量有产品使用频率、产品使用场景,常见的消费者心理特征细分变量有消费者兴趣爱好、需求动机、品牌信任度等。其次,基于社交媒体发展的受众分层也大量借鉴了消费者细分,如林小桢根据情感投入度、互动参与度和传播推广意愿程度将粉丝群体分为非关注者、关注者(follows)和“粉丝”(fans)④;也有学者根据经济、情感、连接三个指标将粉丝分为三个明显的层次:低层次(社交粉丝,social fans)、中层次(聚焦粉丝,focused fans)和高层次(既得利益粉丝,vested fans)⑤,力图协调经济层面、心理层面、行为层面的区别化。最后,考虑到本文的研究对象特性,广播电视与艺术领域受众分类也为本文提供了借鉴意义,如吴红雨、徐敏将广播电视受众分为参与型受众、需要型受众、选择型受众、意见型受众、隔离型受众⑥五种类型;王一川基于公众与艺术作品之间的互动关系将艺术公共领域的受众分为旁观型公众、入场型公众、参与型公众、互动型公众四种类型,同时指出前两类更多地归属于传统媒体占主导时代的艺术,后两类更多地归属于新兴媒体占主导时代的艺术⑦。

本文在对受众的分类上借鉴了旁观型、入场型、参与型、互动型这四种类型模式,但在行为分类基础上要补充的是,这不仅代表了艺术家、艺术行为与公众之间

---

① Stuart Hall. *Encoding and Decoding in the Television Discourse* [M]. Birmingham, England: University of Birmingham, 1973: 128-138.

② [美]亨利·詹金斯.融合文化:新媒体和旧媒体的冲突地带[M].杜永明,译.北京:商务印书馆,2012.

③ McQuail Denis. *Audience analysis* [M]. 1st ed. Thousand Oaks: Sage, 1997: 1-11.

④ 林小桢.浅析粉丝经济的发展[J].时代金融,2015(3):8-9.

⑤ Milne G R, Mcdonald M A. *Sport Marketing: Managing the Exchange Process* [M]. Sudbury, Ontario, Canada: Jones & Bartlett, 1999.

⑥ 吴红雨,徐敏.从四组主观题看五类受众特点:对广播电视受众类型创新的实证阐释[J].中国广播电视学刊,2008(5):57-59.

⑦ 王一川.中国艺术公共领域的当代构建[J].中国高校社会科学,2014(06):106-119,155.

的行为关系，也双向地代表了公众对艺术家情感投入、行为认同由浅入深的心理关系，即旁观型受众在心理上表现为对艺术家/艺术行为的漠不关心，而互动型受众在心理上表现为对艺术家/艺术行为狂热的热爱与推崇。基于新媒体时代的技术背景和参与式文化的文化背景，对于参与型和互动型受众的研究将是本文讨论的重点。

三、《声入人心》：限制性生产场与大生产场的双重特征

在以社交媒体为代表的新媒体语境下，《声入人心》一改传统文化生产方式中生产者与受众相对独立的角色关系，引入了一种更为复杂的、在各个生产环节中都允许受众参与的参与式生产框架。①该框架以被视为新媒体时代受众群体主导性文化形态的参与式文化为基础，引发了文化产品生产场域中各角色间关系的变革。

（一）节目内容生产与受众内容生产

《声入人心》节目的制作在很多方面都体现出限制性生产场与大生产场的杂糅性特征：在嘉宾介绍上，节目开场时着重介绍参与者的专业信息，如所学专业、毕业院校、主演过的音乐剧作品和音乐类奖项的获奖纪录，凸显了节目内容的专业度；在个人姓名旁打上社交媒体账号，有意识地引导受众在社交媒体上对节目进行讨论和解析，并通过与受众的对话收集反馈信息，增加了节目的看点和话题度；在节目内容上，《声入人心》抛弃了之前《中国好声音》等音乐类型节目对于流行、通俗音乐的偏好，共呈现了46首美声唱法的作品，其中33首是歌剧作品。《声入人心》在节目赛制上区别于“青歌赛”等专业赛制，增加了节目故事叙事的强度和娱乐性。节目一开始请艺术家们入场，让他们自行选择合适的座位，这与近两年盛行的选秀类节目《偶像练习生》《创造101》极为类似，但又摒弃了观众投票、晋级淘汰的赛制，选择了首席和替补这种歌剧和舞台剧演员每天面对的竞争机制。节目制作极大地平衡了艺术性与娱乐性之间的关系，既将观众的目光引向了小众的声乐领域，又以年轻、充满活力的节目形式为文化艺术类节目注入了新的活力。

从时间上来看，《声入人心》的收视率经历了下滑后一路走高的过程，其转折点的两大关键是微博营销号的宣传和哔哩哔哩视频社交平台上高质量、高关注度UGC的大量涌现。哔哩哔哩社交平台上发布于2018年11月28日和12月13日的两个UGC视频，展示了艺术家们在舞台上高雅严肃之外亲切的一面，其播放量迄今分别

① 张宏伟.参与式生产：文化产品生产的转向与变革［J］.新闻与传播研究，2015（11）：111-119，130.

为 31.6 万和 181.8 万[①]，引发并带动了非受众群体的热烈讨论和关注。之后，由于节目的社交媒体引流效果较好，通过微博超级话题和微博群，出演《声入人心》的艺术家们在极短的时间内组建了自己的受众社群，并亲自参与其中。后援会有组织性地开展各式基于社交媒体的线上活动，如微博控评、搜索净化、话题榜投票等，在节目结束后将近一年时间仍然持续稳定地运作。

（二）《声入人心》的参与、互动型受众分析

参与型和互动型受众不仅关注艺术作品，还会对生产作品的艺术家产生情感联结，关心他们的个人生活信息，被视作最为忠诚的一类受众。这类受众对艺术家的平均每单位收益（Average Revenue Per Unit）贡献度最高，其数量也成为衡量艺术家盈利能力的新指标。[②]因此，本文特别关注了对艺术场域的变革起着至关重要作用的这两类受众。

1. 研究方法

本文首先对 7 名《声入人心》艺术家及其参与型、互动型受众进行了半结构化的访谈，旨在挖掘他们的受众行为、表现和动机。其受访者的基本信息如表 1 所示。

表 1　受访者的基本信息

	性别	年龄	职业	教育水平	备注
1	女	23	传媒公司	学士	韩流受众
2	女	22	研究生	硕士	韩流受众
3	男	23	研究生	硕士	西方艺术家受众
4	女	24	互联网公司	学士	韩流受众
5	女	25	教师	硕士	大众音乐受众
6	男	23	研究生	硕士	无
7	女	25	研究生	硕士	歌剧受众

① 数据来源：https：//search.bilibili.com/all?keyword=%E5%A3%B0%E5%85%A5%E4%BA%BA%E5%BF%83&order=click&duration=0&tids_1=0，2019-12-27.

② Yilu，Liang，Wanqi Shen. *Fan Economy in the Chinese Media and Entertainment Industry：How Feedback From Super Fans can Propel Creative Industries' Revenue*［J］. *Global Media and China*，2016（4）：331-349.

为了探究艺术家受众对大众文化受众活动模式的接受程度，本文在访谈的基础上进一步进行了实证研究。结合先行研究的成果和采访内容，本文从三个角度确定了问卷中的变量：艺术家／偶像明星特征、受众忠诚度、社交媒体使用。表 2 中详细阐释了三个变量及其下属的维度。文章选择偶像明星作为大众文化生产者的代表，则偶像明星的受众为大众文化受众的代表；视艺术家为精英文化生产者的代表，则艺术家的受众为精英文化受众的代表。通过微博超级话题和微信粉丝群，本文在 2019 年 11 月 22 日至 28 日之间，对 136 名《声入人心》艺术家和 212 名偶像明星的参与、互动型受众进行了问卷调查，并运用卡方检验和 T 检验进行对比分析，旨在探究两个群体之间的异同。表 3 中展示了应答者的人口学统计信息。

表 2　问卷调查中所涉及的变量

艺术家／偶像明星特征	外貌	He & Feng（2002）
	个性	
	个人成就	
	专业素养	Raviv et al.（1996）
	反差萌	采访
受众忠诚度	投入时间 投入金钱	采访
社交媒体使用	社交意愿	McCutcheon et al.（2002）
	超社交关系	Setyanto，Winduwati & Utami（2017）
	自我表露	Jia，Zhao & Lin（2010）

表 3　应答者的人口学统计信息

	主要群体	艺术家受众（*SD*）	偶像受众（*SD*）
性别	女性	97.8%（.15）	97.6%（.15）
年龄	18~25 岁	77.9%（.56）	79.7%（.52）
教育水平	大学生；研究生	66.2%；19.1%（.96）	67.9%；20.3%（.87）
月收入	2000~5000 元；小于 2000 元	49.3%；27.2%（.60）	50.5%；31.1%（.58）

2. 研究结论

艺术家／偶像明星特征。访谈结果显示，首先，这些受众有选择性地对艺术家的某些特征产生浓厚的兴趣。他们认为艺术家理所应当地具有高专业性和高艺术性，因此艺术家的外貌和“反差萌”成为吸引受众的关键因素。其中有四名受访者表示他们喜欢的艺术家“长得很好看”，另有两名受访者谈到他们喜欢那些表演古典音乐的艺术家严肃高贵的形象与其日常生活中幽默活泼的个性之间形成的鲜明对比。其次，这类受众暗示出文化优越感。一位受访者说，“他（某位《声入人心》中的艺术家）学历很高，一看就比其他歌手有文化，所以我喜欢他，我得比其他歌手的歌迷更有眼光”（受访者 6)。还有受访者提到了“仪式感”，认为“作为艺术家的受众，我进入剧院就能感觉到一种仪式感，它不同于去体育场观看演唱会。这使我感到自己比其他偶像的歌迷更有艺术水平”（受访者 7)。

本文将社交媒体的使用分为社交意愿、假想友谊和自我表露三方面，并通过 T 检验对两个受众群体进行比较分析。调查问卷卡方检验的结果显示，两个受众群体在外貌、个性、个人成就和反差萌这四个维度上均没有表现出差异，只在专业素养上体现出显著差异（$\chi^2=10.97$，$p<.001$）。这些因素与偶像明星的特征高度重合，表明这类受众区别于传统限制生产场中纯艺术作品的受众。他们并不满足于只关注艺术家的艺术作品，而是对艺术家有更深层的、更多样化的诉求，这促使他们刻意寻求和放大艺术家类似偶像明星的特征，并按照偶像明星的标准对待和评价艺术家。他们自发地将艺术家带入了偶像领域的竞争，试图证明即使按照衡量偶像的标准对艺术家进行评估，这些艺术家依然是成功的。关于艺术家／偶像明星特征相关变量的卡方检验结果如表 4 所示。

表 4　对艺术家受众和偶像明星受众在艺术家／偶像明星特征变量的卡方检验

项目	艺术家受众		偶像明星受众		χ^2	p
	n	%	n	%		
外貌	95	18.89	175	21.93	7.68	.06
个性	125	24.85	194	24.31	.02	.90
个人成就	88	17.49	127	15.91	.81	.37
专业素养	133	26.44	186	23.31	10.97***	.00

续表

项目	艺术家受众		偶像明星受众		χ^2	p
	n	%	n	%		
反差萌	62	12.33	116	14.54	2.76	.10
总计	503	100	798	100		

注：*Note.* *** p<.001

受众忠诚度。在访谈中，受访者认为“作为艺术家的粉丝，与偶像明星的粉丝之间可能会存在差异”。在问卷中我们设计了受众投入时间和投入金钱两个维度来衡量受众忠诚度，据卡方检验显示投入时间和消费能力指标在这两类受众之间均没有统计学上的显著差异。这两种类型的受众对受众活动的投入时间多为每天 1~3 小时（艺术家受众：39.71%，n=136；偶像明星受众：41.98%，n=212），其次是每天 30 分钟到 1 小时（艺术家受众：35.29%，n=136；偶像明星受众：26.42%，n=212）。另外，这两类受众平均每月的受众活动投入金钱多为 100~500 元（艺术家受众：36.03%，n=136；偶像明星受众：33.96%，n=212），二者的消费结构虽有细微差异，但通体消费能力持平。这一发现表明，艺术家的受众与艺术家之间的情感联结，与大众文化领域的受众与偶像之间的情感联结处于相同程度，艺术家已经可以利用受众自发形成的新型消费模式，拥有和偶像明星一样的创收能力。换言之，艺术行业即限制生产场极有可能在新形态下通过受众的力量实现自负盈亏，从而改变必须通过政府补贴才能运作的困境。

社交媒体使用。受访者都是社交媒体的重度使用者，高度肯定社交媒体对受众活动的积极作用。受访者认为，“他们（艺术家）很接地气，经常会微博翻牌或者空降粉丝群，让我能真的和他们产生互动”（受访者 1）。社交媒体为艺术家和受众提供了互动交流的桥梁，让艺术家能够获得粉丝的第一手反馈信息，从而侧面提升了粉丝对艺术家的影响力。另外，社交媒体促进了在线粉丝群的形成，并通过这些社群进行有组织性的线上艺术家支持活动。相较于传统纯艺术场域中只允许受众走入剧场支持艺术家作品的单一形式，社交媒体时代下的纯艺术场域也被迫接受了更加多元化的受众活动，加大受众参与的比重。和偶像粉丝群体相比，两个受众群体均享受通过社交媒体建立在线受众社群，并在社群中与其他受众建立友谊的过程。假想友谊指的是受众通过在社交媒体上与艺术家 / 偶像明星本人的交流而获得的，将自己定位为其朋友的心理状态，代表社交媒体对受众的赋权作用。两个受众群体间并没有差异，但两个项目得分不高（Mean=3.07；3.10；3.08；3.16），说明这种赋权作用并不如预期的那样有效，受众渴望获得更多的话语权和更加平等的关系。艺术家的受众已经将偶像明星受众的活动方式和参与生产的诉求引入了纯艺术领域，迫使所谓精英文化从祭坛上下台，必须为粉丝留下参与的空间。①

然而，艺术家受众和偶像明星受众在自我表露因子上展现出显著差异［t（346）=–3.54，p<.001；t（346）=–3.06，p=.002］，这表明艺术家受众在进行受众活动或对艺术家进行消费后，相较于偶像明星受众，在社交媒体上进行“打卡”展示的意愿较低。他们的消费目的更倾向于获得艺术作品带给自己的享受，而不是向其他受众展示。表 5 中详细展示了这两类受众在社交媒体使用上的 T 检验结果。

表 5　对艺术家受众和偶像明星受众在社交媒体使用变量的 T 检验

变量	项目	受众类别	Mean	*SD*	*t*	Sig.
社交媒体使用	社交意愿 1	艺	3.71	1.10	.47	.63
		偶	3.66	1.12		
	社交意愿 2	艺	3.58	1.11	.52	.61
		偶	3.51	1.21		
	假想友谊 1	艺	3.07	1.24	–.22	.82
		偶	3.10	1.24		
	假想友谊 2	艺	3.08	1.12	–.61	.54
		偶	3.16	1.22		
	自我表露 1	艺	3.39	1.18	–3.54	.00***
		偶	3.82	1.06		
	自我表露 2	艺	3.24	1.22	–3.06	.00**
		偶	3.63	1.13		

注：*Note.* * $p < .05$；** $p < .01$；*** $p < .001$

① 向勇，白晓晴．场域共振：网络文学 IP 价值的跨界开发策略［J］．现代传播（中国传媒大学学报），2016，38（08）：110-114.

四、大众化策略：受众参与模式在艺术生产场

上述研究的结果明显体现出艺术家受众正在表现出对大众文化受众的极大趋同。他们在潜意识里将艺术家与偶像明星进行比较，并将自己和偶像明星的受众做比较，且其受众行为严重被偶像明星的受众行为所同化。

中国的大众文化已经形成并发展出一套固定且稳定的受众活动模式，这种模式被其他领域的受众，如精英文化受众和品牌产品的忠实消费者，自发地采用和广泛接受，从而产生了“全民偶像化”现象。①当然，艺术领域也不例外，这迫使这些限制性生产场的生产者向大生产场融合。在这样的趋势下，文化艺术创作者可以从受众的广泛度和投入度两个维度积极引入受众参与，提升票房收入，开展文化传播。

（一）接纳零食文化，拓宽受众广泛度

艺术生产场的产物多带有排他、自律的标签，因此艺术家为保持艺术纯洁性往往会拒绝受众自发衍生出的作品。Wired 于 2007 年首次提出“零食文化”（snack culture），该词指代一种现代趋势，即寻找在短时间内沉溺于其中的便利文化，类似于人们在几分钟内吃饼干等零食的方式。②诸如，短视频、条漫、短微博等，是新媒体时代下在我国受众利用率极高的几种零食文化的表现形式。纯艺术场的受众欢迎和接受这种零食文化，并希望将纯艺术再生产为符合大众文化特征的零食文化形态的产物，形成文化样态的互补。因此，以艺术家为代表的处于限制性生产场的生产者们不应拒绝这种趋势，而应当接纳甚至欢迎零食文化进入艺术场域，以有效而增加受众广度。

受众将限制性生产场的纯艺术作品二次创作生成零食文化的过程，并不是简单地对原作的改编，而是一种跨媒体叙事（Transmedia Storytelling）。詹金斯率先提出这一概念，并将其定义为一个原作的整体元素被系统地分散在多个传递渠道中，以创造统一和谐的娱乐体验的过程。③在这一过程中，每一种新的媒体都对整个故事做出了独特的贡献。换句话说，每一次跨媒体叙事都有切合于该媒介特征的新元素被添加到内容之中。改编只是“以最小的变化将原始叙事复制到新的媒介中，并且基本上是对原始作品的冗余”，跨媒体叙事则是“通过在小说中引入新的元素来扩展我

① 杨玲 . 粉丝经济的三重面相［J］. 中国青年研究，2015，237（11）：14-18.

② Miller，N. Minifesto for A New Age. https：//www.wired.com/2007/03/snackminifesto/.

③ Jenkins，H. Transmedia storytelling 101［Web log post］. http：//henryjenkins.org/blog/2007/03/transmedia_storytelling_101.html.

们对原始作品的理解的延伸"。[①] 受众生产的UGC内容，除了单纯的剪辑之外，更强调用原作中的素材形成自创的新故事，作为对原作的"盗猎"，是一种典型的发展和延伸。无论是自制视频还是自制简单的动图、表情包，都是受众赋予的而不是艺术作品本身所拥有的，这些跨媒体叙事又与原作有一定的微妙联系，能够与原作形成动态交互。因此艺术作品应当尊重这种互动，肯定受众的创造能力和二次生产能力，为受众参与构建出良性空间。

如上文所说，《声入人心》的收视率反弹在一定程度上得益于多个高质量、广传播的UGC的传播。按点击量顺序在哔哩哔哩视频平台上检索"声入人心"后，排除与其他节目联动的视频，播放量位于前列的均以展现艺术家台上台下的反差为主，这从侧面证明艺术家的受众格外看重这些"精英"走下神坛，与普通大众别无二致的样子。另外，这些视频受欢迎的另一大原因是制作者再创造的叙事。这些新的故事产生了新的、更加大众化的信仰，能够吸引对原作信仰不感兴趣的受众群体。因此，通过跨媒体叙事实现的零食文化，是将大量非受众引入纯艺术场的第一步。

（二）巩固情感资本，加深受众忠诚度

在对消费者的量化研究中，揭示出由限制性生产场向大生产场转变的可能性很大：参与型、互动型受众以艺术家本人及其饰演的角色为纽带，在走进剧场欣赏演出的过程中获得艺术审美享受。《声入人心》在节目播出后持续发挥明星效应与音乐剧之间的桥梁作用：节目人气选手郑云龙参演的音乐剧《谋杀歌谣》《信》《我，堂吉诃德》和贾凡出演的音乐剧《九九艳阳天》一票难求，票房收入得到了提升。这与韩国音乐剧产业中邀请娱乐圈人气音乐演员参演音乐剧的模式有共通之处：2017年，韩国整体现场演出票房中音乐剧的票房、观众人次在所有演出中占比最多，分别为30.1%和45.6%[②]，且票房多靠明星演员主导。

线下剧场音乐剧完成效果对应着受众对艺术家"专业素养"指标的考核，也成为影响粉丝忠诚度的重要因素。如果音乐剧本身不能给予观众心灵的震慑，这就意味着艺术家将逐渐丧失作为偶像的独特竞争力。线上社交媒体的使用则对应着艺术家更丰富、更多元的偶像特质被塑造和挖掘的潜在空间，因此，文化艺术特征与受众心理特征的结合，意味着能够弥合经济资本和文化资本之间的张力，使社会资本

---

① Jenkins，H. *The Revenge of the Origami Unicorn*：*Seven Principles of Transmedia Storytelling*. http：//henryjenkins.org/blog/2009/12/the_revenge_of_the_origami_uni.html.

② 韩国文化体育观光部艺术政策局公演传统艺术科.2018公演艺术实态调查［R］. 艺术经营支援中心，2018：12.

不断得到强化，使艺术本身具有更强的生命力。

在《声入人心》的启示下，文化艺术创作者开创了更多鼓励受众参与、互动的活动形式，鼓励受众从旁观型、入场型向参与型、互动型转变，巩固受众对于艺术家及艺术作品的情感投入。这不只是允许生产者“剥削”粉丝的参与，同时也要求生产者必须不断付出情感劳动来调动去商品化的话语，以维系自己粉丝式的身份认同①。例如，艺术家可以自主利用社交媒体展现自我形象与身份特征，通过社交平台的动态分享、其他艺术家社群互动、粉丝社群互动等交互形式积极呈现多样化、个性化的个人形象。艺术家可以通过分享排练演出现场照片、推介专业演出信息实现具有艺术专业度和情感投入度的“形象管理”（impression management）。同时，线下的音乐剧演出也可以尝试以更多的形式增强受众的参与程度，如后台彩排过程的开放、后台剧场结构的参观体验，都有利于消解艺术生产的神秘性，在反复接触过程中强化情感记忆连接，增加情感资本（emotional capital）和信任资本（trust capital），实现品牌忠诚度的提升。

参考文献

［1］［法］皮埃尔·布迪厄.艺术的法则：文学场的生产与结构［M］.刘晖，译.北京：中央编译出版社，2011.

［2］Champagne Patrick. *The "Double Dependency": The Journalistic Field between Politics and Markets, in Rodney Benson and Erik Neveu (eds) Bourdieu and the Journalistic Field*［M］. Cambridge: Polity Press, 2005.

［3］David Hesmondhalgh. *Bourdieu, The Media and Cultural Production*［J］. *Media, Culture& Society*, 28 (2): 211-231.

［4］向勇，白晓晴.场域共振：网络文学IP价值的跨界开发策略［J］.现代传播（中国传媒大学学报），2016，38（08）：110-114.

［5］易思.新媒体语境下参与式文化研究［J］.新闻研究导刊，2017（09）：109.

［6］Yilu Liang, Wanqi Shen. *Fan Economy in the Chinese Media and Entertainment Industry: How Feedback from Super Fans can Propel Creative Industries' revenue*［J］. *Global Media and China*, 2016 (4): 331-349.

［7］Baym Nancy. *Fans or Friends: Seeing Social Media Audiences as Musicians Do*［J］. *Journal of Audience & Reception Studies*, 2012 (9): 286-316.

［8］Henry Jenkins. *Textual Poachers*［M］. New York: Routledge, 1992.

① Hills M., Veronica Mars. *Fandom, and the "Affective Economics" of Crowdfunding Proachers*［J］. *New Mdeia & Society*, 2014, 17 (2): 183-197.

［9］包亚明 . 布迪厄访谈录：文化资本与社会炼金术［M］. 上海：上海人民出版社，1997.

［10］［美］林南 . 社会资本：关于社会结构与行动的理论［M］. 张磊，译 . 上海：上海人民出版社，2004.

［11］Setyanto，Winduwati & Utami. *Early Adolescent Behavior on Media Toward Idol Figure（Parasocial Study Preliminary Youth As An Effect of New Media）*［J］. *International Journal of Communication and Media Studies*，2017（7）.

［12］屈夏婕 . 新媒介环境下鹿晗粉丝群体运营研究［D］. 河北大学硕士学位论文，2019.

［13］Stuart Hall. *Encoding and Decoding in the Television Discourse*［M］. Birmingham，England：University of Birmingham，1973.

［14］［美］亨利・詹金斯 . 融合文化：新媒体和旧媒体的冲突地带［M］. 杜永明，译 . 北京：商务印书馆，2012.

［15］McQuail Denis. *Audience Analysis*［M］. 1st ed. *Thousand Oaks*：*Sage*，1997.

［16］林小桢 . 浅析粉丝经济的发展［J］. 时代金融，2015（3）：8-9.

［17］Milne G R，Mcdonald M A. *Sport Marketing*：*Managing the Exchange Process*［M］. Sudbury，Ontario，Canada：Jones & Bartlett，1999.

［18］吴红雨，徐敏 . 从四组主观题看五类受众特点：对广播电视受众类型创新的实证阐释［J］. 中国广播电视学刊，2008（5），57-59.

［19］王一川 . 中国艺术公共领域的当代构建［J］. 中国高校社会科学，2014（06）：106-119，155.

［20］张宏伟 . 参与式生产：文化产品生产的转向与变革［J］. 新闻与传播研究，2015（11）：111-119，130.

［21］杨玲 . 粉丝经济的三重面相［J］. 中国青年研究，2015，237（11）：14-18.

［22］Hills M. Veronica Mars. *Fandom，and the "Affective Economics" of Crowdfunding Proachers*［J］. *New Mdeia & Society*，2014，17（2）：183-197.

前沿观察

城市更新下北京胡同创意资本的价值转换

——以史家胡同博物馆为例

闫　楚[①]

（北京大学艺术学院，北京，100871）

【内容提要】 北京城市空间更新的核心逻辑在于通过构建胡同创意空间场域，激活北京旧城空间改造，达到促进社会生活发展、有机保留当地文化风格、构建城市身份认同等目的。创意资本对于走向后现代的可持续的城市更新具有极大潜力，其中关系资本、文化资本及符号资本在城市文化场域中的相互转化，以及与权力场域、经济场域进行的跨场域转换，产生了对城市更新下文化遗产保护、公共文化服务、文化创意开发等方面的增益价值。本文以北京胡同空间中的史家胡同博物馆为分析案例，探讨创意资本应用于城市更新，对微观的现代城市日常生活、中观的文化创意组织机制、宏观的城市更新社会权威产生的影响，以及创意资本的价值转换促进形成“新的机制的萌生—城市的可持续性—城市社会规范及修正”迭代式的城市更新范式的可能性。

【关键词】 城市更新；场域；创意资本；社区博物馆；胡同空间

① 【作者简介】闫楚，女，北京大学艺术学院博士研究生，专业方向为艺术管理与文化产业。

Transformation of Creative Capital in Beijing Hutong under Urban Regeneration

——Take the Shijia Hutong Museum as A Case Study

Yan Chu

(School of Art, Peking University, Beijing, 100871)

Abstract: The core logic of Beijing Hutong' s urban regeneration is to activate the space of old areas by constructing the creative space of Hutong, so as to promote the development of social life, retain the local cultural style, and construct urban identity. Creative capital has great potential for sustainable urban regeneration towards postmodernism, in terms of cultural heritage protection, public cultural services, creative development, in which the relational, the cultural, and the symbolic capital transforms mutually within the urban cultural field, and across the political and economic field. Taking the Shijia Hutong Museum in Beijing hutong space as a case study, this paper discusses what creative capital can bring to urban regeneration in terms of the micro-level daily life of modern cities, the meso-level creative organization mechanism and the macro-level social authority, and the development of the "new mechanism-sustainability-social norm and amendment" iterative paradigm.

Key words: Urban Regeneration; Field; Creative Capital; Community Museum; Hutong Space

导　言

城市更新作为一项全球性的运动和城市发展策略，经历了从大规模推倒重建式运动到如今对重塑旧城城市肌理的需求的转变。①社会、科技及经济的发展导致了城市社会结构的变革，同时在社会文化层面重新界定了城市更新的内涵和要求。自 20 世纪末到 21 世纪初以来，由于新型第三产业的兴起，如互联网经济、城市的社会结

① 廖开怀，蔡云楠 . 近十年来国外城市更新研究进展［J］. 城市发展研究，2017（10）：33-40.

构发生变革，吸引了大量新型行业的从业者。这种社会结构的变革导致了资源配给方式、城市日常活动等城市的构成变革，也激发了城市居民思想活动的变化，这种转变反过来要求城市为了满足城市居民日益增长的精神、文化、生活的诉求而提供更加多元而灵活的环境。

中国城市的更新大多体现了对空间环境的形象提升问题和对空间利用的经济效益问题的重视，而忽略了对“地方”的营造①，以及“以人为本”概念的深层次落实，以致文化遗产破坏、社会网络毁坏、文化脉络断裂、情感认同消亡等问题凸显，甚至丢失了人文关怀、社会公平等价值。近年，在我国从“经济型旧区改造”走向“社会型城市更新”②的城市更新探索中，城市空间中文化资源的利用与价值转换对于城市更新的重要意义愈加被重视。

相关领域的理论研究主要从文化生产和文化消费的视角出发，多维度地探讨了城市、文化与组织网络的关系。首先，从文化生产理论视角出发，研究主要关注文化生产和文化社群如何促进城市发展。布尔迪厄提出文化场域理论，为文化生产相关研究提供了分析的理论框架，该理论关注微观的文化生产场域中处于不同位置的行动者，通过转化社会、文化、符号的经济资本与非经济资本，从而获取场域中的得益权。场域与惯习、资本通过相互联系和作用，产生了特定的效应、位置和力量的变化。③理查德·弗罗里达提出的创意经济理论则从更中宏观的层面，重点关注城市文化创意行动者网络中的创意阶层这一特定的群体对城市经济的影响，其基本逻辑是创意阶层受优质的人文环境吸引而迁移，从而引发创新性企业迁移和资本流入，创造中低收入服务岗位，带动区域经济增长。④其次，从文化消费视角出发，研究主要关注文化生产究竟能为城市带来什么。以阿多诺为代表的“文化工业”批判理论从否定的层面阐释现代技术理性统治下的整个资本文化工业⑤，认为大规模流水式生产的标准化文化产品在本质上是对现有统治阶层代表的意识形态的巩固和对真正的大众文化新兴事物的排除。最后，场景、气氛美学等理论研究虽然仍略带有主客二

① 谢涤湘，范建红，常江．从空间再生产到地方营造：中国城市更新的新趋势［J］．城市发展研究，2017（12）：148-153.

② 陶希东．中国城市旧区改造模式转型策略研究：从“经济型旧区改造”走向“社会型城市更新”［J］．城市发展研究，2015（04）：117-122，130.

③ 陈治国．布尔迪厄文化资本理论研究［D］．首都师范大学学位论文，2011.

④ 刘奕，田侃．国外创意阶层的崛起：研究述评与启示［J］．国外社会科学学位论文，2013（04）：120-128.

⑤ 陈文旭．阿多诺“文化工业”批判理论及其启示［J］．北京交通大学学报（社会科学版），2014（01）：93-98.

分的观点，但还是在较大程度上体现了后现代的价值转向，并进行了具有构建意义的探讨。

向勇和李伯一在《创意资本理论框架下的中国创意空间探究》中提出了中国创意空间中的创意资本[①]概念，该理论以布尔迪厄的场域理论为基础，整合上述理论的研究结果，创造性地提出创意资本的空间性营造对于城市更新的重要作用。他们认为文化是城市成长的驱动要素，通过重构创意资本理论框架及其实践（关系、文化和符号三种资本的组合转换）可以有效激活城市的文化更新，而文化创意企业是其中的关键。该理论将城市空间文化生产和文化消费纳入同一个研究范畴，从微观的日常生活、中观的组织机构、宏观的现代性和美学等层面进行系统式的探讨，引出对城市现代性和后现代性的反思，对相关研究具有较明显的体系架构意义。因此，本文主要基于该创意资本理论分析框架，从微观、中观、宏观等多维度审视关系资本、文化资本和符号资本及其之间的转换关系，选取北京文化社区空间改造的典范——史家胡同博物馆作为分析案例，探讨创意资本的价值转换如何链接多方创意机构及行动者，以及如何对城市更新产生机制萌生、可持续发展、城市社会规范等方面的促进作用。

一、史家胡同博物馆：社区文化场域的空间节点

史家胡同博物馆位于史家胡同 24 号院，属于北京市东四南历史文化保护区，由朝阳门街道办事处（以下简称“朝阳门街道办”）管辖。这片街道的街巷肌理自元代形成以来几乎完整延续至今，其物质文化遗产丰富，人文环境浓厚，更有大量有价值的传统建筑风貌如四合院和名人旧居，浓缩着北京老城内重要的历史文化精华。但是，该街道的建筑主体衰退与市政条件相对落后，缺少公共文化空间和氛围，社区共同记忆逐渐褪色，老城历史街区典型的矛盾与问题突出。于是，朝阳门街道办以街道自营、合作共建、第三方运营文化空间的方式，陆续引入各类文化组织，包括史家胡同文创社、27 号院儿、朝西工坊、史家胡同博物馆等文化创意机构，用构建公共文化空间的方式激活胡同社区生活。

史家胡同博物馆的前身是民国“文坛三才女”之一凌叔华的故宅，以前这个小

① Xiang Yong，Li Boyi. *Theorizing Creative Capital in China*：*A Multilevel Framework*. Edited by Byrnes WJ. Brkic，*The Routledge Companion to Arts Management*，London：Routledge，2019.

院常常举办画家名流的沙龙聚会，被称为“小姐家的大书房”[①]。1999年，凌叔华的女儿陈小滢将该小院产权转让给了街道办事处，并约定此空间只可用作公益。后来，这个院子在英国查尔斯王子基金会与朝阳门街道办合力修缮后，于2013年正式变更为史家胡同博物馆。2014年，朝阳门街道办与北京市城市规划设计研究院（以下简称“北规院”）共同建立了社会组织——史家胡同风貌保护协会，以联动更多人群共同关注和参与胡同风貌更新。2017年，双方再次携手共同运营史家胡同博物馆。

北规院通过组建社造团，以责任规划师的身份发挥全局统筹和上下对接作用，汇集政府资源、社会力量和社区参与，推动“自上而下”与“自下而上”相结合的街区更新和社会治理创新。北规院将史家胡同博物馆这个空间定位为胡同社区中的文化展示厅、社区议会厅、居民会客厅。作为文化展示厅，博物馆分为9个单元展示了史家胡同的历史文化、居民口述史、生活旧物记忆等胡同故事，积累了大量可展示的胡同文化资本；作为社区议会厅，博物馆以引入外部多元关系资源为核心，以公共空间和公共服务设施提升为切入点，实施杂院院落公共空间提升、胡同微花园、传统菜市场改造等胡同空间改造项目，推进全过程多元参与的社会治理模式实践，增强了社区居民与各个单位的日常互动与信任度，活化了胡同社区中的关系资本；作为居民会客厅，博物馆以口述历史、社区公约、实践者沙龙论坛、国际设计周与社造论坛等人文活动为主要媒介，构建了文化创意共享的平台，塑造地方品牌文化、精神认同，沉淀自治机制，并进行多种形式的资源转化，积累了胡同空间的符号资本。

总的来说，北规院依托史家胡同博物馆进行空间运营，以责任规划师驻地“链接”胡同空间与社区文化生活，搭建了东四南文化精华区治理创新平台，并且组建了社造联盟，引入和建设了中等社区培育基金等专业力量和多方资源伙伴，推动营造了共建、共治、共享的城市生态，促进了创意资本在其中的有效转化。

二、关系资本价值转换：文化遗产保护与社会网络形塑

胡同历史文化遗产的保护，不仅是对建筑古迹、城市空间的保护，更是对胡同文化风貌、胡同集体文化记忆的保护，二者的统一性体现在“文化记忆在特定的地

① 李盛．史家胡同博物馆：带你回到记忆中的老北京［J］．工会博览，2019（14）：11-14.

域中达成最持久的延续"①。场域理论中的关系资本被定义为场域中的行动者是因其所处的社会地位所带来的获取资源的能力。一方面，历史文化名城保护与更新作为一项系统工程，相应地要求其实践的行动者发挥各自社会资源优势，结成多元、多维的社会关系网络来开展；另一方面，城市文化空间的秩序组合、氛围显现，为群体聚合、交流表达、信任重建、区域协同等关系资本的积累转换提供场景载体，从而构建起"城市空间—文化记忆—社会网络"循环式的城市文化遗产保护实践关系。

胡同中有不少极具历史风貌及文化价值的建筑，或年久失修濒临倒塌，或构件缺失损坏，或违搭违建挤压公共空间，因此改善居民生活水平、推动传统风貌保护迫在眉睫。院落改造团队以史家胡同风貌保护协会为平台，探索从前期探勘、启动宣讲到方案设计公示，再到实施准备、动土施工等环节的公众全过程参与，确保院落公共环境提升、风貌建筑维护复建，并以"小院公约"等自治形式固化下来保障公共空间的后期维护。除了院落改造这样较集中的空间更新项目，长效的文化遗产保护活动也为居民、志愿型专业设计机构、街道社区提供了协商共治的窗口。东四南文化精华区治理创新平台孵化的"朝阳门 Walk & Talk"带领不同领域人士通过"Walk"（走街）共同探访某一场所空间，通过"Talk"分享感受。规划者、实践者、居住者聚集和漫步在胡同空间中，共话老城社区的文化风貌保护与可持续发展。

胡同文化遗产还留存于胡同社区的集体文化记忆中。一方面，通过多形式收集集体记忆。史家胡同博物馆通过向本地居民采集口述历史、展览居民捐赠的老物件、收集胡同街巷叫卖声，让人们联想起往日的胡同意趣。45 号院原主人凌叔华的外孙秦思源，是"胡同声音"的策展人。他在一次采访中说，听到那些声音，"心回去了，就像身体的记忆被打开了"②，它们唤起了身处现代化浪潮中的人们对老北京的记忆。另一方面，记忆总是在向前，集体文化记忆更新应当在何处被接受？当地居民在集体记忆更新中具有重要地位，因为他们是集体记忆的深切体验者。史家胡同文创社通过发起社区艺术家活动，挖掘多位社区居民的书画作品、签约史家胡同文创社区艺术家，激发居民自发地参与这样颇具仪式感的集体记忆再造。

胡同社会网络在推动胡同文化遗产保护实践的同时，自身得以形塑。史家胡同

---

① 唐璐璐，向勇．在地艺术的文化记忆重塑与权利话语重置——以日本越后妻有大地艺术节为例［J］．福建论坛（人文社会科学版），2019（2）．

② 胡同声音：从"胡同博物馆"延伸到历史深处的"老北京"．中青在线，http：//m.cyol.com/content/2017-05/29/content_16128287.htm.［2019-12-1］

城市保护实践促进多方创意关系和社会资源结成了“政府—社区—协会”“政府—大学—产业”“政府—艺术—企业”等多种机构联盟组式。2014 年 9 月，史家胡同风貌保护协会利用“政府—社区—协会”的组织模式，调动社区内部居民主动参与到协会当中，与政府、产权单位、专家和志愿者等一起参与街区保护，推动相关街区微改造的项目，构建“自上而下”与“自下而上”相结合的创新性街区保护机制。北规院联合街道办和北京工业大学，三方合作构建“东四南文化精华区治理平台”，利用“政府—大学—产业”的组织模式，更加深入地参与文化和城建部门对街道更新的对接工作。一方面发挥在地优势，长期跟踪社区情况因地制宜地治理；另一方面，不断完善专家库、媒体库、合作资源库和空间资源库等“四库”建设，引入 9 家专业城市规划设计公司团队构建“社造联盟”，共同参与到城市空间改造项目规划设计中，并成功推动案例的传播和城市更新理念的普及。此外，博物馆还推动建立了“政府—艺术—企业”的“文化共同体”①，协同周边社区引入第三方文化创意企业。例如，朝阳门社区文化生活馆、史家胡同文创社、朝西工坊等，通过吸引不同创意阶层加入持续引入各类型胡同关系资本，并且不断地将其转化为文化资本。再如，史家胡同博物馆引入城市规划设计师团体，通过胡同空间改造，起到了树立和传播胡同空间美学理念的效果；隔壁不远的内务部街 27 号院子则主打“艺术社区”，引入一群海外归来的艺术留学生团体，为胡同生活提出新的社区生活解决方案；朝西工坊则是由工艺美术设计团队组成，除了给社区带来一些工艺手工体验，还提供上门维修服务，帮助解决胡同日常生活中的小问题。不同的文化创意组织给胡同带来不同的功能、意义和影响，而这些组织的跨界合作促进了整个胡同的公共创意空间的建设，为社区输入了多元的社区关系机制，也调动了更大城市区域中的创意组织协同。

三、文化资本价值转换：公共文化服务与社区主客观照

文化资本是由创意阶层的思维活动天然形成的，它关注个人或团体如何在世俗和理论层面解释与交流美学体验的内涵，强调文化场域中个人、组织和社群的潜在能力。文化资本可以被复制，并且可以被人们跨越时间和空间所传承。因而，文化资本可以依托本地历史文化资源和城市空间，由本地向外辐射至更大范围。其积累

① 于丽爽．老城胡同腾退后的复兴实践［J］．决策探索（上），2018（08）：75-78.

和转化的过程体现在：吸引创意阶层集聚并为其提供交流学习、获得灵感的涵养环境；通过公共文化服务发散美育功能，延续城市文脉。但在此扩散的过程中，文化资本的配置在“主”与“客”之间产生“错位”，引发了关于公共文化服务实践的反思。

700米长的史家胡同，走过了700年的光阴，号称“一条胡同，半个中国”。清政府游美学务曾处将考场设在史家胡同，这里走出了众多文化革新运动的先驱，原址上建起的史家小学更是远近闻名。这里曾是众多文人墨客聚会的场所，也是傅作义、章士钊、荣毅仁等名人的居所，以及北京人艺的摇篮……史家胡同空间承载着一代代的家国精神、文人理想，同时也夹杂着胡同生活的茶米油盐、城市发展的时代染色，她仍旧以独有的场所气质吸引着许多从异地来到北京生活的、进行驻地艺术实践和前来交流探寻的人，为社区文化身份认同和胡同的“在地性”带来新的元素。史家胡同博物馆作为胡同场所的文化磁石，立足于史家胡同的文化氛围，对外产生向心力，促进了不同创意阶层之间的聚合和文化资本的积累。这里的创意阶层由四种人群组成：一是街道社区、居民、高校群体；二是博物馆自己构建的团队（规划师、馆员、实习生、志愿者）；三是合作方平台（规划机构、文化合作机构、科技企业、媒体等）；四是外部社会力量（公益机构、文化单位、研究单位等）。例如，在高校资源方面，史家胡同博物馆联合清华大学、北京大学、中央民族大学、中国农业大学、中央美术学院等北京高校学生群体、研究者建立了胡同里的高校实践基地，“胡同微花园”就是由中央美术学院的侯晓蕾老师带领艺术花园景观设计专业的同学，联合当地居民的参与设计改造完成的。在实现胡同空间美化设计的同时，该项目还为创意知识、创意人才提供了成果转化和人才培育的实践平台，促进了关系资本向文化资本的转化。

史家胡同博物馆作为平台，通过合作共建、资源置换等方式将这些创意组织联结起来，通过不定期发起不同类型的文化活动，如沙龙、讲座及工作坊，起到了公共文化服务和社会美育教育的作用。例如，史家胡同博物馆参与发起了“名城青苗培育计划”，组织热衷于历史文化名城保护的机构和个人，推出系列活动，通过史家胡同的探访、手工坊、读书会、大讲堂、科普讲座等形式增强孩子们对自己所生长的城市的感知，培育更多热爱城市、热爱传统文化的保护人。同时，此类活动也促进了社区“儿童友好城市”理念的推广，增强了人们对周边生活基础设施提升的意识，使他们更多地思考城市发展和建设与孩子之间的生态关系。这些是对城市更新更加有益的传播方式和做法，促进了胡同中多元群体参与到胡同美育的身心实践当中。

在社区公共文化服务辐射扩大的过程中，社区博物馆的社区性和公共性的平衡始终是一个值得探讨的问题，因为资源总是有限的。起初，史家胡同博物馆为了拓宽与居民直接交流的渠道，创建了博物馆会员制度，居民们可以通过会员渠道直接报名参与活动，甚至提出自己的活动方案，寻求资源支持。但是，随着会员平台的扩大，会员中本地社区居民占比仍不足 7%，而更庞大的会员群体来自社区之外。文化资本价值转换的辐射力仿佛越过了本地的圈层，在社区周边甚至更大的范围内引起共鸣。“外来人不仅是文化内容的消耗者，同时也是外来文化的资源。他们在激活空间。”① 史家胡同“本地”的“主”显得被动，“异地”的“客”反而基于“本地”在其自身的映射，成为一支具有影响的“本地”更新力量。“资源有限”引向的关于实践的问题是，“社区性和公共性的界限在哪里”“保留和更新的界限在哪儿”。一方面，创意组织本身在调整自身定位，如朝阳门社区文化生活馆对于“艺术社区”的理念践行，从刚开始集中在现代艺术社交圈层内，到越来越重视回归社区本土当前的实际诉求，推出“老好使 shop”“老年小卖部”“红集”“特色历史教育”等主题项目，强调有限资源的有效利用。另一方面，“资源对接”比“资源有限”更应受到重视，这就要求社区更新的主导者更多地思考要“引入什么样的创意组织”“以什么形式引入这些组织”。众多的“异地”的创意组织深受类似史家胡同这样的文化节点吸引，对其抱有更多使命感和价值感的诉求，而“本地”的实践者却有着“环顾无人、手中无物”的困惑。

四、符号资本价值转换：文化创意开发与日常审美超越

我国正处在大力推动传统优秀文化的创造性转化和创新型发展的新时代。②一方面，城市文化需要传统延续，避免“保护性破坏”。另一方面，城市需要自我更新和转变的空间。在这场城市文化遗产保护与城市现代化进程的博弈中，面对众多交点与选择，城市发展应当何去何从？符号资本的介入，让关于这一问题的反思更具紧迫性。

---

① 被采访人：王虹光，北京市城市规划设计研究院责任规划师、史家胡同博物馆策展人。采访时间：2019 年 3 月 18 日。

② 唐璐璐，向勇．在地艺术的文化记忆重塑与权利话语重置——以日本越后妻有大地艺术节为例［J］．福建论坛（人文社会科学版），2019（2）．

符号资本是指个人和企业创造或重新构建符号物与文化意义之间的新联系。换句话说，符号物与文化意义之间的联系构建具有随机性，且一旦这种联系被广泛接受，将展现出“润物细无声”的强大驱动力，因而，符号资本更像是一种赋能的工具。一方面，它能放大正面的社会经济效益——史家胡同博物馆所孵化的文化活动和临时展览既重构了像“我们的院子”公共空间改造、“回家”系列展览、“胡同声音”这样的关注社区自我身份认同、文化记忆的符号，也塑造了像“为人民设计”国际设计周、“厕所革命”和“濒危盒子”生态艺术展这样的生发于城市生活社会问题的具有现代价值导向的符号。它们以文化符号的形式，将城市发展所需要解决的、规划的、展望的东西植入人们的认知和关注视阈中，以引起人们的文化认同，并在社区周边辐射，甚至在更广泛、随机的范围内获得共情体验。另一方面，符号资本也能引致其本意丧失甚至是恶性循环——硬性的任务指标自上而下，政府、社区、居民为了完成任务，被动式地工作。“他们习惯性地认为，一有好的活动提供，就是在分配任务，也不知道这个沟通过程到底哪里出了问题。”①而当博物馆提供优质资源时，社区、居民反而没了兴趣。

符号资本作为一种工具，其赋能作用要得到合理的利用，要在文化场域内以及跨场域间推动关系资本、文化资本、权力资本、经济资本围绕城市更新进行高速的整合、转化，则需要一种指针，立足于真实的城市历史与经济、社会、环境脉络，更要考虑城市居民对于美好生活的诉求。因为，当代社会中越来越多的人对于自己的生活环境和生活方式有一种自觉的审美追求。②

分层分块的行政管理部门分门别类地处理城市复杂系统问题，导致规划、落实、民生之间矛盾产生。在这些矛盾中，史家胡同博物馆的社区营造实践抓住“以人为本”这条主线，以北规院作为主导符号力量，从文化、权力、经济场域多点并发地寻求解决方案。北规院与中社社会工作发展基金会共同推进成立了“社区培育基金”，为美丽社区建设提供了更个性化、更明智的解决方案。该基金提出了“技术革命”“范式孵化”“社区故事”“社培学院”等培育项目，重点关注新技术的推广应用，新型社区公共服务空间的建立，社区共同记忆、社区更新与培育理念的形成等与居民切身利益相关的问题及兴趣点，实现了关系资本与文化资本的筹集，以及关系资本与文化资本力量的造血式培育。

---

① 被采访人：王虹光，北京市城市规划设计研究院责任规划师、史家胡同博物馆策展人。采访时间：2019 年 3 月 18 日。

② 叶朗 . 从中国美学的眼光看当代西方美学的若干热点问题［J］. 新华文摘，2010（2）：89-93.

城市更新经历了对物质、功利的追求，也经历了将审美与实用分离的各种艺术活动的尝试，在高科技发展的今天，审美的因素又回到物质、实用的活动之中，审美的东西和实用的东西重新结合起来①，实现审美发展的自我超越。胡同文化创意开发在城市更新背景下也走过了类似的历程。“第三方运营本身就是一个创新……它不光是提了第三方运营，它是用企业来进行第三方运营，所以难度是非常大的。”②在中国的公共文化语境内，这意味着在创新实践的过程中，有过仍旧作为功能依附的文创产品设计，也有过于抽离本地实际而被视为“闯入者”的当代艺术活动，如今逐渐走向真正扎根、历时的社区营造，可以说，城市生活的审美转向为以符号资本催化的城市文化创意开发提供了方向指引。

五、创意资本跨场域价值转换：文化生产、消费与效率

创意资本在文化场域中的运用主要侧重于文化创意生产，而通过在文化场域、经济场域、权力场域的跨场域价值转换，创意资本在更大范围的城市更新中，“串联”起文化生产与文化消费，并提升其效率，形成了文化生产和文化消费一体的复合空间。

一方面，活动、建筑形式和意义是作为城市再生途径的文化产业园区所必需的条件。③以史家胡同博物馆为核心节点的胡同空间，具有形成文化创意集聚区、融合文化生产与文化消费的先天优势，因为它作为历史文化名城的一部分，作为社区生活的载体，兼具文化遗产物理空间、文化生产与消费活动、文化空间意向。史家胡同博物馆提供了丰富的文化创意项目：每天 200 人日常参观，每天 1~2 场交流访问，每周 2~4 场文化活动。创意组织、文化企业和艺术群体在这里找到扎根社区的节点，满足社区及周边广泛的文化消费需求，并在整体的层面产生符号资本，构建胡同印象和标志。居民在文化活动消费的过程中，逐步从消费者向共同的生产者的身份转变，走向文化生产与文化消费的一体化。

另一方面，史家胡同文化创意空间又与通常意义上的文化艺术区模式、文化产

---

① 叶朗．从中国美学的眼光看当代西方美学的若干热点问题［J］．新华文摘，2010（2）：89-93.

② 被采访人：牛瑞雪，内务部街 27 号院朝阳门社区文化生活馆负责人。采访时间：2019 年 3 月 30 日。

③ Montgomery J. *Cultural Quarters as Mechanisms for Urban Regeneration*. Part 1：*Conceptualizing Cultural Quarters*［J］. *Planning Practice & Research*，2003，18（4）：293-306.

业区模式、独立文化产业新区模式①等文化产业园区不同，具有更明显的融合性，相应地对资本配置、权力介入的方式和效率提出更高的要求。

文化产品的生产仅在经济逻辑的支配下会出现收益性偏向，即转化为经济资本的文化产品会被大量复制再生产，而不易进行经济变现的文化产品即使具有相当的文化价值也会迅速被抛弃。因此，史家胡同博物馆联合高校、科研、金融、政府等机构，发展了诸如史家胡同博物馆的公益运营、文创社的政府采购、27号院的“333模式”（政府支持与采购占1/3，企业及其他社会组织出资占1/3，院落运营收入占1/3）、朝西工坊的社区发展专项基金等多样的资本配置模式，支持不同类别的文化创意组织、中小企业探索适合自身的发展路径，这些文化企业反过来提升了区域价值，实现了经济资本与创意资本的双向助力。

当权力场域介入后，以政府为代表的符号资本主体对文化与经济场域的资本转换进行政策扶持、宏观指导和必要干预，从而提升了文化生产与消费的效率。在胡同空间治理改造中，地方政府朝阳门街道办将外部组织北规院纳入权力场域，使其扎根于史家胡同博物馆的日常运营，根据相关政策文件实施其城市规划权力。在社区营造过程中，北规院从权力场域转移到文化场域，将自身职能落地到胡同的建筑修复、风貌保护、场景营造、活动组织的综合文化组织行为中，并通过此间建立的合作交流关系，积累社区关系资本。由此，政府将社会组织嵌入社区治理，在“政府—社会”功能的互补发展中，实现了政府与社会的协同合作，推动了史家胡同从行政型社区向合作型社区进而向自治型社区的转变。

六、关于创意资本与城市更新的进一步思考

史家胡同博物馆作为北京城市空间激活的典型案例，将创意资本应用于城市更新当中，不仅对现代城市日常生活模式、创意组织机制建构产生了影响，还在更宏观的层面上，成为从城市现代性和审美的视角重新审视城市更新的范例。城市更新范式变迁的核心是“新”机制萌生、扩散和稳定化的过程，②创意资本理论为城市更新范式的变迁带来了三重思考。首先，关系资本基于城市空间性视域，为新的机制提供萌发土壤；其次，文化资本为城市更新模式的扩散和持续注入新鲜的元素；最

① 袁海．文化产业集聚的形成及效应研究［D］．陕西师范大学，2012.

② 邓智团．空间正义、社区赋权与城市更新范式的社会形塑［J］．城市发展研究，2015，22（08）：61-66.

后，城市更新中的行动者，通过符号资本可获取话语权，影响着城市价值取向和社会规范的形成与修正，三者由此循环形成城市更新模式的迭代。

（一）关系资本与城市更新：新的机制的萌生

关系资本基于城市公共创意空间节点，促进城市社会关系网络不断交流、连接，伴随着社区信任和联盟的建立、跨区域协同及“美第奇效应”的出现，产生新的生产和消费关系，输出一系列城市更新的新机制。

城市公共创意空间节点对于城市关系资本的形成具有促进作用，因为它们可以为关系资本提供一个空间正义的前提，即人们能够在这些空间节点进行自由交流、讨论、理性的争辩，形成“一种公共见解，进而构成一种公共性原则”①，实现能够反映“包含弱势、边缘群体的所有行动主体诉求的空间正义”。虽然城市化背景给胡同带来了一定的社会空间隔离，相应导致城市社会空间机理断裂、社会关系网络碎片化等社会问题，但是史家胡同博物馆的社区创意空间可以作为一种应对方案，将空间功能定义为“文化展示厅、社区议事厅、居民会客厅”，提供人们自由交谈、自由讨论的场所，链接胡同空间中的文化与生活，建立胡同社区精神祠堂与文化磁石。这样的公共创意空间节点与英国的“创意枢纽”（creative hubs）类似，是创意关系网络中的节点空间，是能够提供工作、合作、消费的空间衔接场所，是一种新的组织创意经济革新与发展的方式。

史家胡同博物馆作为创意枢纽的节点空间，产生了胡同整体空间的“美第奇效应”。当思想立足于不同领域、不同学科、不同文化的交叉点上，我们可以将现有的各种概念联系在一起，组成大量不同凡响的新想法。②胡同创意关系网络依托史家胡同博物馆的平台，共同探索历史文化名城保护、社区培育的路径，输出了适合小型文化空间的团体框架，将博物馆受众转化为社会资源和自我管理的力量及“一日馆员制度”、持续的内容合作平台等新的机制与组织模式。在这些实践过程中，胡同创意空间的关系网络逐渐明晰出组织使命、日常活动、核心成员、用户受众、空间建设、合作对象、价值主张等定位要素，胡同空间逐渐形成具有地方个性的风貌氛围。

（二）文化资本与城市更新：城市的可持续发展

以塑造城市气氛为目的的文化资本价值转换能够助力城市的可持续发展。城市

---

① 陈蔚，侯博慧．后现代性与当代中国城市文化遗产保护［J］．重庆大学学报（社会科学版），2014，20（01）：161-166.

② 弗朗斯·约翰松．美第奇效应［M］．刘尔铎，杨小庄，译．北京：商务印书馆，2006.

在记忆与未来的拉力中如何前行？城市文脉此张力下应当如何延续？即如何使城市记忆展现出现代的生命力，并推进城市迈向未来的进程？传统美学理念下城市文脉传承是一种知识性的传承，这固然能保持传承的体系性，但同时也造成了趋同性、无创造性。新美学以“气氛”“感性复归”为核心概念，强调身体在场的感受。新美学意义下的城市文脉的传承，以时空为载体，将城市文化记忆生成为一种“气氛”，使“在场的人通过自己的处境感受而知觉到空间的情感色调”①，从而更自然地触及广泛的城市人群，实现对城市文脉身体力行的、注入个人情感体验的、创建性的传承。

在这个意义下，胡同社区空间是一个很好的载体，因为它是使“日常生活得以审美呈现”②的良好土壤。如果说博物馆是史家胡同历史文化积淀的集中展现，那么史家胡同本身所承载的居民生活、文化记忆在社会关系网络中的流动，则是对城市文脉实时的、当代构建性的积累与传承。当然，这不可避免引出关于大众文化与精英文化的讨论与抉择。精英文化反映着社会生活的走向，而大众文化则是城市历史文化遗产的活化所需的媒介。胡同“气氛”提出了一种更公平的社会美育可能。因为作为知识的文化资本或许更容易在精英阶层中传承，而在“气氛”中，大众与精英阶层都一样需要抛开过度的诠释、判断，以自身的在场体验物质本身。在胡同“气氛”中，街头各式各样的叫卖声可以成为北京人艺的舞台作品，胡同走出的名人的风貌气度可以在邻里孩童心中埋下小小的种子。因此，“制造气氛”成为城市公共文化服务和社区营造的重要使命，通过史家胡同博物馆这样的场所运营与实践，将大众文化与精英文化整合进复杂的城市文化系统中，涵养当地社区的文化艺术生产。

（三）符号资本与城市更新：城市社会规范及修正

符号资本的价值转换在赋予社会权力的过程中实现了城市社会规范的不断修正和稳定。城市设计并非“价值中立”，它是城市主要统治力量对“城市内涵”的诉求作用于城市形态上的“符号性反映”。③因此，在城市更新中的主要权威行动者的变迁，也会导致城市形态和城市内涵的“符号性”变迁。城市更新的不同阶段，处于

---

① 格诺特·波默．气氛美学［M］．贾红雨，译．中国社会科学出版社，2018：6.

② 陈蔚，侯博慧．后现代性与当代中国城市文化遗产保护［J］．重庆大学学报（社会科学版），2014，20（01）：161-166.

③ 杨震．城市设计与城市更新：英国经验及其对中国的镜鉴［J］．城市规划学刊，2016（01）：88-98.

优势、劣势地位的不同阶层通过组合并相互作用，不断进行城市文化符号构建、嵌入、价值赋予并产生城市文化认同，推动城市更新进程。

史家胡同片区在最开始以朝阳门街道办为主要推动者，引入社区基础设施、激励机制、平台、政策。如今街道办以自营、合作共建、第三方运营文化空间等多种方式推动社区更新体系的进阶，史家胡同博物馆作为引入多方资源的平台，收获的品牌和社会认可不断扩大。这样的平台成为融合、创新、蓄力的核心力量，从而避免地方政治力量、商品经济力量过于简单地介入从而扼杀城市文化遗产本身的社会价值。① 文化创意企业在其中处于探索和孵化阶段，尽管在过程中可能会出现矛盾，但它们仍通过赋予活动及创作体验以意义，构建着自身的文化符号，进行着从劣势话语地位向社区更新话语主流的斗争。

在符号资本的催化下，创意资本持续进行跨文化、权力、经济场域的转化，即文化生产与文化消费一体化，从而连通像史家胡同这样的城市节点，在更广泛的区域范围内提高经济及社会效益。随着创意阶层逐渐从边缘地位走向中心，是否仍旧以某种主流价值观作为主导进行空间生产才是最佳选择？文化对于城市可持续发展的作用如何才能避免落入现代城市的“理性怪圈”？以理性的方式来批判理性，这个逻辑框架仍然难以跨越。如何解决城市存在的简单性问题、无序复杂性问题、有序复杂性问题②，简·雅各布斯认为应当将城市问题作为有序复杂性问题来应对，面向过程，归纳推导，寻求“平均的”大变数之下的“非平均”小变数③。同理，未来城市创意空间的公平、规范的形成也不一定是排他性、单一主导性的，而可以是引入式的、多方参与的、多元诠释的，并转化为对文化多元性的促进和对城市优质环境的塑造，为城市可持续发展的综合决策提供文化基础，从而构建文化多元的、活力充沛的城市，孕育出城市自我再生的能力。胡同空间激活更是如此。

参考文献

[1] 廖开怀，蔡云楠．近十年来国外城市更新研究进展［J］．城市发展研究，2017（10）：33-40.

[2] 谢涤湘，范建红，常江．从空间再生产到地方营造：中国城市更新的新趋势［J］．城

① 陈蔚，侯博慧．后现代性与当代中国城市文化遗产保护［J］．重庆大学学报（社会科学版），2014，20（01）：161-166.

② 简·雅各布斯．美国大城市的生与死［M］．金衡山，译．译林出版社，2006：394.

③ 同上。

市发展研究，2017（12）：148-153.

［3］陶希东．中国城市旧区改造模式转型策略研究：从“经济型旧区改造”走向“社会型城市更新”［J］．城市发展研究，2015（04）：117-122，130.

［4］陈治国．布尔迪厄文化资本理论研究［D］．首都师范大学学位论文，2011.

［5］刘奕，田侃．国外创意阶层的崛起：研究述评与启示［J］．国外社会科学，2013（04）：120-128.

［6］陈文旭．阿多诺“文化工业”批判理论及其启示［J］．北京交通大学学报（社会科学版），2014（01）：93-98.

［7］Xiang Yong，Li Boyi. *Theorizing Creative Capital in China*：*A Multilevel Framework*. Edited by Byrnes WJ，Brkic，*The Routledge Companion to Arts Management*，London：Routledge，2019.

［8］李盛．史家胡同博物馆：带你回到记忆中的老北京［J］．工会博览，2019（14）：11-14.

［9］唐璐璐，向勇．在地艺术的文化记忆重塑与权利话语重置：以日本越后妻有大地艺术节为例［J］．福建论坛（人文社会科学版），2019（2）.

［10］胡同声音：从“胡同博物馆”延伸到历史深处的“老北京”，中青在线，http：//m.cyol.com/content/2017-05/29/content_16128287.htm，2019-12-1.

［11］于丽爽．老城胡同腾退后的复兴实践［J］．决策探索（上），2018（08）：75-78.

［12］叶朗．从中国美学的眼光看当代西方美学的若干热点问题［J］．新华文摘，2010（2）：89-93.

［13］Montgomery J. *Cultural Quarters as Mechanisms for Urban Regeneration*. Part 1：*Conceptualizing Cultural Quarters*［J］. *Planning Practice & Research*，2003，18（4）：293-306.

［14］袁海．文化产业集聚的形成及效应研究［D］．陕西师范大学学位论文，2012.

［15］邓智团．空间正义、社区赋权与城市更新范式的社会形塑［J］．城市发展研究，2015，22（08）：61-66.

［16］陈蔚，侯博慧．后现代性与当代中国城市文化遗产保护［J］．重庆大学学报（社会科学版），2014，20（01）：161-166.

［17］弗朗斯·约翰松．美第奇效应［M］．刘尔铎，译．北京：商务印书馆，2006.

［18］格诺特·波默．气氛美学［M］．贾红雨，译．中国社会科学出版社，2018：6.

［19］杨震．城市设计与城市更新：英国经验及其对中国的镜鉴［J］．城市规划学刊，2016（01）：88-98.

［20］简·雅各布斯．美国大城市的生与死［M］．金衡山，译．译林出版社，2006：394.

技术接受视角下非遗传承人对短视频平台的使用意愿研究

彭　之[①]
（北京大学艺术学院，北京，100871）

【内容摘要】 非物质文化遗产作为中国历史的见证和中华文化的重要载体，蕴含着中华民族特有的精神价值、思维方式和文化意识。进入新时代后，非遗保护面临着新的重大机遇。短视频平台成为宣传非物质文化遗产的新阵地，将非物质文化遗产的内容与现代科技巧妙结合，形成了以非物质文化遗产为代表的传统文化传播新思路。本研究基于技术接受理论、使用与满足理论，结合短视频平台的性质和非物质文化遗产的特性，通过问卷调查和深度访谈等方式针对非遗传承人对短视频平台的使用意愿进行了探索型研究。

【关键词】 非物质文化遗产传承；短视频平台；技术接受视角；使用与满足

A study on the Willingness of Inheritors of Intangible Cultural Heritage to Use the Short Video Platform From the Perspective of Technology Acceptance

Peng Zhi
（School of Arts Peking University，Beijing，100871）

Abstract：As the witness of Chinese history and an important carrier of Chinese culture，intangible cultural heritage contains the unique spiritual value，thinking mode and cultural

① 【作者简介】彭之，男，北京大学艺术学院硕士研究生，主要研究领域为文化产业管理。

consciousness of the Chinese nation.After entering the new era, the protection of intangible cultural heritage is facing new and significant opportunities.The short video platform has become a new front for the promotion of intangible cultural heritage. It combines the content of intangible cultural heritage with modern technology, forming a new idea for the dissemination of traditional culture represented by intangible cultural heritage.Based on the theory of technology acceptance and the theory of use and satisfaction, combining the attributes of short video platform and the characteristics of intangible cultural heritage, this exploratory study studied thc willingness of inheritors of Intangible cultural heritageto use short video platform through questionnaires and in-depth interviews.

Key words: Inheritance of Intangible Cultural Heritage; Short Video Platform; Technology Acceptance Perspective; Use and Satisfaction

一、引　言

非物质文化遗产是人类智慧的结晶，是民族古老记忆的延续，是民族传统文化的瑰宝，蕴含着特有的精神价值、思维方式、想象力和文化意识，体现出文化的生命力和创造力。2005 年 3 月 26 日，国务院办公厅发布的《关于加强中国非物质文化遗产保护工作的意见》中强调："要运用文字、录音、录像、数字化多媒体等各种方式，对非物质文化遗产进行真实、系统和全面的记录，建立档案和数据库。" 该意见为有效实施对非物质文化遗产（以下简称"非遗"）的保护和传承提供了富有建设性的指导。

短视频，作为近年来移动互联网领域兴起的重要内容形式，为非遗提供了一个全新、及时和立体的传播平台。据武汉大学媒体发展研究中心联合抖音官方发表的《抖擞传统：短视频与传统文化研究报告》显示，短视频让非遗有了现代化表达的方式。非遗类短视频的类别涉及戏曲、国画、皮影、民乐、诗词等多个传统文化门类，截至 2019 年 4 月，在 1 372 项国家级非遗代表项目中，有 1 214 项在短视频平台上进行了相关内容的传播，覆盖率超过 88%。可以说，以抖音为代表的短视频平台成为非遗传播的新渠道。对于在短视频平台产出内容的非遗传承人来说，什么因素会影响他们使用短视频平台的意愿呢？本研究调研非遗传承人对短视频平台的使用情况，旨在了解非遗传承人的实际需求，为非遗的调查、记录、研究、保存、保护、传承和传播等提供新渠道、新手段、新支持。

二、研究基础

（一）技术接受理论

技术接受模型（Technology Acceptance Model, TAM）最初是由Davis[①]提出的，是用来研究用户对信息系统做出接受行为的模型。之后在众多学者的研究中，都运用该模型进行用户行为的实证研究，得出的研究结果验证了原模型的有效性。Davis在技术接受模型中提出了两个重要研究因素：一是感知有用性，指的是用户在使用某一个系统时，感觉到该系统对其工作的帮助程度；二是感知易用性，指的是用户在使用某一个系统时，感觉到该系统的容易使用程度。用户感知到的易用性和有用性越强，他对系统的使用意愿就越强烈。TAM的结构如图1所示，其中使用意愿是指技术使用者在面对某种新技术时想要采用这种技术的意愿，使用态度是指技术使用者对这种新技术表现的正面或负面的评价性感受。

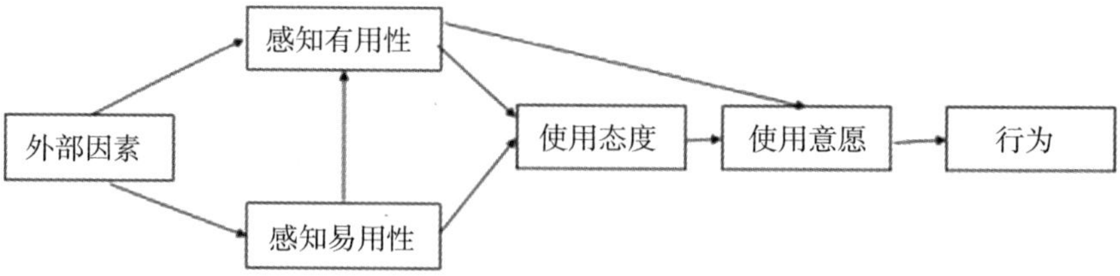

图1　技术接受理论模型

随后，Davis和Venckatesh提出了更完整的技术接受模型，即在原来的基础上增加了主观规范等因素，尤其强调了感知有用性对技术接受行为的影响。Davis还为测量这两种感知能力专门设计了测量指标，虽然感知有用性和感知易用性共同影响使用者的使用态度，但是大量研究表明前者的影响程度更高。随着技术接受模型不断应用到各个领域中，一些实证研究发现技术接受模型仅能接受使用行为的四成，有很大的局限性，同时，互联网技术环境不断变化，人们的生活方式越发复杂，使影响因素更多，因此在研究用户的使用行为时，技术接受模型必须结合更多的因素分析新技术的使用意愿情况。[②]

① David F. *Perceived Ease of Use, and User Acceptance of Information Technology* [J]. *MIS Quarte*, 1989, 13 (3): 319-341.

② Szajna B. *Empirical Evaluation of the Revised Technology Acceptance Model* [J]. *Management Science*, 1996, 42 (1): 85-92.

该模型最重要的特点在于阐述感知易用、感知有用与态度行为之间的逻辑关系。在对 TAM 等信息系统采纳理论进行扩展研究的过程中，越来越多的学者不再仅仅从技术的层面进行讨论，而是逐渐引入用户视角的相关理论和新的变量，开展用户新媒体平台持续使用行为的研究。本研究的调查问卷设计就是在此理论视角下，从使用经验、有用感知和易用感知三个角度，衡量非遗传承人所认知到的短视频平台对工作的有用程度和容易程度，并结合非物质文化遗产类短视频的特点及短视频平台的媒介特质，进行拓展创新。

（二）使用与满足

1959 年，传播学家伊莱休·卡茨在《大众传播调查和通俗文化研究》一文中首次提出使用与满足理论。这一理论以受众为出发点，分析受众使用媒介的动机和获得的需求满足，并考察大众传播对受众心理和行为产生的效用。与“信息如何影响观众”的传统观念不同，使用与满足理论强调受众的主动性和选择性，使受众的积极地位得到凸显。使用和满足理论认为，受众大多基于个人的需求和愿望使用媒体。受众使用媒介是为了满足一定需求，这一行为制约着媒介传播过程。英国传播学家丹尼斯·麦奎尔通过分析总结，把受众需求归结为四种效用类型，分别为心绪转换效用、自我确认效用、人际关系效用和环境监测效用。①

使用与满足及其延伸理论对短视频平台的用户使用意愿具有现实指导意义。在短视频平台中，用户生产内容的模式使用户同时具有内容接收者和媒介生产者双重身份。过往研究往往针对用户的内容、接收者身份来分析用户对短视频的媒介接触动机，以及这些接触满足了他们的什么需求。本研究针对用户的媒介生产者身份来分析他们对于短视频平台的媒介接触动机及接触满足需求，进行探索性研究。

三、研究设计

本研究在借鉴前人研究的基础上，根据技术接受理论以及使用与满足理论，结合短视频平台的使用特征及价值功能，对模型中的感知易用性和感知有用性进行补充。吴凤娟应用技术接受模型从外部变量特征、使用经验、感知有用性、感知易用性、使用态度和使用意愿六大方面对中老年群体关于网上政务的使用情况进行了调

① 郭庆光 . 传播学教程［M］. 北京：中国人民大学出版社，1999：182.

查，运用 SPSS 软件对影响因素进行了分析，并提出了提高中老年群体网上政务使用能力的对策。① 林刚、宋伟、张广岐以抖音 APP 为研究对象，采用量化研究方法，对全国地区不同性别的群体进行了问卷调查，发现抖音用户在用户画像方面存在集中性，在用户使用行为方面存在复杂性，在用户使用动机方面突出为愉悦性，在用户情感忠诚度方面存在危机性。②本文最终通过访谈文献归纳和筛选出使用经验作为新增变量，基于使用经验、感知易用性和感知有用性三个角度设计问卷，用以衡量非遗传承人所认知到的短视频平台对工作的有用程度和容易程度，同时根据使用与满足理论对非遗传承人进行以非物质文化遗产短视频为核心主题的定性访谈，用以观察非遗传承人对短视频平台的心理预期，以及短视频平台产生的实际效用是否满足其心理预期。

研究问卷主要分为六个部分，具体内容如表 1 所示：

表 1　非遗传承人短视频平台用户调查问卷

人口统计学信息	题目
基本情况	Q1：您的出生世代 Q2：您传承的非物质文化遗产级别 Q3：您传承的非物质文化遗产类别
核心变量	**题目**
使用经验	Q1：您的智能手机运用能力很好 Q2：您使用短视频平台观看过短视频 Q3：您使用短视频平台发布过非遗内容的短视频
感知有用性	Q1：发布非遗内容后，您的短视频平台账号是否受到更多关注 Q2：发布非遗内容后是否有人向您寻求商业合作（包括但不限于网店、商演、讲座、培训等） Q3：非遗内容下的评论是否让您对非遗发展有所启发
感知易用性	Q1：短视频平台制作短视频的界面简洁明晰 Q2：短视频平台发布短视频的操作设计清楚 Q3：如果没有他人帮助，您也能独立制作发布短视频

① 吴凤娟 . 基于技术接受模型的中老年人应用网上政务服务的影响因素分析［J］. 电子政务，2019（11）：45.

② 林刚，宋伟，张广岐 . 抖音短视频 APP 用户使用行为及动机研究［J］. 东南传播，2019（6）：101.

续表

核心变量	题目
使用态度	Q1：您很喜欢通过短视频的形式发布非遗内容 Q2：您对短视频平台的制作和发布过程很满意 Q3：您希望通过短视频平台收获更多对非遗的关注
使用意愿	Q1：您愿意继续使用短视频平台发布非遗短视频 Q2：您会在短视频平台上关注其他非遗传承人 Q3：如果短视频平台有非遗相关宣传或活动，您愿意参加

第一部分为人口统计学信息，主要了解调研对象的出生世代、所继承的非遗类别与级别，以收集调研对象的基本信息，为下一步深入研究奠定基础。

第二部分对使用经验进行调查，主要了解非遗传承人在短视频平台上的用户行为，目的在于区分调研对象是否具有短视频平台的使用经验，以及调研对象是否兼具媒介生产者的身份。

第三部分对感知有用性进行调查，从传播价值、商业价值、发展价值三个维度考察短视频平台让非遗传承人感知有用的程度。

第四部分对感知易用性进行调查，从制作、发布和独立操作三个角度考察短视频平台让非遗传承人感知易用的程度。

第五部分对使用态度进行调查，以易用感知和有用感知考察短视频平台对非遗传承人使用态度的影响程度。

第六部分对使用意愿进行调查，从未来是否持续关注和使用短视频平台的意愿或可能性，以及与短视频平台合作的可能性两方面入手进行考察。

本问卷中除了第一部分人口统计学信息和第二部分使用经验调研的题项外，其他部分均采用5点李克特量表进行计分：1代表“非常不同意”；2代表“比较不同意”；3代表“一般”；4代表“比较同意”；5代表“非常同意”。

本文同时基于使用与满足理论进行深度访谈，以了解非遗传承人对短视频平台的使用行为与使用意愿。为做好本次深度访谈，研究者系统梳理了与非遗短视频有关的文献，根据研究目的选择了可提供有效信息、接触短视频平台程度不一的非遗传承人作为研究对象，非遗继承人短视频平台用户被访者基本情况如表2所示。本研究遵循“信息饱和”原则确定访谈对象人数，随着访谈的深入进行，研究者对访谈提纲及相关表述方式进行了相应调整，既有助于受访者更好地领悟被提问问题的含义，也有助于研究者更加完整和准确地获取受访者传递的信息。

表 2　非遗传承人短视频平台用户被访者基本情况

编号	出生世代	从事职业	主要使用短视频平台
L	90 后	学生	抖音、快手
T	80 后	电商	抖音、快手、微视、秒拍、西瓜
X	70 后	自由职业	抖音、快手

四、研究结果

本研究是以短视频平台为研究对象，考察非遗传承人对短视频平台使用意愿的探索型研究。由于被访者所处地域较分散、回复率与介绍人等客观条件限制，在本阶段暂时只能回收数量有限的问卷。然而，从探索型研究的特性与目的出发，本文认为，目前所得的研究资料对于初步勾勒非遗传承人短视频使用的现状在拓荒层面仍具有一定价值，故本文将基于所得资料展开进一步分析。

本研究使用的数据主要是通过问卷调查法获取的，同时由于本研究的研究对象是非物质文化遗产传承人，所以主要采取在线调查的方式发放问卷。正式调研时，本研究把量表问题录入腾讯问卷网站。发放问卷主要利用滚雪球抽样方法线上发放。笔者首先通过专注非遗研究的清华大学陈岸瑛老师联系到触网的非物质文化遗产传承人，然后发送问卷链接给他们填写。之后又联系了非遗传承人郎佳子彧，由他帮忙把问卷链接转发到其他非遗传承人的微信群中，同时通过非遗爱好者帮忙发送问卷链接给他们认识的非遗传承人，以滚雪球的方式邀请符合调查要求的用户进行问卷填写。此次正式问卷调查历经两周，最终回收问卷 18 份。

（一）用户的人口统计学信息

这一部分主要是了解调研对象的出生世代、所继承的非遗类别与级别。在所有调研对象中，“60 后”为 22.2%，“70 后”为 27.8%，“80 后”为 33.3%，“90 后”为 16.7%；国家级非遗传承人为 83.3%，省级、市级、县级各为 5.6%；传统手工艺为 61.1%，民间美术为 27.8%，民间音乐为 5.6%，传统戏剧为 5.6%。

调研对象分布在 20~60 岁之间，以国家级非物质文化遗产为主，以传统手工艺类别居多。

（二）用户的使用经验

这一部分将非遗传承人划分为短视频平台用户或非用户、单纯内容接收者或兼具媒介生产者。在智能手机的使用能力上，27.8% 的调研对象选择 3 分，16.7% 的调研对象选择 4 分，55.6% 的调研对象选择 5 分；在短视频平台的使用行为上，22.2% 的调研对象选择 1 分，5.6% 的调研对象选择 2 分，16.7% 的调研对象选择 3 分，11.1% 的调研对象选择 4 分，44.4% 的调研对象选择 5 分；在发布非遗短视频的使用行为上，题项为单选题，55.6% 的调研对象选择“是”，44.4% 的调研对象选择“否”。

在确认所有调研对象都具备使用智能手机能力的基础后，笔者发现，就目前已收集的样本数量来看，在短视频平台上发布非遗短视频的传承人在短视频平台的使用行为上都选择了 3 分及 3 分以上的选项。但未发布非遗短视频的传承人分化现象较为突出，集中为选择 4 分或 5 分的短视频深度用户和选择 1 分的非用户，这说明短视频平台的使用经验对于使用行为构成了一定的影响。然而，具体影响路径需获得更大样本量后才能进行进一步分析。

（三）用户的感知有用性

这一部分从传播价值、商业价值、发展价值三个维度考察短视频平台让非遗传承人感知有用的程度。在获取更多关注的有用性上，80% 的调研对象选择 5 分，10% 的调研对象选择 4 分，10% 的调研对象选择 2 分；在寻求商业合作的有用性上，30% 的调研对象选择 5 分，30% 的调研对象选择 4 分，20% 的调研对象选择 3 分，20% 的调研对象选择 1 分；在非遗未来发展的有用性上，20% 的调研对象选择 5 分，50% 的调研对象选择 4 分，20% 的调研对象选择 3 分，10% 的调研对象选择 1 分。

在短视频平台上兼具媒介生产者的调研对象中，绝大多数调研对象确实获得了账号粉丝数量的增幅，账号关注度明显上升。同时，大部分调研对象在账号引流之后获得了资本关注，开启了流量变现的路径，并且从评论中收获了对于非遗技艺未来发展的启发，并进行了思考。这说明非遗传承人对于短视频平台的传播功能、商业价值和发展助力是明确感知到其有用的，但这一变量对其他变量的影响仍待进一步分析后才能发掘出模型内部具体的影响路径。

（四）用户的感知易用性

这一部分从制作、发布和独立操作三个角度考察短视频平台让非遗传承人感知易用的程度。在制作层面上，27.8% 的调研对象选择 5 分，44.4% 的调研对象选择 3 分，11.1% 的调研对象选择 2 分，16.7% 的调研对象选择 1 分；在发布层面上，16.7% 的调研对象选择 5 分，22.2% 的调研对象选择 4 分，33.3% 的调研对象选择 3 分，22.2% 的调研对象选择 2 分，5.6% 的调研对象选择 1 分；在独立操作层面上，27.8% 的调研对象选择 5 分，5.6% 的调研对象选择 4 分，27.8% 的调研对象选择 3 分，16.7% 的调研对象选择 2 分，22.2% 的调研对象选择 1 分。

在易用感知上，非遗传承人于短视频平台多出了低分区间的评分，虽然整体占比较少，但与感知有用性的评价形成较大差异，体现了部分非遗传承人对短视频平台操作不熟悉或难理解的现状，因此需要付出较高的用户认知成本。这一现象对于使用意愿与使用行为的影响仍需继续进行定量实证研究。

（五）用户的使用与满足

1. 非遗传承人对短视频平台的使用行为

通过考察被访者笔者发现，他们最初只通过短视频平台完成文化消费，是平台内容的单向接收者。被访者均表示，此前从未想过会利用短视频平台传播非遗相关内容。L 只是关注一些喜欢的用户，从未发布过任何短视频内容，在与内容创作机构合作后才开始拍摄非遗短视频。T 一开始只是短视频平台的内容消费者，但在认为短视频是“下一个电商风口”后，决定进军各大短视频平台，并发布以自身传承的非遗为内容的短视频。X 称自己一直从事非遗推广的相关工作，经由亲友提醒后开始利用短视频平台进行非遗推广。

被访者均自幼接触、练习非遗技艺，对所传承的非遗怀有十分深厚的感情，也一直通过各种渠道对非遗进行宣传。L 曾通过报刊、微博、授课、综艺、纪录片等渠道让大众对自身所传承的非遗更加了解，T 利用自己的微信朋友圈普及非遗知识，X 身体力行地传播非遗，如招收学徒、参与“非遗进校园”等。短视频平台的日益发展减轻了推广的成本，降低了传播的门槛，不断吸引着非遗传承人入驻。

2. 非遗传承人对短视频平台的满足情况

“使用与满足”理论将媒介带给受众的满足归纳为：转移和消遣，逃避或感情释放；人际关系，为个人提供陪伴；个人身份，强化既有价值观；环境守望，获得信息和新闻①。本研究发现，非遗传承人通过“使用”短视频平台获得了类似于后两种的“满足”。

第一，利用短视频平台在网络世界发声。非遗过去大多通过报纸、广播、电视

① 刘海龙 . 大众传播理论：范式与流派［M］. 北京：中国人民大学出版社，2008：273-274.

等传统媒体的方式进行传播，一般以纪录片和文化综艺节目为主，传播渠道狭窄。L表示“上过报纸也拍过纪录片，但年轻人还是很少会去看这些”，X说“之前也接受过采访，但效果不明显”。短视频平台让非遗有了现代化表达的方式，在互联网上通过短视频能吸引更多对非遗抱有相同热爱的年轻人，从而让人们了解非遗，保护非遗。短视频平台让非遗传承人进行更频繁的交流，L表示“我年纪比较小，其他（非遗传承）人不爱搭理我”，T表示“我的手艺比较少见，做类似工艺品的都没有我对这类文化的情感深厚”，X表示“我住在乡下，一般不出去”。曾经由于年龄、地域、非遗类别等隔阂，非遗传承人只能通过少数机构组织的官方活动才能见面，交流较少，但短视频平台让他们能够跨越地域阻隔进行沟通，寻找理念相近、类别相似的非遗传承伙伴，在一定程度上拓展了他们的社交视野。X表示“在抖音上看到还有这么多人在坚持，这么多人喜欢，挺好的”。可以说在短视频平台上接触到其他非遗传承人对苦苦坚持的非遗传承人产生了正向的激励作用，也强化了非遗传承人既有的价值观念。

第二，通过短视频平台实现商业价值。曾经的非遗传承人很难通过自身传承的非遗技艺生活，L表示“随着时代的发展，我传承的手艺确实已经不再被市场需要了”，T表示“我这些年一直在做非遗的市场化，传承人靠自己（进入）互联网市场还是很有难度”。但在短视频平台上，非遗传承人可以在使用抖音记录、传播非遗技艺、作品的同时，获得丰厚的物质回报。L表示“现在也开始接一些商业合作了”，T表示“店里的订单确实多了些”。在所有非遗传承人中，最具代表性的是泸州油纸伞的传承人余万伦。他开设了“油纸伞大师”的抖音号后，其油纸伞销量暴增，如今长期处于脱销状态。

在部分需求被满足的同时，非遗传承人也提出了未得到满足的需求。

第一，短视频的形式与部分非遗内容不易适配。短视频平台上的用户以年轻人居多，短视频的剪辑风格往往动感时尚，同时短视频平台的用户更倾向于创造有助于沟通的生活化情境内容，更希望能参与到情感联通的情境中，而对于知识类短视频则关注较少；短视频“微”“短”“快”的传播特点，弱化了对知识价值的深度思考，部分种类的非遗内容因此不适应短视频这种简短轻快的表现形式。L表示“我的手艺就是得慢工出细活，把中间过程剪掉了，作品的美感就会损失很多”。时间限制让短视频只能输出一个简单的片段，对非遗进行片面浅层的展示固然能传递历史文化知识，但若要拓宽到社会层面的广度，提升到时代价值的高度，则需要进一步积累。有学者指出，有些视频拍出来成为“一个表现的空壳，徒有其表，而没有传达最本质的文化内核，这也正是保护非物质文化遗产的本质问题”①。

第二，运营团队与个人想法的冲突。部分非遗传承人对于短视频平台的内容运营依靠于 MCN 这类内容创作机构，这就意味着短视频的内容往往需要双方共同商定才能发布。L 表示“我很多艺术表达的思考都被他们否了，他们说没人看”。非遗短视频让用户感受到的历史文化价值越高，审美艺术体验越丰富，用户的使用意愿就越强烈。但从商业角度来看，曲高则和寡，精英表达会丧失大众市场，用户黏性的提升却是以用户数量的下降作为代价的。此外，一些内容创作机构缺乏必要的非遗知识和文化素养，商业化气息过重，对非遗文化未能保持敬畏之心，一味谄媚迎合受众心理。但是，如果脱离内容创作机构，非遗传承人的叙事方式、镜头语言、叙事节奏和专业水平差距较大，这在一定程度上又会削弱短视频传播非遗内容的效果。

第三，非遗价值未能得到充分展现。短视频平台更擅长营造娱乐化的传媒氛围，因而消解了非遗内容的严肃与理性。T 表示“很多人私信我说想了解我这个非遗，但是单靠短视频根本没法深入了解，我做厉害的和简单的在他们眼里都差不多”。由于深刻意义和专业批评的缺失，人们对于非遗的价值无法进行准确的判断，L 表示“我花费特别多心血做出来的东西，在一般人眼里可能跟几块钱的工艺品差不多，那些技法、材料，他们都看不出来”，无序和散乱的审美标准最终造成了价值判断的迷失和混乱。

结　　语

非遗传承人通过短视频这一新兴传播模式，在短视频平台上实现传统文化资源的价值开发与保护传承。在互联网语境下，传统非遗文化通过提升现代化传播能力挖掘出自身在新时代的文化和市场价值，又通过流量变现等让非遗传承人的物质生活得以保障，切实地保护了非遗文化的传承发扬。

短视频已成一时风口，能使人在短时间内获得感官愉悦，正是这种传播特性限制了社会讨论和人文关怀的出现。非遗短视频绝不是把非遗文化简单地剪辑成数十秒的视频内容，而应当是新文创的延伸，形成当代中国文化符号的 IP 构建。短视频平台能帮助非遗传承人实现传播价值、商业价值和发展价值，这吸引了很多非遗传

① 巩盼盼 . 利用影视手段保护和开发“非遗”的启示［J］. 湖北民族学院学报（哲学社会科学版），2010，28（06）：50-54.

承人投入其中，但较高的操作学习认知成本让他们不得不借助 MCN 等内容创作机构进行运营。在商业化思维中，非遗传统文化的深厚文化底蕴和社会时代价值被一再抛弃，看似花团锦簇的传播发展背后，可能是走向以消解传统非遗文化的内容本真性和审美体验性为代价的竭泽而渔。网络数字科技不应受到传统商业思维的束缚，而应顺应文化产业的体验革命。比如，让短视频将非遗元素置入具体的场景情境中，突出非遗在现代生活场合中的运用，从而连接消费者与文化产品，形成情感共鸣。正如著名媒体人梁冬所说，“前些年大家把传统文化当便签贴在脸上，现在越来越多的人把传统文化变成自己的生活”。

以网络数字技术为基础的科技，形成了新兴的公共文化模式和文化体验业态，这使得文化生产、传播、接受、消费等各个环节都发生了巨大变化。怎样利用网络数字技术讲好优秀非遗文化的故事，怎样让阳春白雪飞入寻常百姓家，是非遗文化传播者必须解答的时代命题。

参考文献

［1］David F. *Perceived Ease of Use，and User Acceptance of Information Technology*［J］. *MIS Quarte*，1989，13（3）：319-341.

［2］Szajna B .*Empirical Evaluation of the Revised Technology Acceptance Model*［J］.*Management Science*，1996，42（1）：85-92.

［3］郭庆光 . 传播学教程［M］. 北京：中国人民大学出版社，1999：182.

［4］吴凤娟 . 基于技术接受模型的中老年人应用网上政务服务的影响因素分析［J］. 电子政务，2019（11）：45.

［5］林刚，宋伟，张广岐 . 抖音短视频 APP 用户使用行为及动机研究［J］. 东南传播，2019（6）：101.

［6］刘海龙 . 大众传播理论：范式与流派［M］. 北京：中国人民大学出版社，2008：273-274.

［7］巩盼盼 . 利用影视手段保护和开发“非遗”的启示［J］. 湖北民族学院学报（哲学社会科学版），2010，28（06）：50-54.

竞合理论视角下实体书店的空间规划与消费意义建构

李育菁　尤佳丽　竺　岫[①]

（南京航空航天大学艺术学院，南京，211106）

【内容提要】 网络与物流的发达使得实体书店的售书功能逐渐被网络书店所取代，但不可否认的是，实体书店在当代消费社会中仍然有其存在的必要性与合需求性，只是其功能与意义随着时代的变迁而有所转变。在互联网的冲击下，实体书店已从单纯的售书功能空间转变为追求美好生活的体验空间。对消费者而言，实体书店则从购书意义转变为旅游意义。因而，在实体书店空间功能与意义转换的背景下，对实体书店空间规划提出新的研究思路有其必要性。本文援引 Adam M. Brandenburger 和 Barry J. Nalebuff 所提的竞合理论（Co-Opetition Theory）为研究视角，采取田野调查法实地考察巴黎、佛罗伦萨、南京、台湾等城市的书店空间规划，并辅以案例分析法探讨国内外知名书店的空间内外部的规划方式。在竞合理论基础上，借由上述两种研究方法探究知名书店的空间布局，解决如何通过内部与外部空间规划实现商业营利性与消费体验性互补，进而扩大书店的空间体验与消费价值等问题。

【关键词】 竞合理论；实体书店；空间规划；消费意义

---

① 【作者简介】李育菁，深圳大学美术与设计学院助理教授，南京航空航天大学艺术学院讲师，主要研究方向为艺术管理与文化产业、媒介经营管理、出版产业；尤佳丽，南京航空航天大学艺术学院 2020 级研究生；竺岫，南京航空航天大学艺术学院 2020 级研究生。

基金项目：本文系 2018 年度江苏省社会科学项目“准公共文化服务空间视角下江苏城市书店发展研究”（编号：18TQC003）、2019 年度江苏省文化与旅游厅文化科研课题一般项目“日常生活审美化视角下书店转型观光景点之发展策略”（项目编号：19YB22）阶段性成果。

The Spatial Planning and Consumption Significance Construction of Physical Bookstores from the Perspective of Co-Opetition Theory

Lee Yuching, You Jiali, Zhu Di
(Nanjing University of Aeronautics and Astronautics College of Arts, Nanjing, 211106)

Abstract: The development of network and logistics makes the book-selling function of physical bookstores gradually replaced by online bookstores. However, physical bookstores still have their necessity in the contemporary consumer society, merely their functions and meanings have changed with the transition of the times and Internet trend. Physical bookstores have changed from a simple book-selling function space to a pursuit of a beautiful life experience space under the impact of the Internet. For customers, the meaning of physical bookstores has changed from buying books to tourism. Therefore, it is necessary to put forward new research ideas on spatial planning of physical bookstores under the background of their spatial function and meaning conversion. This article bases on the Co-Opetition Theory proposed by Adam M. Brandenburger and Barry J. Nalebuff, and through field investigations to study the urban physical bookstore space planning in Paris, Florence, Nanjing, and Taiwan, meanwhile takes cases study method to discuss the internal and external planning of well-known bookstores at home and abroad. Through the above two methods, the research explores how the representative bookstores' layout of these cities to seek economic complementarity and consumer experience by internal and external space planning.

Key words: Co-Opetition Theory; Physical Bookstore; Spatial Planning; Significance Consumption

一、研究背景与问题

网络时代，面临网络书店的兴起、读者购书行为的转变，再加上承受其他新兴数字媒体的多重竞争压力，实体书店面临巨大的生存危机。根据《中国图书零售市场半年度数据报告（2018）》，2018 年上半年，实体书店市场出现负增长，为 -2.93%；网上书店的增幅较大，2019 年上半年的增速略有回落，但仍保持在 20% 以上。[①] 随着网络信息技术发展越来越迅速，人们的消费模式发生了巨大转变，这种转变也切实影响了实体书店的地位。

在国家政策方面，2016 年中宣部等 11 个部门联合印发了《关于支持实体书店发展的指导意见》，正是基于当时实体书店创新经营需求的急迫性。2015 年，国家新闻出版广电总局在《关于推动传统出版和新兴出版融合发展的指导意见》中指出，要进一步加强实体书店建设，努力将实体书店建设成集阅读学习、展示交流、聚会休闲、文化创意等功能于一身的复合式文化消费场所。[②] 上述两项政策显示，实体书店必须重新在消费社会中找到立足点，改变经营的策略与思路。传统书店的空间功能转变是关键，即从单纯的图书销售空间，转变为具有讲座、餐饮等社交功能的复合式经营空间；从满足消费者的购书需求，转变为满足消费者的美好生活体验需求。

在学术界方面，“以书店 + 空间”为搜索关键词，根据中国知网统计共有 77 篇文章，其中 2017 年 11 篇、2018 年 22 篇、2019 年 23 篇。该数据显示，越来越多的学者开始探讨书店空间规划与复合式经营模式。刘燕从目标人群的选择、服务的提升、活动的设计、空间的改造及地点的选择等方面探求实体书店融入文化旅游的发展路径[③]，使书店不仅仅是一个卖书的地方，也是卖书店体验和感觉的地方。[④] 李彪认为只有通过打造良好的阅读体验，重新建构阅读场景，形成内容—空间关系全接触点营销，实体书店才能获得更好的生存和发展空间。[⑤] 周晓艳认为“新”实体书店应将文化与美学相融合，为消费者创造良好的感知体验环境，充分体现人文精神。[⑥] 蔡静诚则从消费视角提出独立书店只有顺应大都市生活与消费文化向协同化、符号化、感性化的转变，才能获得成功。

---

① 北京开卷 . 中国图书零售市场半年度数据报告（2018）（2018-12-04）［2019-11-16］.http：//www.360doc.com/content/18/1204/21/49000887_799339568.shtml.

② 国家新闻出版广电总局，中华人民共和国财政部 . 关于推动传统出版和新兴出版融合发展的指导意见［EB/OL］.（2015-03-31）［2019-11-16］. http：//www.gapp.gov.cn/news/1663/248321.shtml.

③ 刘燕 . 产业融合背景下实体书店融入文化旅游路径［J］. 中国出版，2018（17）：10-13.

④ Steiner，Ann. *Select，Display，and Sell：Curation Practices in the Bookshop. Logos Journal of the World Publishing Community*，2017，28（4）：pp.18-31.

⑤ 李彪 . 体验营销视域下独立书店定制化经营模式研究：以北京地区三家独立书店为例［J］. 中国出版，2017（21）：20-25.

⑥ 周晓艳 . 文化 + 美学：实体书店融合发展的新趋势［J］. 科技与出版，2017（7）：24-28.

上述研究虽皆探讨实体书店转型为复合文化空间的发展方式，但仍存在一些不足。其一，多数文章都以进行案例介绍为主，并未在理论的基础上分析并梳理实体书店空间规划的成功因素，因而难以整合出完整的实践逻辑。其二，多数研究书店空间的视角仅停留在书店内部空间的规划上，没有从宏观视角探讨书店选址因素及其与周边环境的协同关系。本文援引竞合理论，从实体书店的空间竞合与互补性分析当今成功实体书店的内部空间规划与外部空间选址考量，进而归纳出一套系统化的实体书店内外部空间规划，并回答实体书店如何通过竞合关系扩大营利范畴与提升空间的体验价值等问题。

二、研究理论基础与实体书店空间规划应用

（一）竞合理论

根据竞合理论定义，若商业是一场赛局，那么参与者除了顾客、供货商、竞争者，还要再加上提供互补性产品或服务的人。这四者扮演的角色密不可分，有时候一个参与者可以同时扮演多种角色。如果顾客喜欢并同时拥有你的产品与另一位参与者的产品，胜过单独拥有你的产品，那么另一位参与者就是你的互补者。[①]一项产品或服务只要能让另一项产品或服务更有吸引力，前者就是后者的互补品，如热狗与芥末酱、汽车与汽车贷款、电视与录影机……[②]互补品的概念是与众不同的商业思维，重点是找出把饼做大的方法，而不是执着于和竞争者争夺大小固定的饼。你要思考如何开发新的互补品，或是让消费者买得起现有的互补品，从而把市场做大。[③]在网络书店的冲击下，消费者纷纷改变购书习惯，实体书店的售书功能渐渐被网络书店取代。实体书店与网络书店最大的差异在于实体书店能提供给消费者不同于网络书店的空间体验价值。因此，面临数字时代的挑战，实体书店转变为空间消费与体验成为必然。本文即以竞合理论为研究框架，探讨当今商业化比较成功的实体书店如何通过内外部空间规划的互补效应，提升实体书店的空间消费与体验价值，扩大书店市场的商业营收领域。

---

① 亚当·布兰登柏格，贝利·奈勒波夫．竞合策略［M］．黄婉华，冯勃翰，译．中国台北：云梦千里出版社，2015：40-46.

② 亚当·布兰登柏格，贝利·奈勒波夫．竞合策略［M］．黄婉华，冯勃翰，译．中国台北：云梦千里出版社，2015：32.

③ 亚当·布兰登柏格，贝利·奈勒波夫．竞合策略［M］．黄婉华，冯勃翰，译．中国台北：云梦千里出版社，2015：35.

（二）竞合理论在实体书店空间规划的应用

此节以竞合理论为框架，结合当今实体书店的内外部空间规划手段，梳理实体书店的内外部互补者，探究实体书店如何通过空间规划提升消费者的到访意愿与消费需求，进而在数字时代背景下提升并多元化实体书店的盈利。竞合理论模型下的实体书店空间规划价值网如图1所示

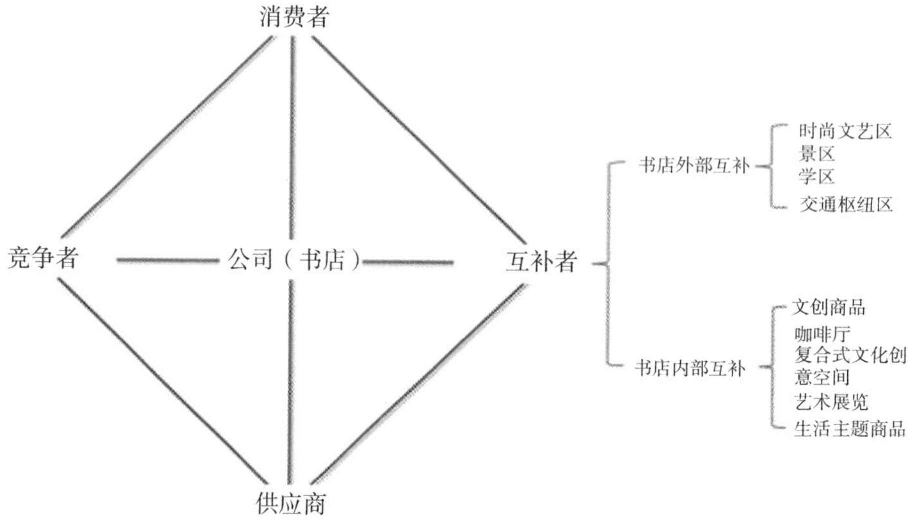

图1　竞合理论模型下的实体书店空间规划价值网

首先，从书店的选址分析实体书店外部空间规划的互补性效应。书店外部空间通过选址策略，可借由时尚艺文区、景区、学区、交通枢纽区等区域特性与人口特质进行勾连，寻求外部空间规划的互补性，提升书店到访的人流量。其次，在实体书店的空间内部规划的互补方面，当前成功商业化的书店空间规划通常以文创商品、咖啡厅、复合式文化创意空间、艺术展览与生活主题商品的策划陈列等方式，增强实体书店的内部空间互补性，增添实体书店的消费选择，同时提升书籍的销售量。本文即通过上述逻辑，以竞合理论为研究框架，分析书店空间如何通过该理论的指导寻求商业上的互补效应，并扩大营利方式，提升空间的消费与体验价值。

三、外部竞合的实体书店规划

（一）时尚文艺休闲区书店：主题特征与文艺休闲的互补性

1. LES MOTS A LA BOUCHE：法国巴黎玛黑区的特性书店

法国巴黎玛黑区位于塞纳河右岸。作为著名的同性恋聚集地，该区传播的文化本身便具有一定的特殊性，因此出现了许多特性书店。以 LES MOTS A LA BOUCHE 为例，该书店位于文化中心附近（见图 2），其深蓝色外观简洁大气，在各色店面云集的街道上既不显眼也不平庸。入口是欧洲店面常用的单扇门，门口玻璃上贴有宣传图。书店内部较为宽敞，规模比起街边的私人书店偏大，搭配暖黄灯光，给人以岁月静好之感。店员皆为同性恋者，他们在看完店内书籍之余，还会将自身感悟写在纸条上，贴在封皮上，以方便后来的访客翻看交流。

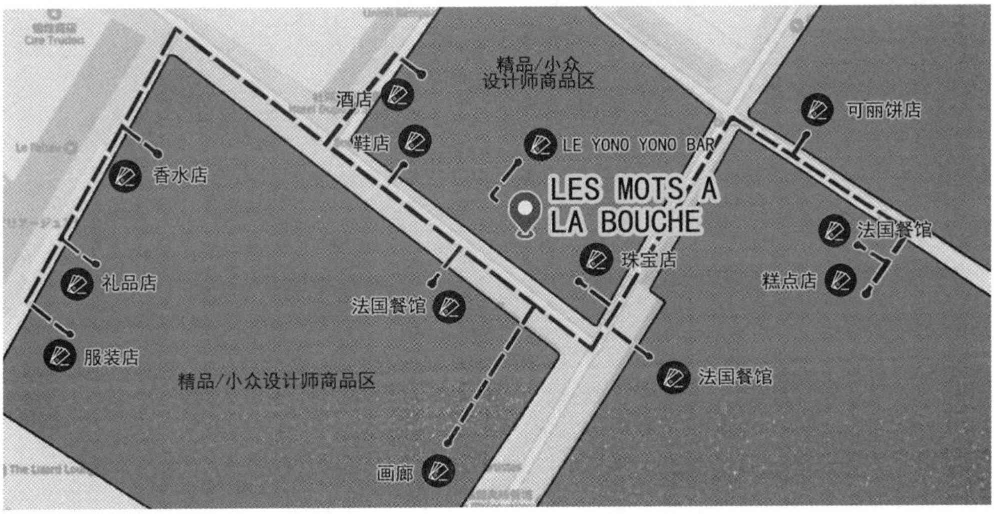

图 2　LES MOTS A LA BOUCHE 书店选址周边区域特征

因为 LES MOTS A LA BOUCHE 处于商业区，周边充斥着各种精品店、餐馆与酒吧。白天，书店（图 3）安安静静地立在阳光下，混迹于各色店面之间，与门口的彩虹旗帜交相辉映；夜晚，精品店、服装店纷纷关门，只留下精美的展示橱窗。静谧的书店与喧闹的酒吧距离不远，却恍若两个世界。书店与周边的酒吧产生了互补效应。消费者可以选择去灯红酒绿的酒吧释放激情，也可以选择去温馨的书店翻看书籍。如若选择后者，还能与店员交流感受心得（见图 4），在夜晚逃避喧嚣的同时

图 3　书店所列的图书

图 4　读者与店员心得留言

也免受孤独侵扰。这种选择能够更好地留住消费者，不论他们最后选择去哪里，都能为该地区的商业发展做出贡献。比起如今许多单纯具有售书功能的实体书店，巴黎玛黑区的同志书店则有很强的多功能性，该书店与同性酒吧相对而立，一静一动，都会为了吸纳更多的访客而不断提升自己的服务态度与商业价值。与此同时，由于酒吧和书店的属性互补，在相互竞争的背景下也能促使访客在二者之间流动，即在一方疲累后可以选择去另一方休整，实现状态的循环恢复，从而达到二者共同发展的目的。

2. 巴黎 Ofr 书店：周边艺文特区与小众设计店的驱动力

1969 年，巴黎玛黑区成为第一个保护区，它不仅是著名的同性恋活动区，还是艺术家和艺术爱好者的聚集地，拥有许多博物馆、美术馆与历史遗迹，Ofr 书店应运而生。

如图 5 所示，Ofr 书店周边大多为文化区、服装店等。书店距离文化中心不远，与雕塑馆仅仅一巷之隔，还在旁边开设了一家 Ofr 主题美术馆，形成了艺文群聚特

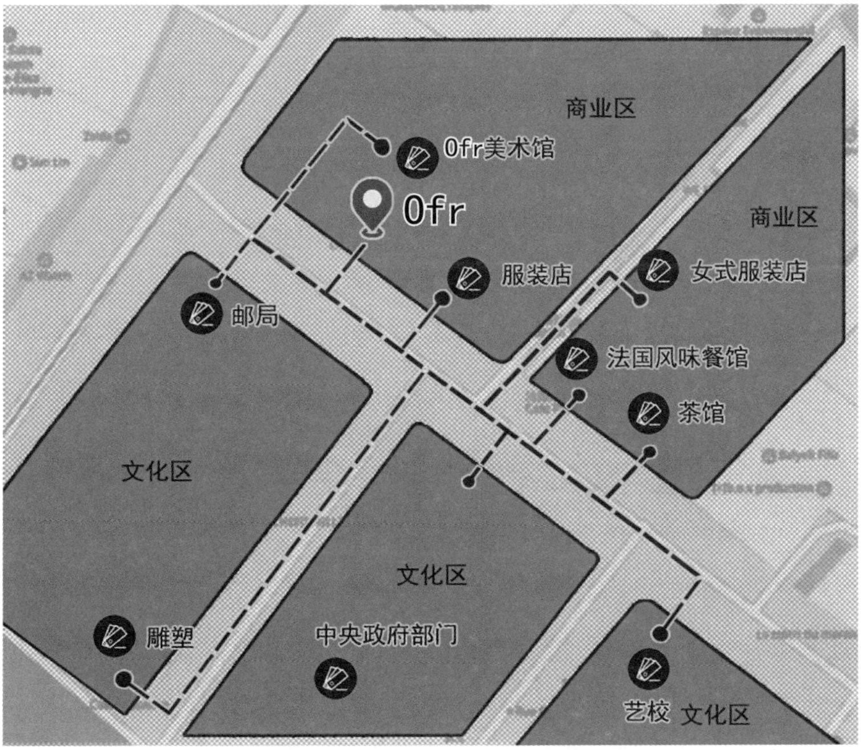

图 5　Ofr 书店周边区域特征

征。玛黑区作为巴黎的时髦前卫区域，每一条街巷都隐藏着大量咖啡馆、画廊、服饰店。不论是画作、艺术品，还是家居用品、小众精品设计，都映照着艺术与典雅。诞生、成长于此的Ofr书店，根据周围环境的共性特征，基于访客的需要，塑造了属于自己的风格。Ofr书店主要针对对艺术有强烈追求的特定人群，如艺术家、艺术爱好者、艺术职业、服装设计需求者，同时也吸引了慕名而来的猎奇游客。此外，Ofr书店将选书定位聚焦于服饰设计相关主题（见图6），这与其周边的小众精品设计与服装设计店面形成互补性，因而对服装设计感兴趣者便成为该书店的目标受众。目标受众进入Ofr书店后，通过服装设计相关书籍的涉略与选购，提升了对服装设计审美与相关知识的了解。在服装审美之外，又能以更专业的眼光欣赏周边店面设计师们的作品，在一定程度上强化了对于艺术美的认知深度。除了服装设计的互补性外，受周围文化环境的影响，对文艺展览慕名而来的游客常常迫切了解更多关于艺术的知识，因而也会自然而然地踏进Ofr书店这个贩售艺术与美相关知识的世界。周边的艺文展览与服饰精品设计是审美精神的释放，书店则是审美精神的提升与补充，它们之间存在着互补与相互促进的关系。

图6　Ofr服装设计主题选书

（二）景区书店：大量游客支持的景点型实体书店

1. 南京先锋书店（颐和书馆）：民国建筑群聚下的旅游人流量驱动

颐和书馆建于2015年，其内部分为三层，全透玻璃墙的外立面设计，从外可以看到店内矗立着许许多多的书架（见图7），书架上立着成千上万本书。特殊的地理位置使颐和书馆成为六条道路汇聚的焦点，也让访客不由自主地走进书海。

图7　全透玻璃墙内的书架

从选址角度来看（见图8），颐和书馆地处繁华路段，位于几条交通主干道的交会之处，其周边古树参天，背靠民国风建筑群。以颐和书馆为起点，游客可以选择顺着颐和路走到其位于南京市五台山的总店，路上遍览民国风情之景，有公馆故居，也有大使馆旧址和建筑风貌区，深入感受金陵之古韵。书店内部“顶天立地”的大书架上设立的民国专题图书区与外部区域的民国风情建筑群相应互补。书店通过书籍深入介绍了南京民国历史、文化、风土人情等内容，书店的民国建筑风格外观则对书籍中的民国文化内容加以视觉化的体现，彼此之间相互促进与呼应，使颐和书馆成为南京一张内外兼具的城市文化名片。

图 8　颐和书馆周边区域特征

2. 巴黎 GALIGNANI 书店：卢浮宫国际游客的驱动力

Librairie Galignani 是法国的第一家英文书店，建于 1801 年，古朴而庄重。该书店藏书丰富，主要经营各类英语书籍，内容涉及时尚、历史、文学、政治，甚至还有与各种品牌和珠宝相关的读物。由于位于卢浮宫旁，它吸引了大量国际观光客群，所以该书店虽然地处法国，却主打英文书籍的贩售，书店中近 90% 的书籍为英文图书，以迎合国际游客的需求。

如图 9 所示，Librairie Galignani 位于卢浮宫与巴黎大皇宫之间、奢侈品聚集地的边缘。游客们在卢浮宫或者皇宫游览完毕，往往会去中央的奢侈品街，从奢侈品街出来看到书店，被浮华和喧闹影响的心灵会不由自主地被引导。又或者部分访客直奔书店，在店内体验后再去周围景点也十分方便。书店往往是一座城市的文化符号，又因为其与著名景点之间的相互联系，而拥有可观的人流量，所以有足够的资金经营好内部空间，提升访客体验感，从而最终实现自身的商业价值。

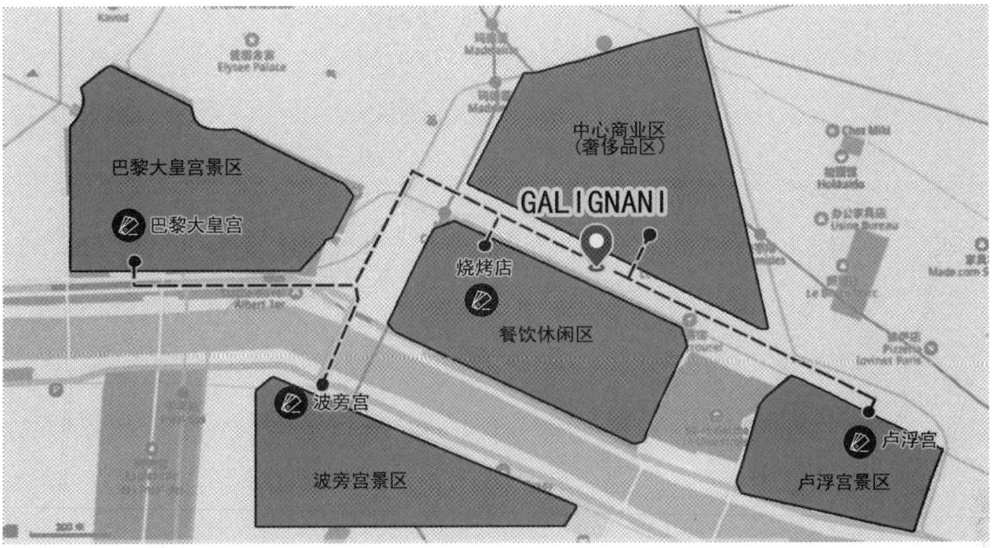

图 9 Librairie Galignani 周边区域特征

3. 巴黎莎士比亚书店：书店景点化与周边景点相融的双旅游因素驱动

莎士比亚书店曾被评为“世界上最美书店之一”。“一战”后，美国女孩西尔维亚开设了这家书店，当时书店主要出售英文书籍，使从英语国家来到巴黎的年轻作家与艺术家们有了心灵的归处。莎士比亚书店也因此成为毕加索、斯特拉文斯基、乔伊斯、海明威等艺文界名人常常聚会的地方。这些名人的象征价值随着岁月的积累赋予莎士比亚书店独特的魅力，使该书店自身也成为一道景点。如今的莎士比亚书店举世闻名，每日吸引无数海内外游客，早已不仅仅因为临近巴黎圣母院与塞纳河而闻名。

如图 10 所示，莎士比亚书店与塞纳河、巴黎圣母院共同形成了旅游景点群落。书店以景点的方式呈现，一方面吸引游客，另一方面也吸引阅读爱好者，以实现在商业方面的长足进步。书店临近巴黎圣母院这样的著名景点，一些参观后感到疲累的游客可以到书店中休息体悟，自然而然地提升了书店的人流量，也提升了书店的空间体验性，从而达到了宣传的目的，使书店更具消费价值。

（三）学区书店：针对性强的学术型实体书店

1. 南京先锋书店（五台山店）：学术与城市文化地标的交融

先锋书店（五台山店）位于一个由防空洞改造的地下停车场里，书店周围分布

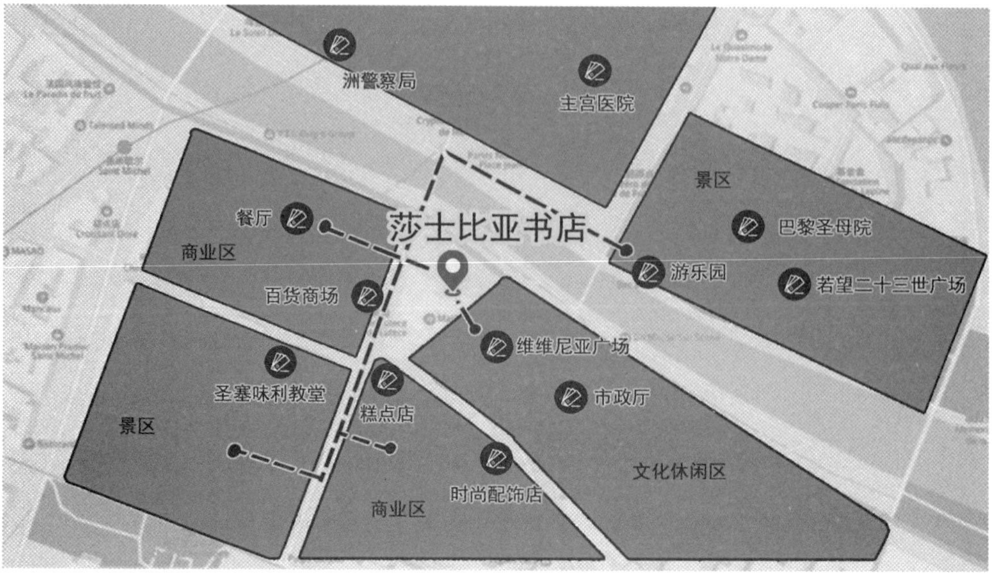

图 10　莎士比亚书店周边区域特征

着南京师范大学、南京大学、河海大学等高等院校（见图 11），交通极为便利，地处风流书香之地。由于靠近知名大学，先锋书店（五台山店）考虑到顾客受众多为学生，因而运用偏西式的简约设计，以黑白色调为主，内部配有咖啡馆和小沙发供访客休息阅读，营造出既安静又学术的氛围，非常符合大学生们的欣赏品位。环境达

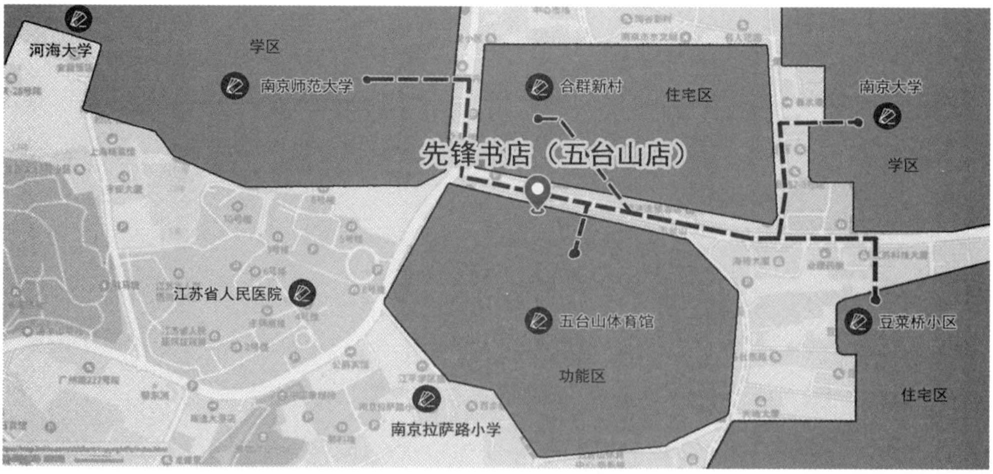

图 11　先锋书店（五台山店）周边区域特征

到了，店内经营的大部分书籍也很符合学生的需要。如图 12 所示，五台山书店选书聚焦于人文社科类、历史、考古、教育、心理、文学理论等符合文科高等教育师生阅读特征的类型，所以自然而然地成为附近师生购书看书的最佳去处，也使师生对书店产生了强烈的认同感。书店与周边学区互相促进，学生从店内汲取的知识能为学校带来提升，由此，学校和师生对书店的认同感也逐渐加深。

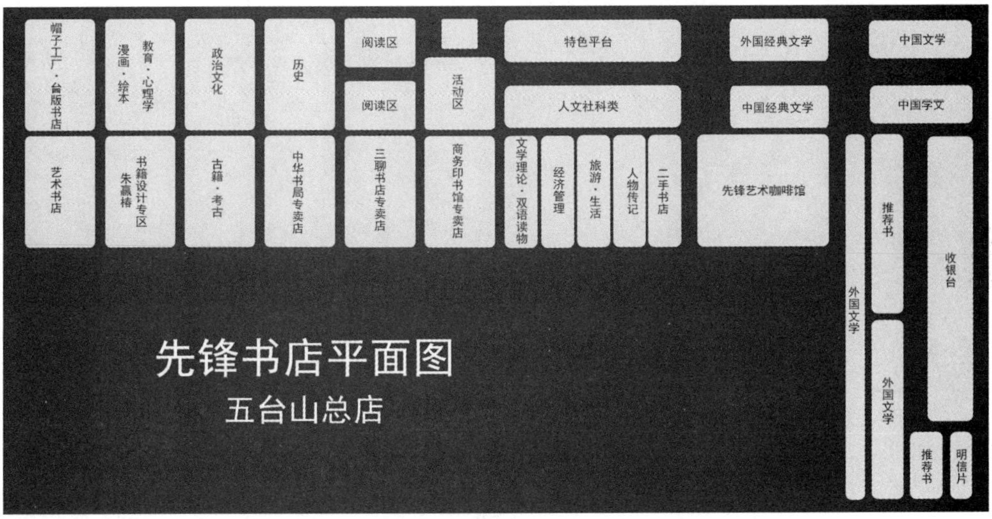

图 12　先锋书店（五台山店）选书特征

近年来，先锋书店（五台山店）已成为南京这座城市鲜明的文化符号，是游客不可错过的一处景点。该书店早已超越了一个学术型实体书店所具有的价值与作用，不仅成为一种精神、一种标志，还具有旅游观光价值，这也给如今很多实体书店的转型提供了参考（下节本文将进一步分析该书店的内部空间规划）。

2. 台北地区唐山书店：见证出版与学术思想史的书店

唐山书店从 1982 年创办至今已有 30 多年，见证了台湾地区出版事业从严控到解严、繁荣发展至今的历史，既是温罗汀的地标，也是台湾地区大多数书店的缩影。它位于台湾大学的西南位置（见图 13），深居地下与附近零星的书店形成书店群聚。唐山书店与中国台湾大学仅有两街之隔，近有各种公司与书社，远有中国台湾科技大学、中国台湾师范大学等高等院校，为一代又一代的学子提供各种学习资料。以学生、老师为主的明确受众，加上一些慕名而来想了解台湾地区文化的访客，是唐山书店的客源基础。根据客源特性，唐山书店以经营政治、经济与社科、文化类的专业书籍为主，加上一些历史、文学与艺术类，还收藏了很多老书。学区学子成就了唐山书店，唐山书店也给予学子最真挚的回应，二者走到如今，相互交融早已成为一体。

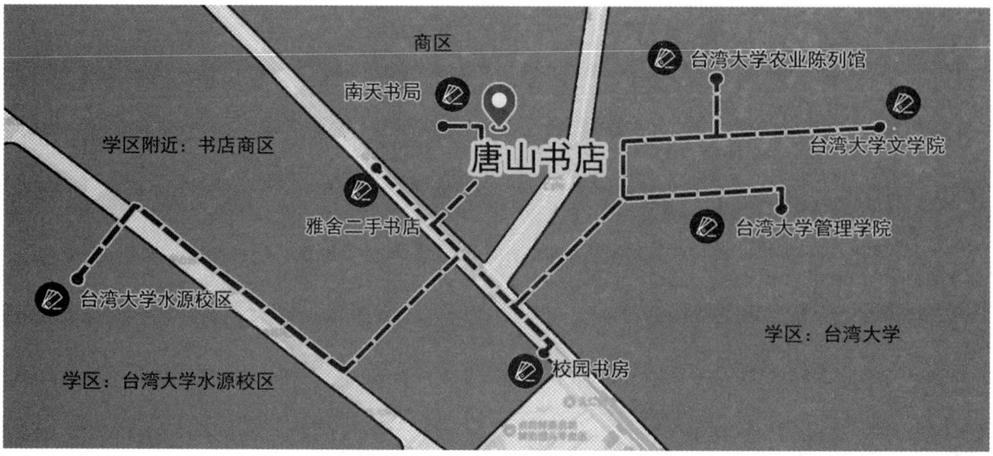

图 13　唐山书店周边区域特征

（四）市中心与交通枢纽区域：大众人流量的支撑

1. La Feltrinelli 连锁书店：市中心人流量的支撑

La Feltrinelli 连锁书店自 1957 年开业至今，已成为一家具有代表性的书店。从在比萨成立第一家书店开始，又相继在米兰、热那亚、博洛尼亚、佛罗伦萨与罗马等地开设了连锁店。如今，意大利已经拥有超过 120 家店面，每年接待客流超过 5 000 万。首席运营官 Alberto Rivolta 曾表示，“我们的书店是大都市与小城镇的文化中心，我们的实体店开在商场里，也开在交通枢纽（如火车站与飞机场）里。整个集团都与顾客们紧密相连，我们希望成为一个引导人们参与文化活动的中心”①。显而易见，大小城市的市中心与交通枢纽利用价值很高，因为这里是人流最高的几个区域。

如图 14 所示，在上百家连锁店中，位于佛罗伦萨市中心的 La Feltrinelli 旗舰店与佛罗伦萨市车站店是全意大利品类相对丰富的两家书店。这两家店的书籍品类齐

① 方所文化 . 阅读、美食与梦想 . 2017 成都国际书店论坛［EB/OL］.（2017-09-05）［2019-11-25］.http：//www.sohu.com/a/169763768_394924.

图 14　La Feltrinelli 连锁书店（佛罗伦萨店）周边区域特征

全，以契合市中心与交通枢纽区的各类民众的阅读需求。但店中没有过于深奥和学术的书籍，而是以休闲娱乐放松的书籍为主（见图 15），如漫画、旅游攻略或是符合大众学习需求的经管类与语言类的书籍。

图 15　La Feltrinelli 选书

2. 中国台湾桃园机场书店：旅客人流量的支撑

桃园国际机场距中国台北市中心 40 公里左右，是 4F 级民用机场，年旅客吞吐量达 2 200 万人次。位于桃园机场背侧面的机场书店占据地利，依靠机场每天庞大的人流量，构建出一个算不上特别大的小尺度消费空间。店内经营以杂志为主（见图 16），供旅客在旅途中短暂阅读。机场书店还提供政治人文、心理励志及商业财经等符合大众阅读审美需求的书籍，以满足庞大人流量的广泛阅读需求。对于地处机场一类大型交通枢纽的空间而言，提供各类大众需求或实用功能的选书逻辑更加重要，桃园机场书店正是契合了这一点，选择方便阅读的杂志进行售卖，并且提供符合大众阅读品位的高度适应性书籍以建构自身竞争力。

图 16　桃园机场选书

四、内部竞合的实体书店规划

（一）书店与文创商品互补的城市文化地标：南京先锋书店（五台山店）

由地下车库重建的南京先锋书店（五台山店）外观并不起眼，既没有明确的指引路标，也不够奢华，却被称为“中国最美书店”。它与传统书店的区别在于其功能的多元化。从功能来看，该书店以售书为基础，延伸出更多与书籍、文化相关的业务，如定期举办各种讲座、文学沙龙等，社会名流与严肃的教授都选择在这里开设讲座论坛，互相“论道”。针对书店除了卖书还可以增加哪些消费的问题，根据一份《实体书店市场调研问卷》的调查结果显示，62.8% 的作答者认为文化产品（如本、笔、信纸、明信片等）占比最高，其次是文化礼品，占 45.73%[①]，这些皆明显高于其他消费品类。南

① http：//www.wjx.cn/report/4445126.aspx.

京先锋书店（五台山店）敏锐地捕捉到了这一点，将书店与文创商品相结合，书本因为精致的文创商品而显得格外别致，文创商品因为有书卷气的熏陶更显人文气息。此外，该书店已经成为南京这座城市鲜明的文化符号，是游客不可错过的一处景点，文创商品展售空间的规划完全能够满足游客在旅游时的购买需求。因而，在文创商品展售区摆放着许多具有南京当地人文特色的小物件（见图 17），有印着总统府大门的手绘明信片、来自栖霞山的枫叶书签、刻着秦淮河沿岸美好风光的软木杯垫，甚至连南京人民口中的方言小昵称都被用来做成了精致的镀金胸针，并用精美的礼盒包装着。这些制作精良、包装别致的文创小物件，将书店自带的文艺气息与金陵城特有的悠久历史文化完美结合。文创用品不再简简单单只是商品，而是具有纪念意义与收藏价值的艺术品，而一本本整齐摞在这些精美文创商品旁边的书册，显得格外有设计感，沉静又有底蕴（见图 18），这使书店在分享自己故事的同时，也收获了来自陌生人的亲切问候。在南京先锋书店（五台山店）中，书店与文创商品相互促进、相互补充，书本因为文创用品更显精致，而文创用品因为书本提高了自身的文化品位。

图 17　文创商品售卖区

图 18　顾客留言的文创明信片

（二）书店与咖啡厅互补的学习场域：南京万象书坊

坐落于南京大学的万象书坊，是一家将墨香书本与醇香咖啡结合的书店。店内设有咖啡厅（见图 19），从饮品到甜点，种类丰富，是一个很好的能量补给站。咖啡与书店的结合是比较常见的方式，在书店中融入咖啡厅，就形成了新型书店。与其他传统只售书的书店或者图书馆不同，咖啡给整个书店空间带来了温度与开阔性，有效地改善了传统书店的单一性与封闭性；同时也活跃了书店气氛，使得书店内的环境不像图书馆那般严肃与压抑。有了咖啡厅的融入，书店的气氛更加活泼轻松，单独前来学习与阅读的顾客可以怀着更加放松的心情进行自主性学习，自由地挑选书本进行阅读，对知识吸收的效率也将得以提高。如果是一群好伙伴前来作学术探讨，也可以搭配甜点或咖啡进行，以活泼愉悦的氛围展开讨论，往往会有突破性的灵感迸发。美食的治愈能力是不可小觑的，人在面对美食时会处于最舒适与最放松的状态，而大脑在这样的状态下更容易闪现不可思议的奇思妙想。作为一家在南京大学旁具有很高舒适度的书店，顾客愿意二次消费的理由不言而喻，其目的不仅仅

图 19 万象书坊内的咖啡厅

在于读书，也不仅仅在于咖啡，而更在于消费这样的独特氛围。

万象书坊为南京大学及周边人士提供了一个学习阅读的空间（见图 20），店内的书本学术性较高，针对性强，让学者们可以潜心阅读和专注于科研；店内的咖啡、甜品等可以丰富受众的味蕾，作为其学习间隙的放松与能量补充。书店与咖啡厅是一种相辅相成的合作关系，两者相互促进、相互依托，无形中使万象书坊更长久地运营。

（三）书店与艺术展览互补的书店艺廊—— Ofr 书店

除了书店与咖啡的结合，还有书店与展览的结合。法国巴黎市中心的街头，共和国广场附近就有这么一家特立独行的艺术书店，被誉为巴黎最具现代艺术感、时尚感，并能引领潮流的书店——巴黎 Ofr 书店（见图 21）。Ofr 即是“Open”“ready”“free”的缩写，像橱窗上写的“Beautiful books and ideas”，书店门头写的“Librairie，Galerie”，言指这里不光是书店，同时也是艺廊，描述了这家书店的整体精神和所倡导的内涵。深色的门头朴实厚重，乍一看并不起眼，进入之

图 20　万象书坊阅览区

后才发现其整体风格简约，白色的墙面上挂了各种类型的装饰物、装饰画与艺术品，将画廊与书店融为一体。楼梯边的墙面上有访客留下的文字，书店深处甚至划分专门区域摆放雕塑，俨然一个小型展览馆，充满现代气息和时尚气息。店内售卖艺术主题的书籍和杂志，书本或铺或立，随意而不杂乱，简洁自由的气氛营造了艺术爱好者的天堂。

这里出售很多国际时尚杂志，包括当代艺术、建筑、平面设计等多个类别。该书店还收藏了近 10 万册的新书、二手书，是巴黎许多文学爱好者的聚集地，也是法国地区独立出版物和书店的代表，还出版自己的图书、杂志、唱片和时装。除此之外，这里不仅是一家书店，更像是一个先锋艺术的展示厅。展厅和书店融合在一起，平常还有许多当代艺术家在这里举办画展和诗会，每次都会有许多顾客前来观赏与学习（见图 22）。在这里办展的每一个艺术家都会在书店特意留给他们的墙上签下自己的名字，极具神圣感与仪式感，既是书店对他们的认同，也是顾客对他们的赞赏。他们的作品被展览在书店内的一个展厅里，不再像书本那样略显单薄地、平面二维地展现作者的理念，而是以更加直观、立体、可视可触的形式，如雕塑、原画作等，让前来的顾客真切地体会与感受。书店与展览的结合，将理论知识拔到更高的高度。作者想要表达与抒发的理念，通过展览这种直接具体的形式输送给顾客，具体可触的艺术品往往更具冲击性与“侵略性”。顾客在书本上很难感受到气场，在展览现场则能充分体会到。展览使书本的知识不再抽象难懂，也使书中的理念得以更全面地传达。

图 21　Ofr 书店的门面

图 22　Ofr 参展艺术家签名墙

实体书店是连接人与人、人与书、人与书店的文创空间，它的独特魅力在于提供各种阅读的场景及面对面交流与分享的机会。在这里，精神分享才是书店黏性的本质。[①] Ofr 书店的成功性就在于它的“品牌性”和“主题性”。它的经营理念，不再只执着于“卖书”，而是以书店结合艺廊的形式，创造出一个时尚艺术类主题化的场所。店家十分用心地收集与时尚、艺术有关的一切，再通过书店的形式向外输出，为使输出更具体，还有时尚单品、自创品牌及合作的展览、艺文活动会等来加分。这里的情景、产品、体验等一切细节，都能触动每一位前来感受和学习的顾客。

① 三石．书店革命［M］．哈尔滨：黑龙江教育出版社，2016：92.

（四）书籍与生活主题商品的互补陈设展示：茑屋书店

“书店销售的不是书籍本身，而是书中呈现的生活状态。”[①] 茑屋书店创始人增田宗昭先生秉持着这样的理念，创办了独树一帜的复合类书店——茑屋书店。在这个理念下，茑屋书店的书籍分类与展示方式的主题与一般书店存在很大的差异性。书店以主题的形式展示书籍，并配合书籍内容陈列相关商品。如图 23 所示，在香气主题专栏，不仅有丰富的香气主题书籍，如香气植物百科、气味情绪等，还放置了不同种类的气味，如生活中常见的香气、令人舒服的香气等。顾客不仅可以从略显空洞和苍白的书本文字上了解香气，还能从嗅觉上更直接、更具体地体会到“何为香气”。同样，如图 24 所示，在美容主题专栏，在专业的美容美妆书籍旁边，各种护肤品、彩妆用品一一排列，从护肤的步骤图到彩妆的化妆刷，都根据书本上的描述放置得井井有条，使得顾客在知晓理论知识的同时，还能从视觉触觉上进一步了解美容知识。

图 23　香气类图书与香气商品互补陈设

① 增田宗昭 . 知的资本论［M］. 骆香雅，译 . 中国台北：远见天下文化出版社，2017：62.

图 24　美容类图书与保养化妆品互补陈设

茑屋书店将相关性的商品都摆放在一起，将你在书中看到的商品摆在书本旁边，使你看得见，摸得着。这样一来，一是便利了相关产品的易得性，当顾客从书本中了解了商品并产生好奇和喜爱想购买的时候，就可以直接从旁边的展示架上买走商品，不需要再另外寻找购买途径；二是当顾客在书店中看到了吸引他们的商品，想深入了解时，就可以方便地拿到相关书本获取知识，通过书本而非广告促使交易自然而然地发生。书店多角度、多方面地展示商品，多元化的销售品，极大地方便了顾客，最大限度上满足了顾客的需求。这样的陈设方式使书籍与商品相互促进，书本因为商品而直观具体，商品因为书本而获得诠释，从而提高了彼此的购买率。

茑屋书店最贴心的地方莫过于一切从顾客的角度出发，真实地了解到顾客单纯看书本上的文字产生的困惑与迷茫，所以给每一类书本都配备了真实有趣的商品作为参考，使书本与物品相辅相成。顾客在阅读完书本上的知识后，还可以通过物品更加具体直观地认知。书店不仅仅停留在售卖书本或者是理论知识上，而是真正教会人们如何拥有高品质的舒适生活，如何将日常生活美学化，这也是人们日益追求的。费瑟斯通过研究发现，日常生活的美学化让审美体验在知识、体验和生活意义中占据了主导地位，这恰恰与大都市消费者的审美理念相契合。[①]茑屋书店的所作所为，与现代社会人们追求高品质精致生活的潮流趋势不谋而合。

（五）书店与多元文化创意空间的互补——广州方所书店

现在，立于街头的各个实体书店不再是简单的图书购买空间，而被赋予“意义”“价值”“信仰”“社区”等元素。书店由单一空间转为多维空间，向文化综合体发展，代表着一种独特的生活方式和状态。

在方所书店中，就蕴藏着这样一家文化再生产的创意空间。方所在物理空间设计上一直强调自己并不是传统的书店，而是“一个阅读的殿堂”，是涵盖了各种生活空间的集合体（见图 25）。

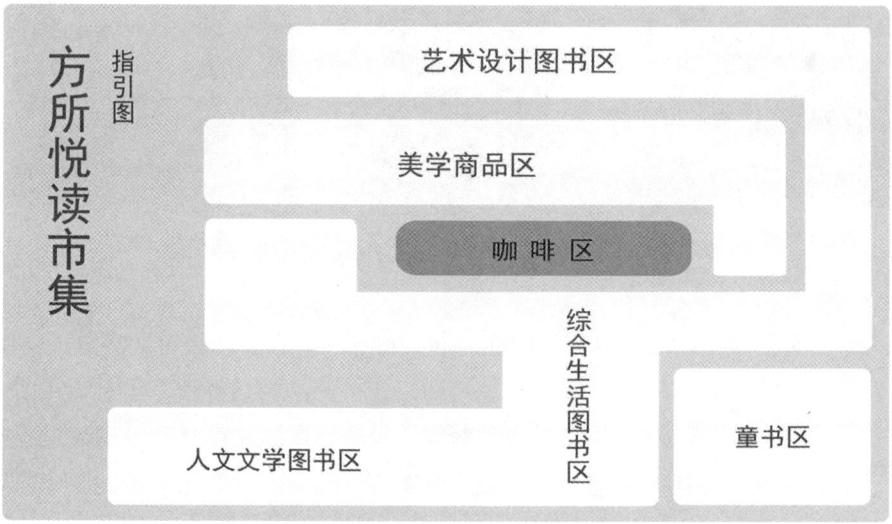

图 25　方所书店功能平面图

方所虽然是一家实体书店，但一直以公共文化空间策划者定位自己，涉及文化生活的各个方面——阅读、生活、设计、儿童、时尚等。通过多维空间的叠加，方所从传统维度的单纯书店升级为一种精神空间。由于不同产业、不同顾客人群的互动，方所空间建构了新的社会关系，进而成长为“社会空间”。[②]空间如果只有一个

① Featherstone Milk. *Consumer Culture and Post modernism* [M]. London: Sage, 1991.

② 李彪. 实体书店多维空间创新实践：以方所成都店为例 [J]. 北京：装饰杂志出版社，2018：95-97.

维度和一个功能便会失去生命力，传统书店以“销售”为主导功能，因而属于封闭与静态的空间。相比之下，方所的空间设计强调的是开放与流动，可以与消费者进行互动，在互动中又重构了空间，创造了全新的意义空间。

随着社交媒体的兴起，人类社会重归部落化，方所书店提供了大量针对不同兴趣的创意空间，各种喜好相投的消费群体在这里聚集。一方面，通过书本与各个空间的组合，将喜爱某一种类书本和文化的人群集合在这里进行阅读与交流，形成独特的文化圈；另一方面，人们在互相学习与交流后产生新的思维碰撞，无形中造就了新的创意空间，吸引了更多志趣相投的顾客前来，又促进书店进一步开拓与发展。

结　语

在互联网给大众消费带来的巨大冲击下，实体书店在当代文化消费中的地位正逐渐被网络书店取代。然而，实体书店与网络书店是一个向量不同的世界，实体书店拥有即时性（比如，随手可得的24小时便利店）、直接性（比如，规模庞大的购物中心）、舒适性（所在环境的刻意营造），而网络作为一种媒介则不会考量这些因素。[①]因此，实体书店在艰难的生存环境下，正从原有的销售功能空间逐渐转型为休闲体验空间。实体书店业主正通过举办讲座、提供餐饮服务、打造网红景点等方式，试图营造多元化的文化空间，从而迎合消费者需求的转变，以参与激烈的市场竞争。

竞合理论作为一种现代企业为适应多变的环境而提出的新型战略理论，为本研究提供了重要的理论支撑和研究框架。通过对国内外十多家实体书店外部选址和内部设计策略的分析，进而梳理出一套系统化的实体书店内外部空间规划逻辑，并回答了实体书店如何通过竞合关系扩大营利范畴与提升空间的体验价值等问题，使得书店不仅仅是书店，不只有陈列的书籍和单一的黑白文字，而是达到了更高层次的全面感知；通过书本与其他元素的结合，在空间内形成一种既竞争又合作的商业关系，在为顾客提供优美舒适的环境的同时，也能促进书店持续行进发展。

从外部竞合互补方面，可以看出实体书店普遍借由时尚艺文区、景区、学区、交通枢纽区等区域特性与人口特质进行扣连，寻求外部空间规划的互补性，增加书店的人流量。从内部竞合互补方面，“体验式空间”的营造同样是实体书店参与市场

① 增田宗昭．知的资本论［M］．骆香雅，译．中国台北：远见天下文化出版社，2017：91.

竞争不可或缺的元素，通过与文创用品、咖啡厅、艺术展览、生活主题商品，以及创意空间的互补，以迎合人们日益追求的自我价值实现，满足人们拥有高品质健康生活的意愿。同时，外部选址和内部设计同样是高度互补的，目的在于通过全方位的环境设计，更好地为顾客构建契合主题的体验空间。

参考文献

［1］北京开卷．中国图书零售市场半年度数据报告（2018）［R］．(2018-12-04)［2019-11-16］.http：//www.360doc.com/content/18/1204/21/49000887_799339568.shtml.

［2］国家新闻出版广电总局，中华人民共和国财政部．关于推动传统出版和新兴出版融合发展的指导意见［R］．(2015-03-31)［2019-11-16］．http：//www.gapp.gov.cn/news/1663/248321.shtml.

［3］刘燕．产业融合背景下实体书店融入文化旅游路径［J］．中国出版．

［4］Steiner，Ann，*Select*，*Display and Sell*：*Curation practices in the bookshop*，*Logos Journal of the World Publishing Community*［J］．2017，28（4）．

［5］李彪．体验营销视域下独立书店定制化经营模式研究：以北京地区三家独立书店为例［J］．中国出版．

［6］周晓艳．文化＋美学：实体书店融合发展的新趋势［J］．科技与出版．

［7］亚当·布兰登柏格，贝利·奈勒波夫．竞合策略［M］．黄婉华，冯勃翰，译．台北：云梦千里出版社．

［8］方所文化．阅读、美食与梦想．2017成都国际书店论坛［EB/OL］．(2017-09-05)［2019-11-25］.http：//www.sohu.com/a/169763768_394924.

［9］http：//www.wjx.cn/report/4445126.aspx［EB/OL］．

［10］三石．书店革命［M］．哈尔滨：黑龙江教育出版社．

［11］增田宗昭．知的资本论［M］．骆香雅，译．中国台北：远见天下文化出版社．

［12］Featherstone Milk. *Consumer Culture and Post modernism*［M］．London：Sage，1991.

［13］李彪．实体书店多维空间创新实践：以方所成都店为例［J］．北京：装饰杂志出版社．

［14］增田宗昭．知的资本论［M］．骆香雅，译．中国台北：远见天下文化出版社．

原真性视角下新型阅读空间的价值提升

——以北京市新型阅读空间建设为例

黄柯梦　　李尽沙 ①

（北京大学艺术学院，北京，100871）

【内容提要】 独立书店渐渐成为城市的文化高地、精神地标及文化符号，引领文化建设，促进了城市生活幸福度和城镇化品质的提升。消费者对于独立书店的体验需求渐渐转向对体验原真性的需求。随着城市旅游观光逐渐兴起，北京市政府对于独立书店的支持及繁荣夜间经济政策的实行，使传统阅读空间面临危机，迫切需要转型与更新。通过对北京市17家新型阅读空间的分析，将新型阅读空间的经营路径归为书籍、空间、文创商品、主题、文化活动、连锁品牌、旅游观光、生活方式和文化地标9种方式，每一种路径均有对应的原真性要素需求。新型阅读空间可以通过打造原真性的方式，建构以书籍品质为核心的自然原真性、以创意设计为核心的原创原真性、以服务体验为核心的附加原真性、以唤醒回忆为核心的延伸原真性及以价值认同为核心的影响原真性。通过打造基础原真性和提升原真性，促进参与、激发情感、唤醒回忆，最终形成长久记忆，达成自我认知，获得意义满足与价值认同。通过原真性的捏造，提出了回归书本的倡议，满足了顾客真实存在的个性诉求及差异化归属，促进了公共阅读空间的活化，形成了城市文化的多元化表达。

【关键词】 原真性；打造原真性；新型阅读空间；独立书店；文化共享

---

① 【作者简介】黄柯梦，女，北京大学艺术学院创意制片与文化产业方向硕士研究生，主要研究方向为独立书店建设及品牌塑造；李尽沙，男，北京大学艺术学院艺术理论系艺术管理与文化产业方向博士研究生。

The Value Promotion of the New Reading Space from the Perspective of Authenticity

——Take the New Reading Spaces in Beijing as Examples

Huang Kemeng, Li Jinsha

(School of Arts, Peking University, Beijing, 100871)

Abstract: Independent bookstores are becoming gradually the cultural highland, spiritual landmark and cultural symbol of the city, leading the cultural construction, promoting the accumulation of urban life happiness and improving urbanization quality. Consumers' demand for experience in independent bookstore is increasingly turning to the demand for the experience of authenticity. With the gradual rise of urban tourism, Beijing government's support for independent bookstores and the implementation of the booming night economy policy, the traditional reading spaces are facing crises. So their transformation and renewal are crucial. Through the analysis of seventeen new reading spaces in Beijing, the building paths of new reading spaces are classified into nine ways: books, spaces, cultural and creative commodities, themes, cultural activities, chain brands, tourism, lifestyle and cultural landmarks. There are five ways for new reading space to fabricate authenticity. The first is to construct the natural authenticity with qualified books—the core of bookstores. The second is the original authenticity with culture creation as the core. The third is exceptional authenticity centered on service experience. The forth is the referential authenticity with blast from the past as the core and the fifth is influential authenticity with value identification as the core. Through fabricating the basic and the enhancing factors of authenticity, participation is promoted, emotions and memories are aroused, eventually long-term memory formed, self-recognition achieved, and meaning satisfaction and value recognition are obtained. Through the fabrication of authenticity, the initiative of returning to books are promoted. The demand of customers' real personality and differentiated attributions are satisfied. The activation of public reading space is promoted, and the diversified expression of urban culture is formed.

Key words: Authenticity; Fabricating Authenticity; New Reading Space; Independent Bookstore; Sharing Culture

一、阅读文化的颠覆与重组

（一）城市发展脉络的需要

日本学者驮田井正提出，人们生活的丰富度 = 文化力 * 经济力。文化力是指物质财富创造幸福的能力经济力是指创造物质财富的能力。随着城市的发展和城市化进程的加速，经济水平持续提升，大力进行土地开发、工业建设、基础设施建设、公共交通建设，经济力已经达到较高水平。城市生活幸福度的积累和城镇化品质的提升更多地依赖文化力的积累：文化设施的建设、文化服务的优化、文化精神的培育、文化生活的丰富。

独立书店渐渐成为城市的文化高地、精神地标和文化符号，彰显着城市品位，积累了文化底蕴，捍卫了阅读习惯，营造了阅读气氛，在塑造城市文化形象、促进公共文化服务中起着重要作用。北京市政府高度重视实体书店的发展，通过政策支持、资金补贴，“像支持‘菜店’那样支持实体书店”①。2018 年 7 月，北京市政府出台了《关于支持独立书店发展的实施意见》，意见指出，北京市将把独立书店纳入首都国民经济和社会发展规划，以大型书店为骨干，打造一区一书城的综合文化体验中心；以特色书店为依托，打造重点街区标志性文化品牌；以社区书店为抓手，打造 15 分钟公共阅读服务体系。

自 2016 年实施实体书店扶持政策以来，北京每年投入 1 800 万元扶持实体书店。“2018 年北京市实体书店扶持资金相比 2017 年增长近 3 倍，共有 151 家实体书店获得总计 5 000 万元的专项资金扶持。”②“2019 年，北京市共有 239 家书店获得实体书店项目扶持……扶持资金共计近 1 亿元。”其中，“房租成本”补贴是重中之重，共计 5 300 余万元，比 2018 年增加 30%。共有 143 家书店获得房租补贴，补贴金额占入围书店核定房租成本的近 60%。截至 2019 年 9 月底，北京市实体书店增加了 285 家，同比增长 28.1%。③

① “北京市支持实体书店发展政策”新闻发布会 . 首都之窗，2018-7-17. http：//www.beijing.gov.cn/shipin/szfxwfbh/16149.html.

② 1 亿元！北京 2019 年大力扶持实体书店 . 北京日报客户端，2018-12-19. https：//baijiahao.baidu.com/s?id=1620282196066327305&wfr=spider&for=pc.

③ 北京 239 家实体书店获得近 1 亿元资金扶持 . 新华网，2019-11-23. http：//www.xinhuanet.com//local/2019-11/23/c_1125266446.htm.

全民阅读已经成为市民文化素养提升、城市文化底蕴积累、城市公共文化精神建设的方针。书香中国·北京阅读季自2012年至今已举办8届，通过开展群众性阅读活动，整合全市阅读资源，开展了数百场文化活动，评选“最北京”实体书店，成为全民阅读品牌。《中华人民共和国国民经济和社会发展第十三个五年规划纲要》指出，要将全民阅读提升到国家战略高度。《国家新闻出版广电总局关于开展2018年全民阅读工作的通知》也指出，要加快构建全民阅读推广服务体系，扎实推动新时代全民阅读工作更加快速、更加深入、更加全面、更加科学地发展。

传统的独立书店、传统阅读空间已经难以满足北京市“文化中心”的功能定位，难以满足北京城市发展脉络、城市文化建设的需要，需要向阅读空间特色化、经营分工专业化转型，建立新型阅读空间，赋予价值，寄托情感，营造气氛，成为在地居民补充精神食粮、平抚劳累、放松休憩及共建美好生活的精神家园。

（二）传统阅读空间面临危机

传统阅读空间是指提供书籍借阅、零售服务的主体提供给阅读者阅读、购买书籍的图书馆、阅读角、独立书店等实体区域，其有如下特征：摆放未经精挑细选的书籍；环境普通；缺乏特定主题；经营理念、经营方式比较单一；较少考虑与读者的互动交流。

由于难以满足城市发展的需要和受众的阅读需求，传统阅读空间面临着不同程度的发展危机。根据《2018年中国图书零售市场报告》，2018年中国图书零售市场码洋规模达894亿，其中网店码洋规模达573亿元，而独立书店码洋规模达321亿元，出现负增长，同比下降6.69%[①]。在书籍零售方面，以书籍交易为主的网络电商，如亚马逊和当当网等，价格低，种类全，占领了零售市场的大半壁江山。除了国家财政补贴的国有书店还能维系经营，大多数传统民营书店在房租上涨、盈利微薄的困境中，面临不同程度的危机。

传统独立书店、传统阅读空间环境软装普通、经营方式单一、书籍品类重复、服务内容单薄，单纯依靠书籍零售已无法正常经营。新型独立书店和新型阅读空间只有促进跨界融合发展，增强不同场景体验，才能获得新生。

（三）城市旅游观光的兴起

2019年7月，北京市商务局在关于印发《北京市关于进一步繁荣夜间经济促进消

---

① 2018年中国图书零售市场报告．全球背景下的中国图书零售市场：北京开卷信息技术有限公司，2019-1-9. https：//new.qq.com/omn/20190109/20190109A0IILB.html?pgv_ref=aio2015&ptlang=2052.

费增长的措施》的通知中指出，要进一步繁荣夜间经济，打造夜间消费“文化IP”，策划并组织读书等主题鲜明的“夜京城”文化休闲活动，继续扶持24小时独立书店。通过营造开放、有序、活跃的夜间经济环境，满足人民群众品质化、多元化、便利化的消费需求。在夜间文化休闲活动及24小时书店的建设中，市民和旅游者消费的不仅是产品和服务，更获得了对城市夜间多元文化的体验，对场所浓郁气氛的深刻感知。

场所精神（the Spirit of Place）最早由挪威建筑学家诺伯舒茨提出，建筑不仅有实用层面的功能满足，更有精神上的深刻含义。他认为人对建筑的观光并非只停留在建筑本身的具体现象上，而是复合了对场所的无形现象的感觉和认知，增强了场所存在的意义。体验经济（the Experience Economy）最早由约瑟夫·派恩、詹姆斯·吉尔摩提出，在经历了产品经济、服务经济后，体验经济诞生，属于经济产出类型。其中，消费是过程，消费者自身的体验也可成为可供消费的产品。消费过程结束后，记忆将长久保持对过程的“体验”。体验具有难以复制的唯一性、不可转让的特有性、转瞬即逝的短暂性和因人而异的独特性。体验是由人创造的，真实的体验感可以弥补虚假的建构场景。吉莉安·M.瑞克利、斯科特·麦凯布在《旅游设计的体验和原真性》一文中提出，吸引人的和令人难忘的体验是旅游业的核心。

随着社会消费升级，独立书店渐渐成为城市旅游观光的打卡胜地，成为贮存文化意义的场所，在情感的萌生与释放、记忆的激发与贮存中承载了观光者独一无二的旅游体验。积极的情感投入创造了愉快、难忘的经历，满足了释放压力、恢复活力、休闲放松、学习发展的需求。记忆分为以事实驱动的现实记忆和以移情驱动的个体记忆。在旅游中，游客通过五感留下身临其境的体验和感悟，其中可以延续的回忆以移情驱动的个体记忆为主，在描述旅行经历与体验时，游客更多描述的是自我旅行的特殊经历，而非旅行客观现实层面的记忆。因此在独立书店的建设中，应该通过多样化的经营、独特的定位、舒适的气氛帮消费者营造独特的体验，培养积极的情感投入，增强记忆的深度。通过独立精神的彰显、价值理念的坚守与知识港湾的建设，构建具有独特气氛的场域。

二、捏造原真性作为新时代阅读者的核心需求

（一）共享文化诉求的变化

鲍德里亚在《消费社会》中提出，消费者消费的不是商品物本身，因而不会只从使用价值上看待商品，而是从商品附加的丰厚意义上看待商品，如商品中蕴含的

文化、商品所处的氛围。

费瑟斯通继承并发扬了鲍德里亚的观点，认为在后现代主义背景下，消费文化主要关照消费实践带来的满足感及审美享受，消费养成了人的性格特征，发掘了人的审美意识，实现了人的个性自由，让人自我批判、自我超越，达成了日常生活审美化的终极目标。叶朗认为，我们正处于大审美经济时代，基本物质需求已经让位于文化需要、审美需要，精神需求渐渐融入日常生活中。德国美学家波默在《气氛美学》中提出，气氛是形成审美体验的重要因素，形成于对空间的无形感知中，构成了独特的场景体验。

机械复制时代来临，光晕在消解，膜拜价值、展示价值不得不让位于由感官、情感、精神体验构成的体验价值。这并非意味着权威和经典的永久性结构需求在持续，共享文化的兴起，人们渴望实现自我，更关注光晕价值的重塑及真实感的复苏。在体验经济背景下，城市公共空间旅游观光以共享文化为背景，同时更加注重给游客留下独特的体验，并尝试着给游客留下难忘的高峰体验。参与感、情感、回忆是旅游体验的三大关键因素。这三大关键因素都受到了原真性的强烈影响。游客对原真性的感知非常重要，因为原真性是游客将旅游空间的物质性与自身的体验联系起来的重要手段。

原真性（Authenticity）源于希腊词汇“authentikós”，本义是真实的、可靠的、值得信赖的。虽然游客已经意识到旅游观光是一种表演行为，但仍然惧怕虚假感带来的欺骗：无论是审美意识的实现、精神需求的彰显、气氛美学的营造，还是光晕价值的重塑，真实感塑造的独一无二的原真性都不可或缺。正如约瑟夫·派恩和詹姆斯·吉尔摩在《原真性：什么才是消费者真正的需求》一书中提出的，产品或服务的原真性已经成为消费者的基础考量，对于原真性的追求能够促进消费者的自我感知、自我认同、自我发展。

（二）捏造原真性以满足幻想

对于捏造原真性，国际学者在不同领域进行了研究。理查德·皮特森在1992年提出了捏造原真性（Fabricating Authenticity），他认为原真性是一种社会建构，可以由企业捏造、重塑。例如，美国企业家通过发掘人们对于前现代乡村音乐的需求，重构了已经衰退的乡村音乐的原真性，使乡村音乐得以复苏。他总结了原真性的六个核心：（1）原真的，并非伪装虚构的；（2）原创的，而非伪造的；（3）遗留的，没有改变的；（4）忠实与原真的复制，而非粗劣的复制；（5）当前语境下是可信赖的；（6）真实的，不是模仿虚构的。米歇尔·罗西于2010年提出博物馆也可以通过模型等手段构建陈设、布置的原真性，以带来真实、精准、权威的展陈效果，为参观者营造真实的感受。史蒂芬·亚里于2019年分析了捏造原真性对于酒店成功经营的重要性，如传统的大型连锁酒店可以为居住者提供具有住家等当地原生体验的氛围，结合其本就擅长的安全、便捷、舒适体验及更好的服务等，打造更强的竞争力。研究表明，原真性是可以被捏造和建构的，能够促进商业目的的实现和文化成果的展现；同时要注重原真性本身的原创度和可信度，才能带给参与主体更好的真实性体验。原真性重构真实，更能够加深体验感，提升参与度，激发情感，加深记忆。

国内学者对于原真性的研究集中于历史街区、旅游建设、在地文化、传统村落、非物质文化遗产、自然生态等方面。阮仪三在文化遗产保护的原真性原则中提出，仿古建筑和景区要做到与原有环境协调，在满足消费者旅游需要的前提下，提升经济效益，但不能混淆仿古建筑和古建筑的真实性界限，亵渎文化遗产的原真性。徐嵩龄提出，要通过不同类型的旅游地满足旅游者对于原真性的不同偏好。有学者的研究表明，可以在适度原则的指引下，通过恰当的方式捏造原真性，在更广泛的领域将原真性应用于现实。

消费者对于原真性是否是人为创造这一点不会过于关注，他们更倾向于捏造原真性本身的真实感，并愿意为给自己带来真实体验的原真性场所投入时间和精力。如同光晕由解构到再次重塑，原真性也可以在解构后再次被建构。在日常生活、旅游观光中，游客所重视的是结合自身需求，寻找独特体验，建构原真性经验，享受生活叙事的深度。

在新型阅读空间的建设中，经营者也可以通过捏造原真性，建构独特场域，营造文化气氛。读者、居民、观光者并不在意阅读和文化氛围的营造是否人为，而更倾向于流连文化场域，体验场域赋予的新鲜身份，享受个人赋能，增强成就感和归属感，在与独特气氛的联结中积极参与，深度沉浸，体验情感，增加记忆。

（三）不同的原真性要素在新型阅读空间中的体现

约瑟夫·派恩和詹姆斯·吉尔摩在《体验经济》中提出一切商品都要经历经济价值增长的历程：产品（Commodities）—商品（Goods）—服务（Services）—经验（Experiences）—转型（Transformations）。经历这五个转化过程后，产品的商业价值将得到增值。只有通过提供有差别的产品，满足顾客需要，才能提升价格定位。在经济价值的增长历程中，将以生产力与物质力的旧经济转化成以文化力和生命力的新经济。

在《原真性：什么才是消费者真正的需求》一书中，约瑟夫和詹姆斯阐述了商品经济增长的价值历程，提出了五个原真性的类型，并且将这五个原真性的类型与经济价值增长模型相结合（见图 1）。产品即自然原真性，商品即原创原真性，服务即附加原真性，经验即延伸原真性，转型即影响原真性。对于新型阅读空间来说，五种原真性都可以被捏造和利用，使消费者从对书籍的消费转变为对文化创意产品和生活方式、生活理念的消费，进而提升自我、寻找意义，实现对城市文化地标和城市文化精神的价值认同。

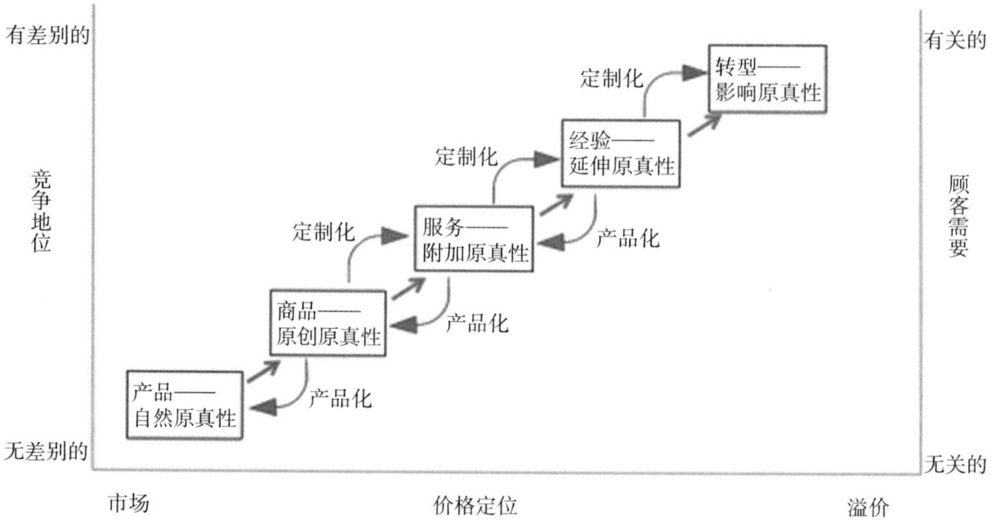

图 1　经济价值增长模型与原真性类型的结合

1. 产品——自然原真性（Natural Authenticity）

产品是来自自然的基础，是本真的、在地的原材料提炼物。人们倾向于认为在地球或地球的自然状态中，不受人类影响的事物是真实的，即非人工、非合成的事物，如天然的、环保的、质朴的、乡村的事物。在商业经营中，强调产品的原生态、纯天然、环保价值等自然原真性，能够吸引消费者，使消费者产生购买行为。在新型阅读空间中，自然原真性是指书籍这一基础、本真要素。书是阅读的根本，是阅读空间的基础、本质和核心，书籍的种类和品质奠定了阅读空间品质的根基。

2. 商品——原创原真性（Original Authenticity）

商品是人工经过巧妙加工后的有形呈现。人们倾向于认为那些具有独创性的设计（非复制品、非仿制品）是真实的，带有回归传统和古老、延展创新和新潮，以及加深混合和碰撞等设计和理念。商品如果带有吸引人的原创设计或定制元素，就会受到消费者的追捧，如苹果的电子产品，虽然同样是工业产品，但其精良的外观设计和刻字服务让消费者感受到了独一无二的原创原真性。在新型阅读空间的建设中，原创原真性包含文创商品等有形实体和室内设计、主题、业态、活动等属于自身的无形呈现。文创商品包括阅读空间品牌延伸出的相关文创商品和以书店为空间聚集的其他品牌的文创商品的集合；室内设计是指新型阅读空间较为独特、原创的空间布置、环境设计，可以产生特定气氛，促进参与者的情感融入，促进场所产生更为丰厚的意义。原创原真性还包括书店主题、业态营造等无形的文化氛围，文化活动等无形的文化产品，以及书店本身应有的或跨界的服务。

3. 服务——附加原真性（Exceptional Authenticity）

附加原真性能够吸引消费者在精神、肉体上初步参与及进一步地深度沉浸。服务是提供给个体消费者的无形附加活动。人们倾向于把那些展示人类关怀的行为和物品视为真实的，即饱含情感和真诚，以不让消费者感到模式化的方式满足消费者的个性化需求，提供超出预期的惊喜，如海底捞火锅提供的无微不至的服务，体现出对顾客的人性化关怀。附加服务并非作为商品的服务，而是核心产品的外延。在新型阅读空间中，附加原真性体现在阅读体验、购物体验和附加服务中。寻书时店员耐心亲切的回答、购物时的畅通和便捷、阅读时清净优雅的环境都是新型阅读空间附加原真性的组成部分。通过真实可感的体验、真诚关怀的人性化服务增强消费者对于阅读空间的归属感和沉浸感，提升消费者对于阅读空间的信任和依赖，进而提升附加原真性带来的真实感。

4. 经验——延伸原真性（Referential Authenticity）

经验能够引发对于特定地点、人物、事物、事件的回忆，新的经验还能够构成新的记忆。人们倾向于认为涉及其他背景、勾起过往经验的东西是真实的，可以从人类历史中汲取灵感，挖掘人类共同的记忆和渴望，如迪士尼和环球影城通过营造现实场景引发观众童年观看动画时的记忆，营造了带有回忆气氛、脱离现实世界的梦幻场景。在新型阅读空间的建设中，延伸原真性通过激发情感、孕育灵感、唤醒回忆、营造气氛等方式，促进文化记忆的形成，促进消费者产生更深层次的原真性需求。

5. 转型——影响原真性（Influential Authenticity）

转型是引导消费者改变、提升的有效触动和变化。人们倾向于认为那些对其他实体施加影响的东西是真实的，以更有效的方式满足个人、集体的渴望，触动人的内心世界，使人获得价值感、意义感，将人引向更高的目标。通过艺术介入的方式可以提升影响力。新型阅读空间通过示范、引领等方式，让阅读者对阅读空间留下深刻的记忆，得到更加深刻的自我认知，获得意义与价值。通过强化产品的自然原真性、商品的原创原真性及服务的附加原真性，捏造新型阅读空间建立的原真性基础，进一步提升经验的延伸原真性，最终达成转型的影响原真性。消费者更新生活和思维方式，体验、探索生活的新起点，与自我更好地相处，对自我产生更深刻的认知，最终对阅读空间达成价值认同。

在新型阅读空间的建设中，五种类型的原真性（见图 2）既可以单独发挥影响力，又可以结合起来发挥效用。商品价值形态及原真性在新型阅读空间中的体现如表 1 所示。在经营过程中，是深耕某种原真性，还是将五种原真性结合起来，创新其复合效用，取决于对销售物品的深度分析。结合多种原真性的创新发展会带来意想不到的突破性效果，对某一特定原真性类型的深度关注和利用通常也能形成竞争优势。

表 1　商品价值形态及原真性在新型阅读空间中的体现

商品价值形态	对应原真性类型	在新型阅读空间中的体现
产品	自然原真性	书籍种类、书籍质量
商品	原创原真性	文创商品、室内设计、主题、业态、活动
服务	附加原真性	阅读体验、购物体验、附加服务
经验	延伸原真性	情感、灵感、回忆
转型	影响原真性	认知、意义、记忆

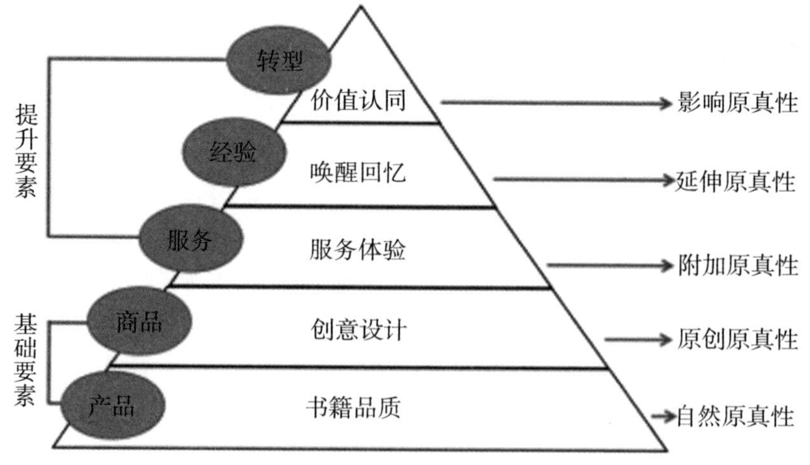

图 2　新型阅读空间的原真性要素提炼

三、新型阅读空间发展与探索

（一）利用原真性探索经营路径

2019 年 11 月，北京市委宣传部组织评选了特色书店 85 家、最美书店 10 家、最具影响力书店 2 家。特色书店在图书选品、内容特色、服务特色、主题定位等方面表现较好，在运营发展模式上尝试转型升级，获得了良好的社会效益，形成了一定的品牌影响力；最美书店在空间设计、环境布置、读者体验、图书选品等方面特点突出；最具影响力书店的行业影响力、品牌价值及在北京市全国文化中心建设中的地位与作用较为突出[①]。本文探访了其中 17 家书店，以书籍、空间、文创商品、主题、文化活动、连锁品牌、旅游观光、生活方式、城市地标等 9 种经营路径进行分类，总结出不同类别书店的原真性诉求，以探索在建设不同类型的新型阅读空间时营造原真性的具体路径（见表 2）。其中，生活方式和文化地标成为新型阅读空间建设的最高目标。

表 2　新型阅读空间经营路径与商品价值形态、原真性要素对应

经营路径	商品价值形态	营造原真性要素需求
书籍	产品	自然原真性
空间	商品	原创原真性
文创商品	商品	原创原真性
主题	产品、商品	自然原真性、原创原真性
文化活动	商品、经验	原创原真性、延伸原真性
连锁品牌	产品、商品、服务	自然原真性、原创原真性、延伸原真性
旅游观光	商品、服务、经验	原创原真性、附加原真性、延伸原真性
生活方式	产品、商品、服务、转型	自然原真性、原创原真性、附加原真性、影响原真性
文化地标	产品、商品、服务、经验、转型	自然原真性、原创原真性、附加原真性、延伸原真性、影响原真性

① 成长 . 今年北京评出 85 家特色书店、10 家最美书店 . 北京日报，http：//www.bjd.com.cn/a/201911/22/WS5dd75c56e4b0e69db8165dd2.html.

以书籍为经营重点，需要注重书籍的种类、质量。例如，北京坊 Pageone24 小时书店以原版书为核心，汇聚大量以艺术为主题的书籍，而英文图书占图书数量的 50% 左右，具有新颖性和稀缺性；娜嬛书房通过古法印制的善本典籍，迎合了消费者对于书籍基础需求这一自然原真性的追求。

以文创商品和空间为经营路径，需要优化室内环境，进行创意设计，营造原创气氛。例如，北京外研书店联合设计师打造原创文创商品；Page One 书店提供较为丰富的文创产品；新华书店永安路店、北京百万庄图书大厦为读者提供了宽敞、明亮的阅读空间；钟书阁以曲折而上、错落有致的朱红色楼梯展现老北京曲折逶迤的胡同风光。

以主题为经营路径，不仅需要深耕主题图书，还需要进行主题方向的室内软装、文创商品、文化活动的整体配合设计。例如，雨枫书馆以“女性”为主题，华康书店以生活健康为主题，大地书院以地质为主题，将自然原真性、原创原真性结合主题方向进行融合呈现。

以文化活动为经营方式，需要提升文化活动品质，唤醒文化回忆，或形成新的文化记忆。例如，临近 798 艺术区的机遇空间，知识沙龙和品牌活动丰富；言 YAN BOOKS 多主题的艺术设计活动。

以连锁品牌为经营路径，需要保证书籍质量，兼顾室内设计、空间布局、文创赋能，同时还要注重提升服务质量，提升消费者的附加体验，在不同的连锁商店中唤醒消费者的品牌认知。例如言几又书店作为身处购物中心的小型综合文化体，在北京、上海、西安、成都、天津等城市的各大购物中心落座，形成品牌效应。

以旅游观光为经营路径，独特精致的室内软装、独具特色的文创商品尤为重要，也需要提升消费者对于城市文化形象的文化记忆。例如，三联韬奋书店以精选书籍、文创商品和打造 24 小时自习空间成为北京的文化旅游打卡地。

目前，北京大量新型阅读空间已经不再采用单一的经营路径，如娜嬛书房将善本典籍与公益文化活动相结合；涵芬楼书店将社科学术书籍与公益文化活动相结合；博空间将书籍与文化艺术体验相交融；北京外研书店融合了文创产品、文化活动和空间经营三个方面。结合多种原真性难度很大，但复合经营路径可以在一定程度上提升阅读空间的经营效果。

（二）生活方式——个性诉求的差异化归属

在通过捏造原真性构建的新型阅读空间的影响下，传统阅读空间将逐步转型，推动城市阅读生活成为居民生活的常态，推动阅读文化成为城市居民的共享节点，进而促使阅读空间转变为复合型新型生活空间与多元文化体验空间。以构建城市生活方式为经营路径的新型阅读空间是指消费者将在新型阅读空间中的探访、驻足、消费融入日常生活，在休闲生活、文化生活中感受到自然、原创、附加、影响原真性体验，达成价值认同。

首先，可以在基础层面提升阅读空间的品质，满足消费者的文化需求。书籍是阅读空间的细胞，传统阅读空间可以首先以书籍为基础，提升书籍品质，丰富书籍种类，寻求稀缺性书籍，聚焦主题性书籍，构建阅读空间的自然原真性。还可以通过装修、更新室内设置提升环境、软装布置、色彩格调，并以文创进行赋能，通过贴心的文化服务、多样的文化活动、主题性的内容设置及跨业态的体验打造消费者个性诉求的差异化归属，让阅读空间不再仅仅是自习之地，而是通过跨领域经营，成为让读者享受品质生活的复合型体验空间，捏造原创原真性。其次，可以在附加值层面提升阅读空间的品质，提供真诚、贴心的文化服务及跨界服务，增强消费者的购物体验和阅读体验，满足消费者的生活需求，捏造附加原真性。最后，要在影响力方面提升阅读空间。可以通过营销与宣传，通过自然原真性、原创原真性、附加原真性的组合积累，将各类价值形态进行融合，引领阅读，提升生活品质，促进消费者产生情感，激发消费者的灵感，引发消费者的回忆，捏造延伸原真性，进而使消费者增进自我认知，增强意义感，达到高峰体验，在内心贮藏回忆，促进精神满足，达成影响原真性。北京 SKP RENDEZ-VOUS 遇见之地书店收录了来自世界各地价格不菲的原版画册和进口书籍、文创佳品，通过精致的室内设计，无国界的料理、红酒、茶、奶酪的跨界经营及高品质的文化活动，让消费者在跨领域经营、多业态服务的都市生活混合空间中感受独特气氛，唤醒对于美好生活的记忆，放松自我，寻找归属。

（三）文化地标——城市文化的多元化表达

北京作为全国的文化中心，“提升首都公共文化服务水平，是新时代首都文化建设的必然要求”①，要将实体书店建设纳入全国文化中心建设的战略布局之中。新型阅读空间已经成为城市文化基础设施，是城市形象的重要引领。

新型阅读空间的建设不仅可以提升个人文化底蕴，还可以以此为核心，通过提升延伸原真性和影响原真性，将文化气氛向周边扩展，通过以点带面，从小环境的建设到大氛围的营造，带动街道、社区、商圈的文化建设，进而在宏观层面促进城

① 北京市支持实体书店发展政策新闻发布会 . 首都之窗，2018-7-17. http：//www.beijing.gov.cn/shipin/szfxwfbh/16149.html.

市文化建设与彰显，将城市的物质财富转化为幸福生活，提升城市文化力。成为城市文化地标的新型阅读空间需要将五种原真性融合起来，不仅要满足旅游观光的需求，更要承载城市文化形象。要以优质书籍作为城市文化形象的基础，以精美文创、软装设计对阅读空间和城市进行文创赋能，再以贴心服务等方式附加原真性的凝练，最终形成文化记忆，达成价值认同。

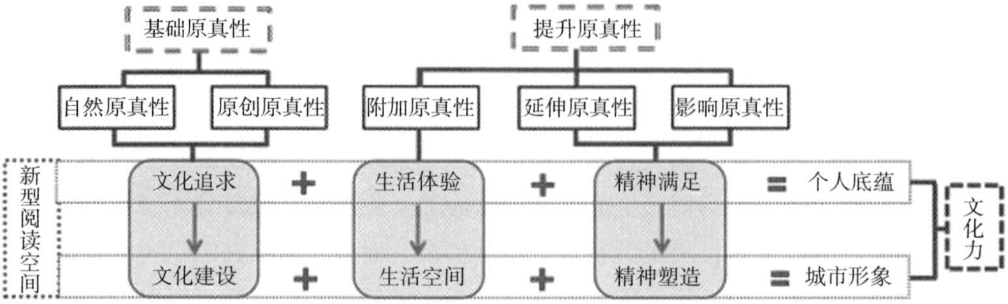

图 3　新型阅读空间的价值提升策略

在阅读空间的持续建设和更新下，新型阅读空间渐渐成为城市的精神象征和文化地标，如南京的先锋书店、台湾的诚品书店，都已成为游客慕名前往的文化景点和城市观光的重要场所。北京目前还没有新型阅读空间能够成为文化地标，需要加强各类价值形态及原真性的融合建设。新型阅读空间通过满足消费者的文化追求，促进城市的文化建设；通过提升居民及观光者的生活体验，促进城市生活空间的拓展和提升；通过满足消费者的精神需求，建设城市文化，塑造城市的精神形象，彰显城市的文化底蕴。

参考文献

［1］向勇 . 文化产业导论［M］. 北京：北京大学出版社，2015：2，29-30.

［2］［挪威］诺伯舒茨 . 场所精神：迈向建筑现象学［M］. 施植明，译 . 华中科技大学出版社，2010：30-48.

［3］［美］约瑟夫・派恩，詹姆斯・吉尔摩 . 体验经济［M］. 夏业良，鲁炜，等，译 . 北京：机械工业出版社，2008：15-17.

［4］Jillian M. Rickly，Scott McCabe. *Authenticity for Tourism Design and Experience*［M］. Switzerland：Springer International Publishing，2017：55.

［5］［法］让・鲍德里亚 . 消费社会［M］. 刘成富，全志钢，译 . 南京：南京大学出版社，

2014：46-69.

［6］［英］费瑟斯通 . 消费文化与后现代主义［M］. 刘精明，译 . 江苏：译林出版社，2000：29-40.

［7］叶朗 . 美学原理［M］. 北京：北京大学出版社，209：314-315.

［8］［德］哈贝马斯 . 公共领域的结构转型［M］. 曹卫东，王晓珏，等，译 . 上海：学林出版社，1999：69-90.

［9］Peterson，R. *Creating Country Music*：*Fabricating Authenticity*［M］. Chicago：University of Chicago Press，1997：30-45.

［10］Michael Rossi.*Fabricating Authenticity*：*Modeling a Whale at the American Museum of Natural History*［J］. Chicago：The University of Chicago Press on behalf of *The History of Science Society*，2010（07）：338-361.

［11］Steven Yari. *Fabricating Authenticity Key to Hotel Success*［J］.Atlanta：Stockdale Capital Partners. *Hotel Management*，2019（8）：22.

［12］阮仪三，林林 . 文化遗产保护的原真性原则［J］. 同济大学学报（社会科学版），2003（02）：1-5.

［13］徐嵩龄 . 遗产原真性・旅游者价值观偏好・遗产旅游原真性［J］. 旅游学刊，2008（04）：35-42.

［14］James H. Gilmore，B.Joseph Pine II. *The Experience Economy*［M］.Harvard：Harvard Businness School Press，1999：pp. 83-90.

［15］James H. Gilmore，B.Joseph Pine II. *Authenticity*：*What Consumers Really Want*［M］. Harvard：Harvard Business school press. 2007：57-80.

［16］刘颖 . 北京阅读空间漫游指南［M］. 北京：北京联合出版公司，2019：2-4.

产业动态

文商旅融合的演艺新业态实践和启示

——以上海“表演艺术新天地”艺术节为例

林　洁[①]

（中国艺术研究院文化发展战略研究中心，北京，100029）

【内容提要】 在文商融合、文旅融合的背景下，演艺行业出现了众多新业态，如表演艺术的发生地向剧场以外的非标准空间延伸、出现了公共空间艺术节等。本文以上海“表演艺术新天地”艺术节为例，分析该艺术节的成效和演艺新业态发展中存在的若干问题，如国内创作力量薄弱，对国外剧目依赖度过高，专业艺术院团在文商旅融合中的作用有待发挥，文化和旅游、商业的内在矛盾不易调和等，并提出了拓展和规范演艺新空间、政府从主办向指导方转变、转变政府投入方式、鼓励发展民办非企业和社会企业、鼓励艺术院团和旅游企业及商业企业合作，发挥行业组织作用等政策建议。

【关键词】 文商旅融合；表演艺术新天地；艺术节；演艺新空间

① 【作者简介】林洁，女，艺术学博士，中国艺术研究院文化发展战略研究中心助理研究员，主要研究领域：演艺产业管理、戏剧和美术评论。

The Practice and Enlightenment about the New Format of Performing Arts in the Integration of Culture, Commerce and tourism

——Take the Xintiandi Festival as An Example

Lin Jie
(Cultural Development Strategy research Center of Chinese National Academy of Arts, Beijing, 100029)

Abstract: Under the background of the integration of culture, commerce and tourism, there are many new business formats of performing arts, such as the extension to non-standard space outside the theater, the emergence of Public Space Art Festival, etc. This paper takes Xintiandi Festival as an example to analyze its effectiveness and problems, such as the weakness of domestic creative power, the role of professional art troupes in the integration of culture, business and tourism needs to be played, and the internal contradictions between culture, tourism and business are not easy to reconcile. It also proposes to expand and standardize the new space of performing arts, change the way of government investment, encourage the development of NPO and social enterprise, encourage art troupes and tourism enterprises, commercial enterprises Cooperation, and other policy recommendations.

Key words: Integration of Culture, Commerce and Tourism; Xintiandi Festival; Art Festival; New Space for Performance

在文商融合、文旅融合的背景下，演艺行业出现了诸如公共空间艺术节、演艺小镇等众多新业态，本文以上海“表演艺术新天地”艺术节为例，对演艺新业态的现状和问题进行剖析，并对文商旅融合背景下演艺产业的发展提出若干启示和建议。

一、演艺新业态现状扫描

近年来，演艺产业出现了很多新业态，较好地发挥了演艺的溢出和黏合效应。

第一，剧场叠加文化休闲、主题旅游、商业零售等功能，向复合式文化空间转型。例如，装修后重新开放的上海话剧艺术中心，除了设有三个剧场外，还设有衍生产品销售区、咖啡厅、团史陈列区、艺术展览空间等；苏州昆剧院下属剧场推出了游学体验活动，参加者可参观昆曲传习所、欣赏折子戏、学昆曲妆容和身段动作等，吸引了很多外地游客专程前来。

第二，很多城市都在商业综合体内开设了剧场。例如，位于上海徐家汇商圈美罗城五楼的剧场，是台湾著名导演赖声川的专属剧场——该剧场除了上演赖声川编导的作品外，也引进剧目演出、艺术教育等，把戏剧演出和文化活动融入繁华的商业中心；舞台剧票房神话“开心麻花”在全国一二线城市的购物中心开设了“开心麻花”剧场院线，打造了剧场、文创、酒吧、咖啡厅、餐饮的前店后（剧）场模式。文商融合的剧场满足了商圈消费群的文化需求，使商圈因增大客流量而充满活力，实现了商业客群与文化消费客群的深度交互与共享。

第三，表演艺术的发生地不断向剧场以外的非标准空间延伸，这其中既有一年一度的艺术节，也有商业空间的常态演出。前者如本文的案例研究对象上海“表演艺术新天地”艺术节，以及在著名的民国花园洋房群上海思南公馆举办的“思南城市空间艺术 StArt Festival—上海城市空间艺术节”等；后者是在商业空间内的常态演出，已经成为政府引导的方向，如上海市、区政府出台政策鼓励大型商业购物中心、主题酒店饭店等商业场所引入特色演艺资源，打造一批文化演艺与商业服务高度融合的综合消费场所。

第四，艺术进商圈的范围在不断扩大。例如，由上海市文化广播影视管理局和上海市商务委员会指导的“上海艺术商圈”，通过政府采购节目、商业楼宇“点单”、艺术团体在楼宇演出等方式，开拓了表演艺术与受众接触的途径。2017 年，“上海艺术商圈”首次在全市 7 个中心城区 26 家商圈引进了 160 台节目，举行了 536 场活动，吸引了近 25 万人次参与。活动期间，消费者在商场内的停留时间明显延长，尤其是周末、节假日及主题策划活动期间，演艺活动更是对客流量、销售额产生了明显的促进作用，这也使得“上海艺术商圈”成为各大商场争相邀约的文创品牌。2018 年，“上海艺术商圈”继续扩容和升级，除扩大覆盖范围外，还在“一店一方案”自主勾选节目的基础上，对项目增强本土特色，导入新人新作，并增加场次覆盖率。在此过程中，“艺术商圈”渐渐发展成为大众的“艺术大课堂”。

第五，旅游演艺方面，经过多年发展，从 2013 年至 2017 年，我国旅游演艺节目台数从 187 台增加到 268 台，增长了 43%；旅游演艺场次从 53 336 场增加到 85 753 场，增长了 61%；旅游演艺观众人次从 2 789 万人次增加到 6 821 万人次，增长了 145%；旅游演艺票房收入从 22.6 亿元增长到 51.5 亿元，增长了 128%。旅游时看一场演出已经成为很多游客的“标配”，不过旅游演艺相对集中在热门旅游景区，在都市中面向外来旅游和商务客人的演艺节目则较少。例如，北京著名的长城、故宫、颐和园等景点都没有演艺节目，只有孔庙每天固定场次上演小型的大成礼乐表演。另外，跨城追戏也成为新景观，如北京驱动文化传媒有限公司负责运营的天津大剧院及福建省梨园戏实验剧团的驻场演出等都有很多精彩节目，吸引了很多观众搭飞机、乘高铁前往观赏，带动了交通、住宿、餐饮等多种消费。

伴随文旅融合的深化，以演艺为主题的文旅小镇成为投资热点，北京市通州区的台湖演艺小镇、浙江省的嵊州越剧小镇和西塘 • 中国演艺小镇、湖北省的黄梅戏曲文化小镇等，都以巨资投入，目前均属于建设初期，成效尚待观察。

二、表演艺术新天地的实践

“表演艺术新天地”艺术节（以下有时简称“艺术节”）于 2016 年 6 月首次举办，是全国首个在大型城市中利用公共空间和商业空间举办的创新形态艺术节展，以“建立表演形态与空间、地域密不可分的记忆链接，强调艺术家、作品与观众的互动，提升观众的参与度”为策展理念，在一个没有传统剧场的商业区域中，借用和改造现有的商业空间，将其变身为表演艺术空间，巧妙地将前沿、实验性的表演艺术剧目与商业空间结合，将普通消费者、游客与艺术观众融合为一体，形成独特的艺术节质感，充分探索了表演艺术和各种不同环境相结合的可能性，在文化和商业、旅游的融合方面贡献了一个创新案例。

表演艺术新天地的合作方式为：由上海市黄浦区委宣传部、黄浦区文化和旅游局作为发起和指导单位，由上海新天地、北京柒零柒恩剧团有限公司联合主办，由北京柒零柒恩剧团旗下的“爱丁堡前沿剧展”团队整体策展。艺术节的经费来源，是由黄浦区委宣传部和新天地均摊演出费、策展费及运营顾问费，新天地承担现场运营费用。

表演艺术新天地是合作三方的需求、各自的资源和能力结合而水到渠成的产物。

对黄浦区委宣传部来说，为打造“环人民广场演艺活力区”（现定名为“演艺大世界”），发展演艺及文化产业，孵化新的品牌艺术节（展），树立黄浦区的文化品牌和形象，需要与优秀的专业团队合作；对新天地来说，在实体商业持续受到电商冲击的大背景下，需要以更独特的创意方案吸引线下人流来到商区，也需要以更优质的大型文化艺术活动来丰富和拓展新天地的品牌文化内涵；对策展机构来说，每年在世界各大艺术节展看戏和采购剧目的经验，使他们对创办新型艺术节的思考和准备日趋成熟，同时也需要稳定的出资来源才能成功举办艺术节。

三方的合作方式，具体来说，黄浦区委宣传部提供部分资金，在剧目内容审核及报批等行政事务方面，起到了一定的决策和协调作用，但不介入具体事务的操作与执行；新天地提供场地和大部分资金，以及媒体资源、会员资源，新天地下属部的市场推广部负责艺术节的筹备、制作及运营等阶段的相关工作；“爱丁堡前沿剧展”策展团队收取策展费和运营顾问费，负责艺术节内容和空间的策划与设计，并负责剧目报批、现场执行与管理等工作。这样的合作模式在国内各类艺术节展中非常少见，因为它既不同于政府投资主办，具体如由文旅部或文旅厅、局下面处室执行的艺术节，也不同于纯民间举办的艺术节。这种合作模式既保证了艺术节的资金来源，也有助于让专业的人做专业的事。

表演艺术新天地每年在五六月份举行，演出持续时间为 10 天左右。举办地点在上海新天地片区。上海新天地是始于 2001 年营业的上海商业地标，该片区由修旧如旧的石库门片区和新盖的商业地产、住宅地产及市政公园等多个建筑群组成，是上海消费者和外地游客的热门之选。

艺术节采用策展机制，即由策展人根据艺术节主题邀请剧目或委约创作。每年演出剧目在 15~18 部之间，邀请剧目多为从国外引进，由策展人每年在英国爱丁堡国际艺术节、法国阿维尼翁艺术节、澳大利亚阿德莱德艺术节、伦敦默剧节等各大国际艺术节上挑选高艺术水准的作品，侧重语言障碍小、互动性强及类型的多样化，强调独家引进和中国首演；委约创作剧目包括国内艺术家及中外合作的原创作品，为艺术节提供独家内容。四届艺术节，一共上演了 66 部剧目，涵盖了戏剧、戏曲、音乐、舞蹈、马戏、曲艺、美术、行为艺术等多种类型，总体风格多元、创新、互动性强。中国首演剧目平均达到 90%，委约剧目比重逐步提高：2016 年 4 部，占比 23%；2019 年则有 6 部，占比 33%。在艺术节中，约 2/3 的剧目是免费观看的，售票剧目则统一定价为 100 元。

如前所述，新天地是开放的商业街区，片区内没有剧场，艺术节的演出都在非标空间进行，策展团队充分发掘各种公共空间的可用性与潜质，以搭建室内封闭式空间、“征用”商铺等现有室内空间、在室外空间搭建舞台、对街头道路进行流动式运用等方式，为每一个空间创造一种与之匹配的表演艺术作品，再将这十几个局部场景通过动线设计勾连起来，实现观演空间的全方位拓展，以及节目和空间的融合创新。通过对非标空间的运用，艺术节帮助观众拓展了对表演艺术的认识——任何空间都可以成为表演空间，整个表演艺术领域从形式、空间到观演关系都可以发生变化，艺术表演应该与大众、城市和社会建立起更密切的联结。

由于艺术节的开放性，很多来到新天地的游客、餐饮客人、购物客人等，都有机会以免费或低廉的票价“邂逅”优质的艺术作品。尤其是与户外免费演出不期而遇，使他们有可能从此被表演艺术“吸粉”，无形之中拓展了观众群体，也使受到电商冲击的商业空间恢复了人气和活力，向商业、文化、休闲、旅游的复合空间转型，创造出更多元的价值。

三、成效与问题

“表演艺术新天地”艺术节的举办，使新天地商业综合体增大了客流量，销售额明显提升。2016 年首次举办艺术节期间，新天地南北里的销售额比上年同期增长约 10%，新天地时尚增长约 16%[①]；2017 年艺术节期间，新天地南北里的日均客流和平均日销售额比 2016 年同期皆增长 47%，新天地时尚则分别为 18%、29%[②]。2018 年、2019 年艺术节期间的客流和销售额仍在逐年上升。艺术节不仅为新天地巩固了商业地标的地位，而且塑造了更有艺术气质、人文情怀的品牌形象，也为消费者、游客、市民提供了近距离欣赏表演艺术的便利，达到商业、品牌、社会效益的多赢，成为中国商业地产“文商旅结合”的成功案例。因为“2017 表演艺术新天地”的成功举办，新天地还获得了“2017 国际 ICSC 亚太购物中心银奖”。

艺术节不仅用国内外优秀剧目打开了观众的视野，还以委约创作的方式，扶持本土人才，提升原创水平。上海京剧院老生演员蓝天创办的曲京人京剧艺术工作室自 2017 年以来连续三年接受艺术节委约，进行了《京探》系列的创作和演出，为曲京人工作室打开了知名度，为京剧普及和交流提供了更多机会。年轻编剧刘芯伶也已连续四年为艺术节委约创作剧目，受她的作品咖啡剧《你听 · 新娘》和

---

① 2016 表演艺术新天地总结报告（内部报告）.
② 2017 表演艺术新天地总结报告（内部报告）.

《你听·同学会》的启发，首届伦敦华人当代艺术节创作了伦敦版的《无处之居》（*CITIZENS OF NOWHERE*），向表演艺术大国英国输出了一种全新的表演形式和戏剧创作方法。

表演艺术新天地以其在艺术节节目形态、节目和空间的融合及策展形式、方法等多方面的创新，成为上海“演艺大世界”建设计划中的艺术节展重点项目。作为中国首个在大型城市的公共空间中开展的艺术节，它也在不同程度上启发和影响了一批公共艺术节的诞生。

2016 年 11 月，上海·静安现代戏剧谷新增了以“都市嘉年华”为代表的 Off 单元，这一年的“都市嘉年华”街头艺术展覆盖了静安公园广场、梅陇镇、中信泰富、恒隆广场、大宁音乐广场和大宁国际商城六大区域，之后每年，嘉年华的内容都更加丰富，有音乐、戏剧、装置艺术、摄影展等，地理范围也更趋扩大，并且都采取免费观看方式。

2017 年“五一”节期间，同样位于黄浦区的思南公馆在黄浦区委宣传部和上海市对外文化交流协会的支持下，举办了“思南城市空间艺术 StArt Festival—上海城市空间艺术节”，邀请法国里昂伊力密托福情境艺术创作中心负责人贝尔特朗·德萨纳（Bertrand Dessane）先生担任艺术总监，把整个思南公馆变成了一个流动的艺术空间。迄今为止，该活动已经连续举办了三届。

2016 年 6 月，表演艺术新天地结束之后，基于此次活动的经验，黄浦区区委宣传部启动了“艺蕴黄浦”计划，向上海话剧艺术中心、上海油画雕塑院、上海京剧院、世界音乐季等国有或民营文化主体采购剧目，进入香港广场、K11、新天地、大丸百货等商业楼宇演出。2017 年，此项目扩展和升级为由上海市文化广播影视管理局和上海市商务委员会指导的项目，并命名为“上海艺术商圈”计划。从此之后，艺术商圈的覆盖面不断扩大。由此可见，表演艺术新天地及其他公共空间艺术节、艺术商圈活动等，对打造商业空间叠加艺术空间的复合型文创中心，推动传统商业街区创新转型，起到了积极作用。

观察以表演艺术新天地为代表的演艺产业新业态，可以发现如下一些问题：

首先，从节目供给看，艺术节非常明显地反映出国内创作力量薄弱，对国外剧目依赖度过高的问题。受市场欢迎的头部产品绝大多数来自国外剧团，如表演艺术新天地演出剧目中，外国剧目比重占七成左右；乌镇戏剧节特邀剧目单元的主力都是国外名团大师；自 2016 年 11 月起在上海驻演的浸没式戏剧 *Sleep No More*，由上海文广演艺集团（SMG Live）与剧目版权方联合制作（这部热门剧目 2011 年首演于纽约)。

目前，艺术院团在剧场内的演出在不同程度上得到了政府各种形式的资助，包括上级主管部门拨付创作经费，国家艺术基金对剧目交流传播给予资助等。相比之下，文商融合、文旅融合中的演出往往是更加市场化的产物，很少有赠票、包场、组织观众等行为。因此，国外剧目挑大梁，实质上反映了很少有国内优质剧组能在市场环境中立足的现实。

其次，专业艺术院团在文商旅融合中的作用有待发挥。虽然文旅部在《关于促进旅游演艺发展的指导意见》中指出，支持各类艺术院团、演出制作机构与演出中介机构、演出场所等以多种形式参与旅游演艺项目，上海市也出台政策支持大中型演艺主体与旅行社、旅游公司开展深度合作，制作反映上海城市文脉、体现海派文化特色、展示都市时尚风情、融合新技术体验的大型旅游驻场综艺秀，设计主题化的旅游演出线路，释放旅游群体的演出消费潜力，但目前的旅游演艺节目中，绝大多数都邀请知名编导任主创，招聘和培训演员组成演出队伍，而专业艺术院团，尤其是国有院团基本处于缺席状态。四届表演艺术新天地的 60 多个剧目中，只有福建省梨园戏实验剧团等少数专业院团登台。占据国内旅游演艺市场 1/3 份额的宋城演艺发展股份有限公司，其核心板块宋城艺术总团是包括驻场各景区 20 余个团和舞美、服装等多个工作室的民营艺术团体，已相继推出各类演出 300 余台。宋城演艺多年前就寻求与国有院团合作，但因种种原因，一直没有进行过实质性合作。

再次，文化和旅游、商业的内在矛盾不易调和。一方面，艺术节自身创收能力较弱，如表演艺术新天地覆盖的地理范围是面积 3 万平方米的新天地商业体，其中绝大多数是商户经营的店铺，如咖啡馆、商场、餐厅等，且空间分割零碎，较难利用，因此表演和观看的空间面积都较小，接待观众数量有限，规模偏小。另一方面，由于大多数剧目免费，售票剧目的价格也只有 100 元，故票务收入相当有限，艺术节运作经费完全依靠上海黄浦区委宣传部和新天地两方出资，自身创收机制尚未形成。

最后，为旅游配套的演艺节目促进了游客数的增长，提升了营业额，但是对于“彰文”的作用则有限。旅游演艺以满足游客娱乐需求为导向，文化演艺更重视作品的艺术性、思想性和文化价值，两者有部分重合，但在深层次上却有着难以调和的矛盾。以国内最成功的旅游演艺节目杭州《宋城千古情》和最具知名度的乌镇戏剧节为例，由宋城演艺打造的“千古情”系列演出，创造了世界演艺市场的年演出场次第一、年观众人次第一纪录。杭州宋城景区内的《宋城千古情》自 1997 年开演，截至2019年8月，演出25 000余场，观看人数超过7 000万。它以音乐、舞蹈、杂技的方式演绎杭州历史和传说的数个断章，舞美声光电等均有新奇的表现。它的定位就是为普通老百姓打造的旅游演艺产品，是一台旨在娱乐休闲的秀，难以担当“以旅彰文”的重任。

乌镇戏剧节在短短几年内迅速成为国内影响力最大的戏剧节，不仅促使乌镇从旅游小镇向文化小镇转型，实现了小镇的文艺复兴，而且在开拓戏剧观众群体、孵化培育戏剧新人等方面都有出色表现，应该说较好地发挥了“以文促旅、以旅彰文”的作用。戏剧节由乌镇旅游股份有限公司投资、承担所有支出，由旗下文化乌镇股份有限公司执行，在剧目选择等方面由艺术委员会等独立负责。戏剧节虽无资金之虞，但投资方乌镇旅游公司通过景区年收入的增长幅度来评估戏剧节的收益，即对于戏剧节的期待是吸引更多的游客，带动景区消费，其投资模式决定了这是戏剧主题的文旅项目，而很难成为世界级的艺术节。因为世界级的艺术节，应该与剧目的艺术标准、在艺术界的影响力、在世界范围内的文化贡献等更为相关，而不是与人流量和消费额密切相关。

四、政策建议

文商旅融合背景下的演艺新业态发展作为新生事物，呼唤政府部门在政策制定和执行上因时而变，及时“迭代更新”。

第一，对于演艺新空间的拓展和规范。

在目前的演出市场管理条例框架下，在剧场以外的非标准空间举办的演出审批程序和材料相对复杂，牵涉很多政府相关部门，面临着很多阻碍。

在这方面，上海的经验值得学习与推广。为解决新业态引发的新问题，上海市演出行业协会出台了《上海市演艺新空间营运标准（试行版）》，将商业综合体、办公楼宇、产业园区、旅游景区内的营业性演出场所归为演艺新空间，在硬件、管理和价值引领上均提出了规范，并由行业协会依照标准进行认定、督导、检查等，将文商旅融合的演出场所纳入有序管理之中。在黄浦区“演艺大世界”区域内，思南公馆等10家营业性场所成为首批通过“标准”并试行的演艺新空间，演艺新空间的陆续开放，使城市演艺空间的密度继续增大。

第二，政府从主办方向指导方转变。

国内的艺术节通常是由政府出资主办并具体承办的，但是新型文商旅融合下商业空间、旅游景区和文化艺术结合的策划创意则需要优秀的专业团队。团队在选择剧目时要有对艺术的感受力和判断力，也要具备根据合作方的场地特性、时间段、运营目标、预算等多种诉求提供定制服务的能力，还要完成与之相关的设计、舞台搭建、演出报批、现场执行等大量行政、技术工作。与政府部门相比，在市场竞争中成长的团队能力更强，因此政府应从主办方转变为指导方。例如针对表演艺术新天地项目，黄浦区委宣传部制定了“理论引领、需求对接、规划先行、项目支撑、专业运作、市场检验”的方针，并积极与社会机构接洽，引进了拥有丰富策展经验的民营企业——北京柒零柒恩剧团有限公司进行“专业运作”，最终实现了多方共赢。

第三，转变政府投入方式。

现代社会，人群向都市集中的趋势越来越明显，文商旅融合的发展日益快速，公共文化服务的渠道需要加以拓宽，在原有的主要面向边远地区、乡村及高校人群的“三下乡”、进校园、下基层等公益演出之外，一部分公共文化服务将转移到都市的文商旅融合空间，如在商业空间举行小型公益演出，在剧场举办艺术赏析、交流、教育等免费活动等。

政府资金的投向不应再局限于帮助院团养人、资助创作、以免费吸引观众进剧场等方式，而应改为对于演出渠道的扶持，如减免剧场土地使用税和房产税、优惠水电能耗费、奖励演出场次等，从而降低剧场运营成本，降低每场演出的场租成本，进而降低票价。对于开设在商业综合体内的剧场，政府可采取与演出场次挂钩的办法给予剧场方租金补贴。政府可以通过实施优惠扶持政策，支持剧场进行市场化运营，改变目前演出票价与人民群众的收入水平、消费能力相比明显偏高的不合理局面，降低观看演出的消费门槛。

第四，鼓励发展民办非企业和社会企业。

民办非企业单位作为非营利组织，既可以以市场化经营手段获取营业收入，又可以吸收政府、基金会、企业和个人捐款；社会企业作为一种新的组织形式，既不像纯商业企业是为了股东谋取最大利润，也不像民办非企业那样不能分配利润，它以社会使命为先，通过市场运营实现财务上的可持续性发展，既可以吸收捐赠资金，也可以部分分配利润。民办非企业和社会企业的存在和发展，使以文化传承和艺术创造为使命的艺术院团不用以追逐票房为导向，也无须被迫注册公司，承担高昂的财务和税务成本，而以其自身对社会的文化贡献获得市场的回报及来自社会的善款资助，实现经济和文化的互为哺育。

此外，要鼓励社会支持演艺行业，完善和发展《基金会管理条例》，一方面要明确捐赠资金免税等有利于吸收社会资助的政策，另一方面要放宽对设立艺术类公益基金会的限制，鼓励企业、个人反哺和支持文化演艺事业。

第五，鼓励艺术院团和旅游企业、商业企业合作。

艺术院团人才优势突出，但在开拓市场方面能力不足，而旅游、商业企业长于市场拓展，有客源，但缺少高水平的创作和表演人才。通过合资、合作等方式实现资源共享和整合，有利于提高演艺节目的创作和演出水平，也能激发艺术院团的活力。

第六，发挥行业组织作用。

行业协会可承担起从业人员培训、制定行业标准、实行行业监管、加强行业沟通、提高行业自律等职责。例如，上海演出行业协会在演艺新空间认定、扶持民营院团、街头艺人管理等方面都有很多创新举措；中国演出行业协会新近成立的网络表演直播分会、表演艺术委员会等，在促进行业发展上都起到了积极作用。

结　语

在国家对文商旅融合的倡导下，演艺产业新业态的探索实践如雨后春笋般生长，同时也反映出演艺生态在创作、文化和商业、旅游之间的内在矛盾。演艺新业态的健康发展，呼唤更加精准有效的政策。

设计中国纺织遗产共享社区

杨雨心 [①]

（米兰理工大学，意大利米兰，20158）

【内容提要】 在我国已公布的四批国家级非物质文化遗产代表性项目中，仅纺织类非物质文化遗产就有86项。这些纺织遗产除了拥有各具特色的美学特征外，还诠释着特定的文化与历史。与其相关的手工艺人作为建立遗产社区最重要的组成部分，和他们所产出的遗产文物一样，是文化认同与传统知识的传承载体。他们所代表的无形的传统知识以及遗产社区本身的价值是保持纺织遗产活力的关键。

然而，在全球化、工业生产、环境气候压力与新社会文化的共同影响下，传统纺织手工艺人和纺织遗产社区与其他形式的传统手工艺一样面临着巨大压力，这给与中国纺织遗产相关的博士研究带来了机遇与挑战：我们不仅要在新文化环境下重新认识传统纺织遗产的价值，更要激活纺织遗产群体适应现代社会的能力。基于这个背景及博士研究的阶段性成果，设计激活手段被视为一种有效的战略，其旨在通过建立一个弹性的共享社区，赋予参与人群将传统技能和知识与创造性资源协同发展的创新能力，从而为纺织遗产创造新的价值。本文将会针对如何揭示并激活中国纺织遗产社区提供初步设计方案：重新定义纺织遗产价值参数；识别利益相关者和行动者在激活过程中代表的角色和所要完成的任务；基于案例研究提出适当的激活行动。

【关键词】 纺织非物质文化遗产；设计激活方法；不确定性遗产；共享社区

① 【作者简介】杨雨心，女，博士在读，米兰理工大学设计院博士生，主要研究领域为文化遗产设计。本文为国家留学基金委与米兰理工大学合作奖学金项目。

Designing Sharing Communities of Textile Heritage in China

Yang Yuxin

(Politecnico di Milano, Milan, Italy, 20158)

Abstract: In the list of four batches of National Intangible Cultural Heritage released in China, there are 86 textile heritage items can be recognized as Textile Intangible Cultural Heritage. On the one hand, the tangible evidence of a textile heritage can illustrate a specific aesthetic characteristic and describe a certain cultural history; on the other hand, the craftspeople who established the heritage community is important as well as the heritage artefact they produce, due to the cultural identity and traditional know-how they represent. The intangible knowledge and heritage community are the core value to keep the textile heritage alive.

However, like other forms of traditional craftsmanship, many textile craftspeople and textile heritage community struggle to adapt to the issues of globalization, mass production, environmental and climatic pressures, social conditions or cultural tastes change. That bring the opportunity during the Ph.D. research in the field of Chinses textile heritage: to not only recognize the values of the textile arts and crafts, but also to activate the related community' s capabilities and behaviours. In this context, the design intervention looks promising to consider as a strategy in building a resilience sharing community that can empower the involved people innovation processes connecting skills and knowledge and creative resource, thus, create new values for the heritage. This article, based on the Ph.D. research, providing the findings: re-defining the valuing parameters; identifying the role of related stakeholders and actors in the activation procedure; and proposing the proper activation actions.

Key words: Textile Intangible Cultural Heritage; Design Activation Method; Uncertain Heritage; Sharing Community

一、“设计”激活非物质文化遗产和传统手工艺

“设计”与艺术总是有着千丝万缕的关系，尤其是在欧洲文化背景下，艺术和“设计”从各自的语言、风格和形式中交织出影响彼此的先锋运动，进而使“设计”在文化艺术的影响下形成了成熟的设计理论和设计实践。

在文化遗产领域的研究中，“设计”可以为遗产注入新的价值与意义，也可以给遗产带来新的使用方式，然而，“设计”的贡献依然被低估。即使是在设计应用领域较为先进的欧洲国家，如意大利，在尝试将文化、地方性的技能和资源融入文化遗产设计中时也同样面临着新挑战：让“设计”衍化成一种基于大环境并能实现可持续性发展的实验研究方法，使文化遗产的价值和经验得以创新，加以管理，从而反哺当地区域和社区的发展。这意味着“设计”除了在艺术美学上的贡献外，其互动参与式设计过程也能够作用于文化遗产在系统和经验方面所产生的价值，从而“激活”遗产，使相关社区在社会和经济上实现可持续发展。这套“设计”程序同样适用于传统手工艺。

作为最具有形遗产特征的非物质文化遗产[①]（以下简称“非遗”），传统手工艺遍布文化、社会、经济、美学等领域。在不同的历史阶段中，传统手工艺的知识与技能是相应社群、社区赖以生存的遗产。2005 年，《法鲁公约》提出，由非遗传承者所构成的社群、社区，同样代表着文化遗产，即为遗产社区（heritage community）。这为我们以“设计”激活传统手工艺非遗提供了新的思路：不仅需要考虑到“激活”非遗本身的价值，更要注重遗产社区的可持续发展。

（一）传统手工艺的“不确定性”

传统手工艺具有当下人们渴求的特质，尤其是当人们开始寻求独特性和真实性，并对批量生产、机械化和快时尚感到厌倦时，人们发现传统手工艺才是工匠文化的真实写照[②]。

然而，工业社会的发展导致传统手工制作方式改变，某些手工艺和传统知识技能无法适应社会发展的现状。这就直接导致了许多传统的手工艺品、工具和材料开始淡出市场，并被大批量生产的廉价产品所取代。这也是社会、经济和新技术共同

① 联合国教科文组织对传统手工艺的解释，参考链接：https：//ich.unesco.org/en/traditional-craftsmanship-00057.

② 联合国教科文组织 2005 年发表文章“*Designers Meet Artisans：A Practical Guide*”，参考链接：https：//unesdoc.unesco.org/ark：/48223/pf0000147132?posInSet=1&queryId=82dfa806-c0f3-4ba0-8e3f-2db65607cb08.

作用的结果。这些外力影响因素使得传统手工艺处在“不确定的文化遗产”[①]状态。此外，制作过程的繁复和天然材料的取材困难，也导致了传统手艺的不确定性。

传统手工艺的不确定现象在全世界广泛存在着，一些传统手工艺的地位极度不受重视，乃至于连手工艺人自己都不认为这些手工艺是文化遗产。在设计过程中，这些不确定性既是阻碍传统手工艺发展的原因，也是值得讨论的机遇。就如有人在对中国结艺的研究中说道，尽管中国结艺在手工艺人和工艺品市场上面临很多困境，如装饰功能、传统形态以及工艺实践缺乏创新，依然为中国结艺的设计带来了更多可能性，如参数化设计、当代艺术对传统结艺的解读与展示[②]、以绳结文化为驱动的衍生产品[③]创作等。

（二）纺织非物质文化遗产

传统纺织工艺包括但不限于编、织、钩针工艺，蕾丝工艺，刺绣工艺（针织工艺、梭织工艺、黏合与擀毡工艺、簇绒工艺等），染色、印花，以及各种针线工艺形成的用于点缀和装饰纺织品的工艺。我国目前已确认的国家级非物质文化遗产中，纺织类非物质文化遗产有 86 项，加上扩展项及增补项，总计 160 项[④]。在这些纺织及与纺织相关的非遗技艺中，从刺绣、印染类的装饰性纺织工艺到民族服饰类的成衣制造

---

① “不确定的文化遗产”（Uncertain Cultural Heritage）概念源自瑞典的一个政府政策。瑞典政府召集相应的研究学者，在所参与的对“文化遗产对公民的积极性与社会的平等法制的贡献”的五个主要的政府项目研究中，讨论什么是“不确定遗产”、“不确定遗产”对社会和文化的影响以及如何平等对待“不确定遗产”。其中指出，“不确定遗产”可以是工业社会下新产生出的遗产；可以是由于工业社会的发展，人们不再使用、传承，从而淡忘掉的文化遗产；也可以是由于某种原因导致其价值没有被完全发掘而形成的被隐藏的遗产。这些研究的初衷就是讨论文化遗产、遗产传承者和参与者的社会认同和平等，其对“不确定遗产”的研究与肯定，恰恰就是社会平等的一种表现。

基于这个概念，“不确定遗产”的研究不仅可以在瑞典进行，而且可以在世界范围内进行探讨。在研究中，代表性的纺织遗产作为传统手工艺的一个重要部分，是遗产所在地和社区独特的文化和社会象征，并在不同时代衍生出多种文化遗产。纺织品遗产的不确定性具有不同的特征，各种外因和内因导致了一些遗产对当地社区失去了意义，被公众忽视，甚至面临没有继承者的情况。而“设计”通过积极的干预，可以创建共享社区。这个遗产社区的“设计”过程，能够揭示并激活纺织品遗产的价值，降低不确定性，甚至可以在原住民社区以外重新作为现代活动而持续活跃着。

由于该部分的概念和具体引申不是本文主旨内容，遂不做进一步深入解释。

② 如韩国艺术家 Yuni Kim Lang 的作品“*Big Red Knots*”，参考链接：http：//www.yunikimlang.com/big-red-knots.

③ 日本川越冰川神社会馆主办传统日式婚礼，其中绳结是该神社的主要衍生设计产品。参考链接：https：//musubicafe.com/mamorimusubi.

④ 该 86 项统计是基于中国纺织工业联合会非遗办公室 2016 年提供的名录，其扩展及增补项，中文参照中国非物质文化官方网站：http：//www.ihchina.cn/project.html#target1，英文参照香港承真楼非遗名录：https：//www.culturalheritagechina.org/.

技艺，都被列在三大非遗类别中：传统技艺、民俗和传统美术。

与中国结这类即使在国际上也尽人皆知的中国传统民间手工艺术不同的是，由于历史与文化、工艺的品类、民族多样化等带来的复杂性，中国的大多数纺织非遗在外文纺织工艺文献中即使被提及，也处于出处不确定的状态中。例如，*The Dyer's Art: Ikat, Batik, Plangi* 一书在纺织技艺中虽然提到日本在飞鸟时代从中国进口了一块真丝纺织物（新疆艾德莱斯绸），但不同于对日本纺织的介绍和描述非常详尽，书中对中国这类工艺的中文名称、起源时间和起源地点的了解十分匮乏。当然，比起中国，日本对传统手工艺文化的传播和发展非常早。在意大利手工纺织大师 Paola Besana 的 2 000 多本藏书中[①]，可以找到英文版本及日文原版的日本手工艺书籍，如 1982 年出版的 *Japanese IKAT Weaving, the Techniques of Kasuri* 就对日本纺织工艺进行了详细的日文名词解释及工艺介绍。从其他外文资料中对日本传统纺织工艺的详细介绍及日语名词说明上也可以看出，日本在传统工艺文化的传播上较为成功。

在中国，针对单项纺织工艺的研究已经有非常丰富的成果了，但在整合全面的纺织非遗，以及创新和文化传播上，还处在逐渐完善的阶段。同时，在纺织非遗这个大类别下讨论“不确定遗产”时，不仅应该关注工艺本身及现代化社会所带来的影响，更应该注重能够传承纺织非遗的群体，以及与非遗联动的相关群体所能构成的非遗社区。从这个角度来讲，中国纺织非遗的一大特色就是民族多样性，并形成了两大类别的非遗群体。一类是以汉族为主，以师徒传承的方式，历经多个朝代所产生的传统手工艺和民间、宫廷艺术。另一类是以少数民族为主，多以母亲传给女儿的家族传承方式，能够代表其文化特点的少数民族纺织、服饰。由于地域环境的不同，即使是同一种纺织工艺，其材料使用、色彩应用、艺术审美情趣等也有着明显的差异。除此之外，纵观以汉族为主的纺织非遗，大多集中在经济发达地区，少有人使用、穿着纺织非遗，但是对纺织非遗的保护和工业化发展则较为成熟。而少数民族纺织非遗大多分布在交通和经济欠发达的偏远地区，与此同时，尽管面临年轻人的流失而导致传承断代的危机，少数民族群体依然使用着纺织服饰传统。这为针对中国纺织非遗的研究引发了新讨论：（1）在不同文化、民族背景、自然条件、经济状况下，如何统筹、分类中国纺织遗产；（2）为了将纺织非遗文化推广和传播到国际媒介上，其相关专业中英文翻译注释的校对，既要与国际“惯例”协调统一，同

① Paola Besana 是意大利著名纺织类手工艺人，其协会所设的工作室收藏有 2 000 本以上与纺织及纺织工艺相关的丛书，其中英语书籍占总数的 70% 以上，其他语言丛书以意大利语、法语为主，也收藏有部分日语书籍。

时也要有助于解析有中国文化特色的传统手工艺；(3) 由于非遗本身及工业化社会所带来的不确定影响，纺织非遗乃至传统手工艺有必要按照传承创新的需求进行重新评估和定位，以确保其遗产价值可以被全面或有倾向性地识别和激活；(4) 在以上第一条和第三条的讨论之后，中国纺织非遗是否可以分几种遗产社区进行讨论，应基于现状与激活情况分析，从而为设计激活纺织遗产社区打下基础。

（三）中国纺织非遗从“揭示”到“激活”

关于传承纺织及手工艺遗产的研究主要集中在抢救、保护和编册中。在对其创新和活化的讨论中，“设计”也已经被认可为有效的行动方式。但在讨论“设计”时，目前还没有一个系统的模型，可供识别工艺价值，并有效地延续和推进相关遗产社区在当代社会中的存续和发展。所以在当代环境下，要讨论如何运用“设计”降低传统手工艺遗产的不确定性，以及在促进传统手艺人的新技能的同时，强化遗产的原价值和原工艺。这就为针对中国纺织非遗方向的设计研究提出了新的假设：通过设计激活理论或以设计为驱动项目的“设计”干预，可以“揭示”并“激活”纺织遗产，使之从“不确定遗产”状态进化到共享社区。这些“设计”干预措施，不仅可以识别纺织工艺的价值，也可以延续相关社区的能力和行为。

基于这个假设，意大利米兰理工大学设计院的文化设计部门与时尚设计部门针对传统知识的活化设计已经进行了较为成熟的研究。例如，在“传统知识的以设计为驱动的活化行动战略”中，Lupo 教授提出，为了使传统知识得到全面保护，“激活”就是让这些知识被持续地练习、使用、传授及社会化。从“识别 / 获得”“保护 / 编册”到“传承 / 演化”[①] 的过程，让新设计在对传统知识的当代诠释下保有原始文化价值。在其后的设计驱动框架中，“Activating the Value of Cultural Assets as Open-ended Knowledge Systems”（激活文化资产价值作为开放式的知识系统），以及应用设计方法，其中 Heritage，Directions，Processes，and Narratives[②]（遗产、导向、过程和叙事）都可以作为解释和转化传统知识的理论基础。

---

① 原文 identification/acquisition，conservation/documentation，and transmission/fruition 在纺织非遗中可以扩展解释为：“识别 / 获得”是通过调研与可视化设计过程，强化工艺人与大众对于纺织遗产的认识；“保护 / 编册”是通过记录和再设计的手段，保存并汲取遗产知识；“传承 / 演化”是创造弹性的、可持续发展的协作 / 参与流程，使不同的利益相关者可以在设计过程中互动并互利。

② 米兰理工 FIP 设计组的研究方针，参考链接 http：//www.fashioninprocess.com/the-manifesto/heritage。Heritage，即有形与无形的文化遗产，可以作为新价值的议案。Directions，即创新方向通过可视化积极推动新产品、服务、系统场景和潜在市场的发展。Processes，是对设计驱动型创新策略的研究，并将其应用到品牌和产品管理以及相关的关键流程中。Narratives，是通过讲故事、视觉效果、展示、零售形式及新媒体和社交媒体，使设计实体化。

二、中国纺织遗产研究

（一）纺织遗产的“揭示”

历史上，我国纺织品工艺和纺织品艺术曾经历了繁盛时代，纺织工艺美术不仅代表了一个朝代的时尚与审美，也是区分各个少数民族的标志。及至现代，传统纺织工艺美术仍然可以作为文化认同和传统知识的载体。

1. 中国纺织非遗的分类

前文说到，目前我国国家级纺织非遗就有160项之多，为了统筹梳理近似的地域环境、文化背景、社会经济发展状况等基础条件，针对中国纺织遗产的研究，是基于国家统计局划分的四个区域——东部、中部、西部、东北部地区①进行分区分析的。

在非遗分类中，纺织非遗被分类列入传统技艺、民俗和传统美术三大类中。在论《纺织类非物质文化遗产的资源整合》一文里，考虑到纺织类的工艺过程和物质载体，将中国纺织非遗分为初级原材料、服用面辅料、印染技艺、刺绣技艺和民族服饰五个大类。为了开放纺织品的创新和使用范围，其中服用面辅料在本研究中被定义为织锦技艺，初级原材料被定为初级纺织材料制作技艺。综合上述，对中国纺织非遗的五个工艺分类为：（1）织锦技艺；（2）刺绣技艺；（3）印染技艺；（4）初级纺织材料制作技艺；（5）民族服饰。

2. 基于设计的价值评估参数

一项传统技艺消亡，不仅意味着掌握这项手工的艺人和他们赖以生存的技艺消失，也意味着这项技艺代表的整个历史、文化认同、遗产和传统全都消失。但由于各种不确定性的影响，传统手工艺在新的工业社会中需要进行重新评估。重新评估的目的是考虑设计激活过程的价值，并以公平和负责任的方式对待遗产界的财富。

评估某物是否为遗产，通常以文化背景、社会影响、地理位置和时间跨度为主要参数。在设计产品系统中，文化、社会、时间、经济、技术、美学和空间也被视为设计形式演变的催化剂参数。在工艺和设计领域，无论是手工艺的传统美学还是新形式的美学，手工艺人和设计师都会注重美学的价值。而经济干预对于恢复传统手工艺是有效的，尽管对于某些纺织品遗产而言，其经济收益仍不明确，但经济价值对于激发手工艺人的创造力却是必要的。

在手工艺领域，评定一个产品是否有价值，取决于该产品是否是手工制作。这

---

① 东西中部和东北地区划分方法 . 中华人民共和国国家统计局 http：//www.stats.gov.cn/ztjc/zthd/sjtjr/dejtjkfr/tjkp/201106/t20110613_71947.htm.

说明手工工艺同样应该作为一项评定参数。在当今环境下，在丰富原属工艺品的同时，应思考手工艺的技能和知识是否能够应用于更广泛的领域，如航天、医疗、建筑等。数字技术和新技术正在引领当今社会的发展，思考手工艺品的智能可能性也可以帮助我们寻找一种方法，将传统知识转化为新的实践术语。这在设计工艺时同样适用，正如 Sethi 所说，在设计干预中引入适当的技术，对工艺来讲将会非常有意义。

综上所述，识别、保存和促进每种纺织品手工艺“独特”的价值参数是文化、社会、地理、时间、经济、审美、工艺和技术①。在针对中国纺织非遗的研究中，这八个评估参数将用来分析每个案例的工艺及设计价值。在“设计中国纺织遗产共享社区”的讨论中，文化和社会背景、技术支持，以及地理和经济价值是至关重要的评定参数。

（二）案例分析

基于前文提到按照中国四个区域进行分析的方法，下文案例分析部分将从这几个区域的概况及该区域有代表性的纺织非遗进行分析。

1. 中国东部

中国东部包括北京、天津、河北、山东、江苏、上海、浙江、福建、广东和海南，不包括港澳台地区，是中国纺织业最发达的地区。东部地区以沿海地区或近沿海地区为主，因此给进出口贸易带来了巨大的机会，也促使纺织工业和服装制造业快速发展。该地区还拥有一些历史悠久、较为先进的纺织工艺，如黎族棉纺织技术和中国传统桑蚕丝织技艺。

除四个少数民族代表的纺织非遗以外，东部地区的纺织遗产社区主要由师徒传承的手工艺人组成。与其利益相关的社区组成部分有工艺培训基地、（合作）研究院校、博物馆、当地政府、产品研发公司等。这种由手工艺人和其他主要利益相关者组成的遗产社区适用于大多数非少数民族纺织遗产，如“南京云锦制造技艺”就是一个从保护到研发都比较成熟的纺织技艺系统。

---

① 文化价值，指纺织遗产独特的文化历史、文化特征和传统的价值；
社会价值，指特定的工匠社区、民族群体及他们相联动的相关社区、群体；
地理价值，指原出处的地理价值、当地资源和当地自然环境为形成该工艺的作用；
时间价值，指在历史上存在的时间长度；
经济价值，代表了从（纤维等）原材料到终端市场为工匠社区、民族群体及他们相联动的相关社区、群体所带来的经济利益；
审美价值，代表了其艺术价值的表现，如装饰图案的设计、颜色和其他艺术组成部分；
工艺价值，代表手工艺和传统工具的使用，以及是否可以应用到更广泛的领域中；
技术价值，代表着应用数字技术、新技术的可能性。

“南京云锦织造技艺”是中国织锦技艺最杰出的代表之一，作为南京地区的标志性传统手工艺，得以广泛传播和推广。2009 年入选联合国《人类非物质文化遗产代表作名录》，同年，南京云锦研究所建立了云锦培训基地，到 2015 年为止，该研究所已有 24 位传承人。2013 年，该研究所与南京师范大学合作，成立了南京云锦学院。基于当地政府和南京云锦研究所所属公司的共同支持与推进，这项纺织非遗吸引了国内外设计师，并成功将设计作品展示在国际舞台，如 2015 年米兰世博会南京云锦时装秀①。在科技的运用上，近年来南京云锦研究所积极开展云锦计算机辅助设计和电脑挑花两个前道工序的数字化工作，对云锦织造技艺数据库进行了抢救性发掘、整理工作，并将云锦的相关历史资料纳入了资源共享工程②。在现阶段的研发和设计实践中，云锦的使用与图案风格依然缺乏创意，这为纺织遗产社区提供了一个思考：是否可以与艺术设计院校进行合作创新；同时，是否可以以国际合作的方式让该传统工艺得到更广泛的关注。

不同于南京云锦织造技艺，“中式服装制作技艺”③是以上海和杭州的四家老字号④服装品牌为代表的纺织非遗。尽管在命名上，“中式服装”的定义有些模糊，但所有品牌均专注于高级时装市场，并使用学徒制方法传承传统知识和技能。尽管上海和杭州的当地政府和媒体都在为品牌做宣传和推广，该技艺仍然面临着缺乏传承者的困境。

“黎族传统纺染织绣技艺”⑤是中国东部地区最有代表性的少数民族纺织技艺之一。在黎族文化背景下，纺织技艺是由母亲传给女儿的。很多纺织技能和图案在没有文字记载的情况下，以口口相传的方式进行传承，很多纺织纹样都记录了黎族文化的历史和传说，是黎族文化遗产中不可或缺的一部分。近几十年来，黎族的习俗已被现代生活方式逐渐取代，年轻一代也正在寻找更有前景的工作，而不愿意传承“过时”的纺织技术，这导致掌握织造和绣花技巧的女性人数严重下降，以至于传统

① 米兰世博会“南京云锦时装秀”，http：//njweek.chinadaily.com.cn/2015-07/16/content_21311757.htm.

② http：//www.xinhuanet.com/2019-11/11/c_1125216862.htm.

③ 这项技艺在近百年里吸收并继承了数千年的中国服饰文化精髓，形成了一系列如“大襟、立领、盘扣、镶、嵌、滚、宕、盘、钉、钩、绣”等具有鲜明中华民族服饰风格的独特技艺。该工艺采用高档的锦缎和丝绸为面料，对台湾海峡两岸和东南亚地区都有深远的影响，因此很受上流社会的欢迎。

④ 四家老字号成衣铺：龙凤旗袍店、亨生奉帮裁缝店、培罗蒙西服公司、振兴祥成衣店。

⑤ 传统的黎族纺织技术包括纺纱、染色、编织和刺绣，2009 年被列入联合国教科文组织急需保护的非物质文化遗产名录，参考链接：https：//ich.unesco.org/en/USL/traditional-li-textile-techniques-spinning-dyeing-weaving-and-embroidering-00302.

的黎族纺织技术面临灭绝的风险。在整个纺织品生产体系中，黎族人虽然善用当地自然条件，是可持续发展的积极案例，但是他们很少通过当代设计的手段对传统技能进行创新。这使得黎族纺织遗产在缺少传承人的情况下很难吸引外界的目光，也使黎族纺织遗产很难拥有更丰富的发展空间。

本部分小结

按照中国东部地区这三个案例遗产的激活程度来讲，南京云锦作为联合国教科文组织认定的人类非物质文化代表作，得到了各个利益方的重视，包括政府、企业与研究院合作将南京云锦推到国际舞台，以及设计师对云锦的再创新再设计，都是其他两个案例所欠缺的。由于其遗产社区利益相关者分工明确，积极创新，“南京云锦织造技艺”的激活程度在三个案例中最高。“黎族传统纺染织绣技艺”虽然被联合国教科文组织认定为亟须保护的非遗，但实际上它在海南的辨识度很高，在海南本地的很多地方，尤其是在特色旅游区，都能见到穿着黎族服饰的黎族人和以传习纺织技艺为生的黎族手工艺人，黎族纺织纹样也随处可见。但黎族青年都忽视了传统技艺，使这项非遗面临着缺乏传人的现状，激活程度明显低于第一个案例。作为几个老字号服装品牌的代表遗产，“中式服装制作技艺”在“中式服装”的定义上不够明确。同时，尽管上海和杭州的政府和媒体一直鼓励和力推老字号品牌，这个技艺在创新和传承上依然面临着很大问题，而且其遗产社区的构建单一，使得“中式服装制作技艺”在激活程度上低于前两个案例。中国东部地区案例的激活程度如图 1 所示。

图 1

2. 中国中部

中国中部地区包括山西、安徽、江西、河南、湖北和湖南，地理条件以内陆平原为主。该地区的自然条件有利于棉麻类植物纤维的生长。在中华历史文化中，中国中部地区是文明的起源地，文明的多样性使古代纺织品艺术在该地区的发展有丰厚的地域基础。

在这一区域中，从图3可以看出，湖南省国家级纺织非遗数量最多，是中国中部地区唯一拥有少数民族纺织非遗的省份。然而，在湖南省，最有名且发展最好的纺织非遗并非少数民族纺织非遗，而是中国四大名绣之一的“湘绣”。这项技艺的主要遗产社群是以长沙市沙坪产区为代表的32个自然村和社区镇。截至2012年，湘绣行业的相关企业有100余家，其中国家级手工艺大师8名、省级大师12名，员工人数将近20万人，年产值超过5亿元。除了较为成熟的生产链，湘绣的研发和保护离不开相关博物馆和研发机构的功劳。这些机构侧重于保存湘绣的历史作品，并吸引高级刺绣专家及中国画家加入创作。但是，类似于南京云锦，湘绣始终保持着传统风格，在艺术取材和产品设计上缺少突破和创新。此外，没有一个开放的平台能够证明市场上所销售的湘绣产品的工艺档次，让消费者很难识别工艺品的价值。

湖南省的另一个耳熟能详的纺织非遗是“夏布”。作为中国纺织非遗中初级纺织材料制作技艺杰出代表，湖南浏阳的苎麻织布早在明朝时期就已闻名于世。有记载称“苎布，一名夏布……浏阳、湘乡、攸县、茶陵皆出苎布，世称浏阳最佳”。如今，在国际纺织品市场上，苎麻是极受欢迎的生态纤维，中国苎麻纤维的产量及苎麻产品的出口量居于世界首位①。但严格来讲，夏布之所以成为纺织遗产，主要是因为手工苎麻织布的制作工艺，例如韩国和日本申报的联合国教科文组织名单中的传统麻制作技术②。这就如前文所讨论过的一个问题，作为传统手工艺的一种，手工制作如果作为一项重要指标，用来评价传统手工艺的传统价值，以机织为主的苎麻织布是否就脱离了其本源价值？在现代工业化、智能化的环境下，传承并发展纺织非

---

① 参考链接：https：//www.tridge.com/intelligences/ramie/export 和 https：//www.tridge.com/intelligences/ramie/production.

② 2011年列入《人类非物质文化遗产代表名录》中的汉山地区的Mosi传统苎麻编织工艺，参考链接：https：//ich.unesco.org/en/RL/weaving-of-mosi-fine-ramie-in-the-hansan-region-00453；以及2009年4月4日被列入《人类非物质文化遗产代表名录》的日本新潟县鱼沼地区苎麻织物制作技术Ojiya-chijimi和Echigo-jofu，参考链接：https：//ich.unesco.org/en/RL/ojiya-chijimi-echigo-jofu-techniques-of-making-ramie-fabric-in-uonuma-region-niigata-prefecture-00266.

遗的传统价值，是否可以借助设计的力量平衡传统意义与工业生产，同时扩大遗产社区的参与者，增加手工艺人在传统知识技能上的附加值呢？这些问题既是在讨论夏布，也是在讨论夏布这类纺织遗产，其传统手工艺人在生存环境逐渐严苛的当下，在有成熟的工业生产条件下，如何创造一个有中国特色的遗产社区？

本部分小结

从整体上看，中国中部地区的政治、经济、科技等条件低于东部地区，所以在创新设计及国际化推广上可以借鉴东部地区的三个案例。“湘绣”作为中国四大名绣，在湖南省是与纺织产业结合最密切的纺织非遗。湘绣非遗有成熟的学徒制，培养出了大量精于制作湘绣的手工艺人。但湘绣产品在使用形式及刺绣取材上依旧没有太多突破，导致湘绣产品始终保留着过去的样式，极少创新。“夏布”虽然在工业化生产上居于世界领先地位，但作为遗产的手工制作技艺却面临失传的风险，同时也很难找到一个成熟的传承团体能够代表夏布非遗社区的主体（手艺人、传承人），所以其激活程度低于“湘绣”。对比中国东部地区的三个案例，中部地区的两个案例激活程度如图 2 所示。

3. 中国西部

中国西部地区包括内蒙古、广西、重庆、四川、贵州、云南、西藏、陕西、甘肃、青海、宁夏和新疆。西部地区虽然有三座特大城市，但因为土地面积大，所以与其他四个地区相比，人口密度最低。该地区的少数民族社群数量最多，同时也拥

图 2　中部地区的两个案例激活程度

有数量最多的纺织非遗，并以各具特色的少数民族传统纺织手工艺和民族服饰为主。因此，对这个区域的介绍会以少数民族纺织的案例分析为主。

通过分析数据可以看出，贵州和新疆的纺织非遗数量最多，其中，苗族和维吾尔族最有代表性。内蒙古与新疆的畜牧业发展很好，意味着这两地有充足的动物纺织纤维。同时，在植物纤维上，新疆地区的棉花产量占全国棉花总产量的一半。与之相匹配，新疆地区的纺织工业与纺织手工艺都非常引人注目。以维吾尔族为代表的国家级纺织非遗有维吾尔族花毡、印花布织染技艺、维吾尔族刺绣、维吾尔族帕拉孜纺织技艺、维吾尔族花毡制作技艺、维吾尔族艾德莱斯绸织染技艺、维吾尔族地毯织造技艺、维吾尔族服饰。这些纺织非遗描绘出并代表着新疆维吾尔族的民族习惯和文化特征。随着国家越来越重视传统文化、传统手工艺的创新能力，2016年，在新疆哈密一带成立了以维吾尔族刺绣为研发重点的传统工艺工作站[①]。这一项目将政府、企业和高校结合起来，将维吾尔族刺绣技艺与文化推向了更广阔的市场与平台。在实地访问的过程中，该地区的本土居民对这个工作站并不熟悉，在未来的设计中要考虑把该工作站与当地社区结合，除了与非遗传承人进行互动之外，也通过设计增强本地居民的文化认同与参与积极性。

和维吾尔族纺织非遗相似，苗族的纺织非遗同样也是苗族社群民族文化和生活习性的产物。苗族人善用自然资源，他们的国家级代表纺织非遗包括苗绣、苗族挑花、苗族蜡染技艺、苗族服饰、苗族织锦技艺。这些多姿多彩的纺织非遗作为苗族传统纺织品，拥有独特的工艺，也具有很高的艺术价值，因而吸引了海内外的研究人员和设计师。这使得苗族纺织非遗在创新、设计和应用方面都表现突出。例如，时尚品牌特别钟爱苗族文化和纹样，喜欢把带有浓郁苗族风格的印花、纹样、色彩等应用在服装高级定制中[②]。在对苗族文化进行研究的同时，也有研究者把苗族传统工艺与服饰结构引入当代设计中，如北京服装学院贺阳老师带领团队完成的研究项目——一方布[③]。

本部分小结

作为西部地区有代表性的两个少数民族纺织非遗，这两个案例可以描画并代表

---

① 参考链接：http：//www.ihchina.cn/news_1_details/18560.html?_isa=1.

② 苗族纺织文化为高级定制设计师带来灵感，参考链接：http：//thefashionabletruth.com/miaos-creativity-inspired-haute-couture-designers/#.XkLl0RP0knV.

③ “一方布”系列服装设计作品，见《极简心象——中国苗族服装结构的现代运用实践》，参考链接：http：//eeff.net/wechatarticle-273588.html.

少数民族的民族风采和文化标识。其中“维吾尔族纺织遗产”的主要申报地是新疆，这里有着得天独厚的自然条件，适合种植棉作物，因而吸引了国内外的很多纺织工业生产企业。但是由于现代化的影响，传统手工艺不再是生活必需的技能，尽管新疆成立了维吾尔族纺织非遗研究所，还是缺乏与当地居民的互动合作。在少数民族服饰研究和创新设计中，“苗族纺织遗产”是很热门的课题，不仅仅有博物馆、艺术设计院校对相关的研究和设计活动进行了保存、归档和再设计，更有海外学府、奢侈品品牌和设计师对苗族纺织非遗进行了积极尝试。所以苗族的纺织非遗和“南京云锦织造技艺”一样，在目前的案例分析中是激活程度最高的国家级纺织非遗。中国西部地区案例的激活程度如图 3 所示。

图 3　中国西部地区案例的激活程度

4. 中国东北部

中国东北部地区包括辽宁、吉林和黑龙江，该地区环境恶劣，冬季严寒，不利于常用纺织类植物纤维生长。但是该地区有着丰富的森林资源和矿物质资源，1949 年新中国成立后，国家大力支持对东北工业基地的发展，因而该地区同样有较为知名的纺织企业及独特的纺织遗产。

该地区的国家级纺织非遗都属于少数民族纺织非遗，但不同于西部地区的少数民族社区，中国东北部的大多数少数民族已经融入了现代化的生活环境中。以满族为例，东北地区的满族人口最多，除了特定的聚集地区如岫岩满族自治县之外，很多满族人都出生在城市环境中①，也因此对传统满族文化缺乏了解与传习，这使该地区的纺织遗产仅传承于少数民族聚集地中。像"满族刺绣"这样的纺织非遗，它的文化与美学价值代表了满族人民的原始思想结构和满族文化的原始形态，其传承模式是以家族传承为主，由长辈传承给下一代。这和黎族纺织遗产的传承方式非常相似，但其濒危程度却高于黎族纺织非遗。

不同于满族的人口众多和高度城市化，赫哲族主要聚集在黑龙江省的三江平原和完达山余脉的三乡两村中，是我国人口较少的民族之一②。赫哲族居住地水产丰富、渔业富足，"赫哲族传统鱼皮衣制作技艺"是其民族文化中极具代表性的遗产符号。鱼皮文化是北纬45度以上地区的独特文化，在很长一段历史时期内，赫哲人使用鱼皮制作衣、套裤、靰鞡。由于生产工艺复杂、成本高等原因，新中国成立以后，其他纺织材料逐渐替代了鱼皮这类材料，这种传统技艺也就逐渐失传了。

本部分小结

从地理条件、历史因素、少数民族的文化和审美背景、工业化社会发展等条件来看，中国东北地区的纺织非遗都面临着濒危、难以延续的问题，所以在目前所选的纺织非遗案例中，东北地区的纺织非遗激活程度是最低的。中国东北部地区案例的激活程度如图4所示。

满族刺绣
Manchu embroidery

激活程度
■■■■

申报地区：新疆维吾尔族自治区
纺织纤维：蚕丝、棉纤维、毛纤维
工艺类别：民族服饰、初级纺织材料制作技艺、印染技艺、织锦技艺、刺绣技艺

赫哲族传统鱼皮衣制作技艺
Hezhe traditional fish skin costume

激活程度
■■■■■

申报地区：贵州省
纺织纤维：棉纤维为主
工艺类别：民族服饰、印染技艺、织锦技艺、刺绣技艺

图4 中国东北部地区案例的激活程度

① 满族现状，参考链接：http：//www.gov.cn/guoqing/2015-07/23/content_2901627.htm.
② 赫哲族介绍，参考链接：http：//www.gov.cn/guoqing/2015-09/24/content_2938147.htm.

三、以设计为驱动的纺织非遗激活框架

基于国家级纺织非遗及其遗产社区（群）的案例研究，将纺织非遗分类为不同等级的“不确定遗产”（见图 5）。社区激活状态越差，不确定性水平越高，同时相似的激活状态可以成组讨论，并以设计共享遗产社区为目的，制定不同的激活策略。

第一等级是像云锦和苗族纺织非遗这类受到了良好的保护与保存，在相应的手工艺和民族社区里仍然被活跃使用并得以积极发展的纺织非遗。这样的非遗社区其主体行动者为手工艺人和少数民族传承者，他们有意愿也有平台分享知识。在创新能力及与社区外的互动上，该类纺织非遗应该借助“设计”的力量更进一步发展。

第二等级是像黎族纺织技艺、湘绣和维吾尔族纺织遗产这样的纺织非遗。其相应的遗产社区会以该纺织非遗作为经济来源，有条件将纺织非遗作为商品出售到当地以外的社区中。但是在旅游、手工艺市场甚至是国际博览会中，这些非遗产品都缺乏创新。同时像第一等级一样，遗产社区需要提高创新能力，从设计上增加产品的附加值，建立可行的知识分享模式与共享平台，促进遗产社区的主体参与者与新锐设计师、艺术家及合适的研发团队共同合作创新。

第三等级是像中式服装制作技艺、夏布、赫哲传统鱼皮衣这类纺织非遗。其遗产社区的主体手工社区和少数民族社群需要从知识、技能的归档与推广方面吸引相关方的关注，创建以知识传播为主的平台，以此增强潜在参与者与利益相关者对纺织非遗的了解。

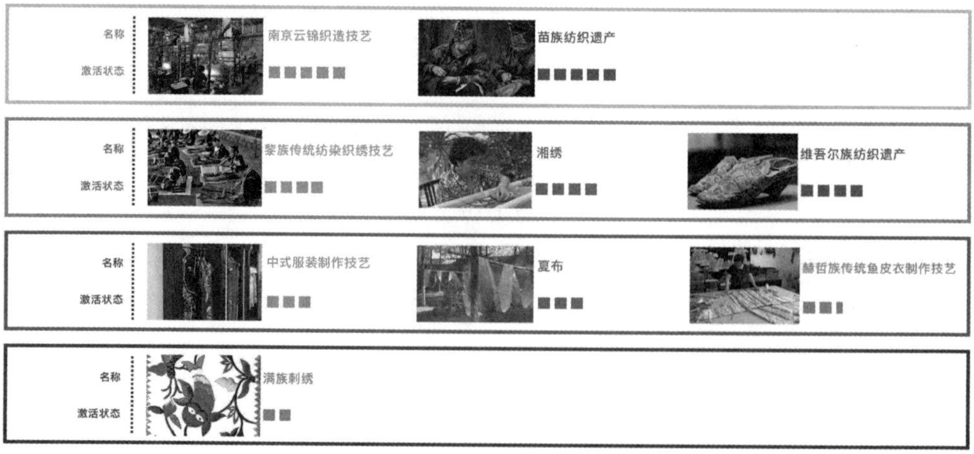

图 5　案例的不确定水平和激活状态

第四等级是像满族刺绣这类纺织非遗。这类纺织非遗处在一个被忽视且传承人出现断代甚至没有传承人的状态下。这类纺织非遗的当务之急是建立一个平台，探寻合作模式来增强遗产社区主体人的能动性，以促使当地社区积极参与非遗的保护与传承。虽然归档和保存是必不可少的抢救方式，但探讨其在现代社会可持续发展的意义和方法才是让这类纺织非遗不只存在于书本和博物馆的关键。

在整理出这四个激活等级之后可以看出，在针对纺织非遗的讨论中，无论处于哪个等级的纺织非遗，在考虑如何通过设计驱动模式来建立分享型遗产社区时都会围绕三个大问题进行讨论：（1）当传统手工艺已经远离大众时，“设计”如何缩短人们与传统知识之间的距离？（2）当传统手工艺不再是一项赖以生存的技能时，“设计”如何提高手艺人的能力以达到可持续发展？（3）当新时代与新技术并肩为传统手工艺带来机遇与挑战时，“设计”如何为手工艺社区和民族社群吸纳、联动潜在的和新的行动者与利益相关者？

在讨论这些问题之前，需要明确在纺织非遗中哪些个人与机构是利益相关者与积极行动者。

（一）利益相关者与积极行动者

在常用的创新结构中，最关键的三个行动方及利益相关者就是大学、产业和政府。以此为三角结构的合作模式可以促进经济和社会的发展，同时，其中任何二者之间的互动都会产生新型混合的利益相关机构。在与社会创新（Social Innovation）有关的讨论中，由于在创新活动中能够将共同利益和集体活动联系在一起的公民社区所起到的作用不亚于其他三个主要机构，所以在有关社会创新研究里讨论的四角生态系统是以大学、产业、政府和相关社区（群）为主要行动方和利益相关者的。

在揭示—激活中国纺织非遗研究中，最主要的利益相关者与积极行动者就是政府机构、设计院校、纺织类产业及纺织非遗社区主体（手工艺人与传承人）。这四方交互、合作所产生的其他利益相关者与积极行动者有研发机构、博物馆、设计师和艺术家、NGO和基金会组织、工作室与工坊、旅游和手工艺市场。这些利益相关者与积极行动者除了要扮演好自身的传统角色外，在以设计为驱动的框架中，还需要考虑增进新的目标和战略，以发挥揭示并激活纺织非遗社区的作用。

（二）两个侧重：全面统筹与专业化

从中国纺织非遗的整体发展考虑，“设计”可以作为辅助工具，也可以作为主要行动工具。在以辅助利益相关方和积极行动者为目的的揭示与激活中，可以基于“两个侧重”展开，一个是构建以全面统筹和知识分享为目的的开放式知识分享系统，另一个是以培养优秀专业创新人才为目的的培训计划。

1. 开放式知识分享系统

近几年，我国非常重视对传统文化的保护与创新。作为利益相关者与积极行动者的重要一环，2005 年，政府机构在与纺织非物质文化遗产有关的领域中成立了"中国纺织非物质文化遗产办公室"①，并积极创设了纺织类遗产的工作站；2017年，由文化部、工业和信息化部、财政部联合制订了《中国传统工艺振兴计划》。这些举措对于统筹和鼓励创新、促进传统手工艺发展都起到了十分积极的作用。但是在纺织非遗信息的公开及专业平台的建设上，依然有进一步提升的空间。例如，日本经济产业省构建的 KOGEI JAPAN②，将已认证的日本传统手工艺分门别类，运用清晰的可视化线上平台，使人们有机会了解相关工艺的背景知识，同时明确了传统手工艺的出处及相关联系单位，也方便了手工艺社区及潜在利益相关者与行动者的合作和参与。

这类平台的构建需要几个重要的相关方参与，比如对于单项纺织遗产或纺织相关的手工艺有深度合作和研究的机构，包括博物馆、设计院校、纺织产业、NGO 等。这些机构应该在政府机构的统筹下，协力构建这样一种数字归档、分享式平台。这样的协同合作模式能够将纺织遗产作为开放知识资源提供给更多的人。

2. 手艺设计师与设计工艺师

设计师在设计实践的各个方面能够通过使用替代材料、适当的技术、定义新产品线等方式，将手工艺人的知识和技能转为创新资源。但如果过分抬高设计师的价值，使手工艺人屈居于生产者的角色，就有可能限制手工艺社区的发展。因此，在针对传统手工艺的创新过程中，设计师在设计实践中应注意培养和增强手工艺人的能力，手工艺人要加深自身对工艺的知识背景的了解，提升对技能的运用能力。英国艺术与工艺运动的领导人之一 William Morris 就曾提出 designer-craftsman 和 craftsman-designer 的概念，即工艺人本身就是设计师，而设计师本身就是工艺人。为了达到手艺设计师和设计工艺师、艺术学院及设计行业的共通，可以通过开展在非遗传承工作场学习工艺、与纺织工匠进行共同设计、在设计院内开展协作研讨会等活动，使手艺人与设计师共同成长，协同发展。

例如前文提到的意大利手工纺织大师 Paola Besana，在工艺上，她致力于传统纺

① 中国纺织非物质文化遗产办公室是"中国纺织工业联合会"下属单位机构。

② https：//kogeijapan.com.

织技术的再创新与再设计；在纺织工艺研究和培训上，她通过工作坊的形式与设计院校、博物馆及纺织产业合作，在引导更多业余爱好者对传统纺织工艺进行创作的同时，通过课程也培养了很多设计院校的学生，使他们将传统纺织手工艺转变为当代艺术的实践。

（三）设计干预的四个步骤

针对纺织非遗的设计激活方法旨在揭示纺织品遗产在当代社会的价值，并激活遗产社区以适应纺织遗产在未来的发展。除了两个侧重之外，设计作为主要行动工具，可以基于四个等级的激活状态。这四个干预策略、构想为：（1）被看到；（2）赋权；（3）包含；（4）促进。

1.“被看到”：建立可分享平台

第一个策略、构想是为遗产和遗产社区建立可分享的平台，在揭示纺织品遗产价值的过程中实现被识别和被看到的目的。“设计”主要通过可视化和story-telling（讲故事）的方式传播传统知识和技能，引起人们特别是当地人的关注。这种策略适用于第四等级的激活状态，因为纺织遗产社区所面临的主要问题是不被社会重视，缺乏继承人。

这一策略中主要的利益相关方和积极行动者是手工艺和遗产社区、与纺织相关的工作坊、政府机构、博物馆、研发机构、基金会及负责中间协调工作的艺术设计院校。

2.“赋权”：为手工艺人增加活力

第二个策略、构想是增加手工艺人的活力。通过设计，激活项目，使更多的继承人参与，使更多地方对纺织遗产社区加深认识；同时揭示非遗的文化和审美价值，在增加创新实践的同时保留纺织工艺品的原始价值。手工艺人的关键问题不仅在于缺乏创新，更在于需要被提供平等分享和提高能力的机会，因此这种策略适用于第三种激活状态。

这一策略中主要的利益相关方和积极行动者是手工艺和遗产社区、纺织相关的工作坊、政府机构、博物馆、研发机构、基金会。通过艺术设计院校的“串联”，协同纺织产业的能力，将纺织非遗产品推广到旅游和手工艺市场平台。

3.“包含”：吸纳更多的行动者和利益相关者

基于前两个构想，第三种策略旨在使纺织遗产社区适应新兴市场，通过培训和协同创新设计的活动，扩大潜在行动者和利益相关者。它能够满足建立文化创意工作室 / 工作坊的需要，是适用于每一个激活状态的。

这一策略中主要的利益相关方和积极行动者是手工艺和遗产社区、研发机构、设计师与艺术家、纺织产业和基金会。协调机构以艺术设计院校、政府机构，以及线上和线下的旅游和手工艺市场为主。

4. “促进”：延展分享型社区

第四个策略、构想是通过采用数字技术在更广的范围内重新利用和推广手工艺，扩大现有的共享社区，善用新兴材料和科技，开发新的工艺技术。这个策略适用于建立共享社区的第一个状态。对于其他三个等级，这个策略也可以帮助它们以新的方式来实践和分享遗产社区的知识技能。

这一策略中主要的利益相关方和积极行动者是与纺织相关的工作坊、手工艺和遗产社区、研发机构。协调机构以纺织产业、设计师与艺术家、博物馆、数字平台为主。

思考与讨论

本文所讨论的有关构建中国纺织非遗分享型社区的设想，是通过设计干预手段如以设计为驱动的研究、以社会创新为基础的分析，以及以可持续发展为目的的设计实践来降低纺织非遗的不确定性，从而揭示并激活传统纺织遗产的知识和相关遗产社区主体的行动能力。

同时，本文讲解了如何从设计角度组织中国纺织非遗研究，剖析了在激活程序中的利益相关者与积极行动者的角色，并构想了一套可实现的激活行动战略。然而，由于一些案例的案头研究和实地研究都存在局限性，以及通过现有的设计激活方法来设计整个中国纺织遗产共享社区并不完全适用于所有纺织遗产案例，并且在思考手工艺非遗的可持续性发展中，还应该考虑如何将终身学习系统应用到手工艺人与艺术设计院校构建中去，所以亟须对纺织品遗产社区的设计驱动框架进行更深入的研究。

参考文献

[1] Bürdek B E. Design: *History, Theory and Practice of Product Design* [M]. Walter de Gruyter, 2005.

[2] Lupo E, *Giunta E. Contemporary Authentic: a Design Driven Strategy for Activating Intangible Heritage and Craft knowledge* [J]. 2016.

[3] LUPO, E., 2008. *Beyond Localism, Looking for Sustainability*. Designing '*typical knowledge*' *active-action. Changing the change*, pp. 939-948.

[4] Cleere H. *Council of Europe Framework Convention on the Value of Cultural Heritage for Society* (2005)[J]. Encyclopedia of Global Archaeology, 2014: 1724-1727.

[5] Yang Y, Lupo E. *Design-driven Strategies for the Sustainable Textile Heritage Community in China* [C] //*Design Sustainability* for all. 3rd *LeNS World Distributed Conference*. Edizioni Poli. Design, 2019: 999-1004.

[6] 徐艺乙. 手工·工具·习惯：与传统手工艺实践过程中的不确定性相关的问题[J]. 装饰, 2014 (3): 58-60.

[7] Yang, Y. *Unveiling and Activating the "Uncertain Heritage" of Chinese Knotting* [C]. *The Asian Conference on Cultural Studies 2018 Official Conference Proceedings*, 2018: 197-208.

[8] Kadolph S J, Marcketti S B. *Textiles* [M]. 2014.

[9] 胡敬萍. 中国少数民族的服饰文化[J]. 广西民族研究, 2001 (1): 62-68.

[10] 安妮, 陈雁, 毋岚萍, 等. 论纺织类非物质文化遗产的资源整合[J]. 丝绸, 2015, 52 (10): 56-62.

[11] Sethi R, Duque C D, Vencatachellum I. *Designers Meet Artisans: A Practical Guide* [J]. Craft Revival Trust, New Delhi, 2005.

[12] Kahane J. *The Form of Design: Deciphering the Language of Mass-produced Objects* [M]. BIS Publishers, 2015.

[13] 罗文雄. 黎族织锦艺术的保护与发展[J]. 琼州学院学报, 2008, 15 (1): 23-26.

[14] 伍新福. 湖南通史（古代卷）[M]. BEIJING BOOK CO. INC., 2008.

[15] Etzkowitz H, Leydesdorff L A. *A Triple Helix of University-industry-government Relations* [J]. *Universities and the global knowledge economy*, 1995.

[16] Domanski D, Kaletka C. *Social Innovation Ecosystems* [J]. *Atlas of Social Innovation: New Practices for a Better Future*. Howaldt, J., Kaletka, C., Schröder, A., Zirngiebl, M., Eds, 2018: 208-210.

区块链与数字出版产业商业模式创新：一种新的互联网思维

张立波　孙雯雯　吴　倩[①]
（中国海洋大学，青岛，266100）

【内容提要】 随着数字经济的快速发展，数字出版产业与前沿技术的融合迫在眉睫，但是商业模式的创新速度却远远慢于技术更迭的速度，因而数字出版产业的商业模式亟待创新和提升。区块链通过分布式共识机制实现弱中心化、分中心化，重构互联网时代的价值体系，可以最大限度地体现每个节点的价值创造，代表着一种新的互联网思维观。数字出版产业商业模式创新应以数字版权价值链为基础，充分利用区块链的理念和技术特性，重构数字版权的确权、授权、维权、扩权等环节，拓展价值创造、价值传递、价值运作、价值分配等具体实施路径，在此基础上实现区块链对数字出版产业体系的深度整合，从而基于区块链思维创新数字出版产业商业模式。

【关键词】 区块链；数字出版产业；商业模式；思维观

---

① 【作者简介】张立波，博士，中国海洋大学教授，北京大学文化产业研究院研究员；孙雯雯，硕士，中国海洋大学国家文化产业研究中心助理研究员；吴倩，博士，中国海洋大学文化产业系讲师。

基金项目：教育部社科规划基金项目“移动互联背景下微电影商业模式创新的路径与策略研究”（编号：17YJA630133）。

Blockchain and Digital Publishing Industry Business Models Innovation：A New Concept of Internet Thinking

Zhang Libo，Sun Wenwen，Wu Qian

（Ocean University of China，Qingdao，266100）

Abstract：With the rapid development of digital economy，the integration of digital publishing industry and cutting-edge technology is getting closer，but the innovation speed of business models are far slower than that of technological change. The business models of digital publishing industry are in urgent need of innovation and improvement. The blockchain realizes weak centralization and decentralization through a distributed consensus mechanism，and reconstructs the value system of the Internet era，which can reflect and respect the value creation of each node to the greatest extent，and represents a new Internet thinking concept. Digital publishing industry business models innovation should be based on the digital copyright value chain，make full use of the concept and technical characteristics of the blockchain to reconstruct the digital copyright confirmation，authorization，rights protection，rights expansion and other links to expand value creation，value transfer，value operation，value distribution and other specific implementation paths，on this basis，realize the deep integration of the blockchain to the digital publishing industry system，thereby innovating the business model of the digital publishing industry based on the blockchain thinking.

Key words：Blockchain；Digital Publishing industry；Business Models；Thinking Concept

数字化技术革新和快速发展使得人类接收信息和进行阅读的行为习惯发生改变，知识的定义和边界也随之发生改变，由此数字出版在全球范围内都得到了蓬勃发展，但是以数字版权为核心竞争力的数字出版产业商业模式创新却面临着诸多挑战。2019 年 10 月 24 日，习近平总书记在主持中共中央政治局就区块链发展现状和趋势的集体学习时强调，要加快推动区块链技术和产业创新发展，积极推进区块链和经济社会融合发展，充分利用区块链探索数字经济模式创新。产业发展应坚持未来导向，利用区块链的去中心化、可追溯、防篡改等技术特征探讨数字版权保护由此成为近几年的关注热点。商业模式的创新是文化产业持续发展的动力，但学界目前将区块链视作一种新的互联网思维观重构文化产业商业模式体系的相关研究却甚为匮乏。因此，本文试图从区块链视角探索数字出版产业商业模式创新，以应对当前数字出版产业发展所面临的现实困境及挑战。

依据不同行业，数字出版产业商业模式可以细分成多种具体的商业模式，本文重点探讨一般性的数字出版产业商业模式。比起传统出版产业，数字出版产业发展历史短，更新迭代快。一方面，数字技术的革新不断推动数字出版产业发展，数字内容的展现形式与展现平台持续升级，为用户提供更加优质的体验；另一方面，与数字技术的发展速度相比，数字出版产业创新的速度较为缓慢，以大型数字出版企业的商业模式为主导。中小型数字出版企业的商业模式处于模仿或尚未完全形成的阶段，而大型数字出版企业在步入稳定发展期后会倾向于选择稳健型的商业模式，创新商业模式的动力不足，由此导致整个产业商业模式的创新速度缓慢。总的来说，数字出版产业商业模式创新受技术发展的牵引力较小，数字出版企业的创新意识和创新动力不足。

一、数字出版产业商业模式创新的现实困境

商业模式是指企业为客户创造价值并获取恰当回报的方式，广义的商业模式涵盖了将企业自身的核心竞争力即内在性优势和外部性优势转化为盈利方法的要素，对商业模式的把握离不开对核心竞争力的理解。数字出版产业商业模式以数字版权为核心竞争力，延伸并重构数字版权的价值链。迈克尔·波特认为价值链的价值形成主要在价值创造的完整行为链条中得以实现。数字出版产业的价值链条主要围绕数字版权的价值创造、数字版权的价值传递、数字版权的价值运作、数字版权的价值分配展开，呈现出与传统出版产业不同的产业特征。当前，与数字出版产业价值链密切相关的数字版权的确权、授权、维权、扩权等工作面临着挑战，直接影响到数字出版产业商业模式的创新，如图 1 所示。

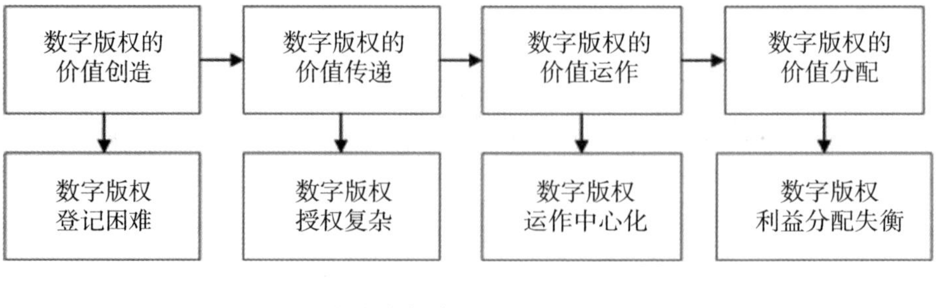

图 1　数字出版产业价值链及现实困境

数字版权的价值创造是数字出版产业价值链的基础。比起传统版权，数字版权因高效的价值实现渠道而更容易创造价值。数字版权的确权工作是数字版权价值创造的保障，数字化时代无法杜绝因复制而产生的侵权，用户通常可以免费获得数字版权作品进行再创作，版权人对作品的侵权行为控制力很弱。当前，数字出版产业对数字版权的动态保护能力较弱，烦琐的数字版权登记使版权人不得不“铤而走险”发布作品，一旦发生侵权问题，版权人无法切实保障自己的合法权益。

数字版权的价值传递是数字出版产业价值链的社会化过程。在这一过程中，版权人与运作方的授权合作是关键的一环，二者之间的价值传递呈现单向性，具体表现为：一是运作方通常担任“主导方”的角色，专业机构会对数字版权进行商业评估，并不是所有的数字版权都有机会成功地完成授权；二是版权人通常担任“被选择”的角色，数字作品的风格、内容质量等都会成为被选择的条件，专业化的平台内容筛选机制更加严苛，这就可能使得数字版权的价值传递不能完全体现版权人的价值创造。运作方掌握数字版权授权机制的主导权，版权人在授权商业谈判中处于弱势，双方在价值链之中的地位不对等。

数字版权的价值运作是数字出版产业价值链的增值过程。通过一系列的商业化运作，数字版权的价值得到释放，并产生多种不同的业务组合和盈利模式，如用户付费下载、广告营销收入、衍生产品收入等。数字版权价值运作的平台中心化效应越发凸显，以数字出版为例，阅文集团旗下的签约作家创作的数字作品可授权给平台进行全版权运营，有商业价值的作品，能够实现一次生产供给多次利用，平台的聚集效应使得作品价值运作具有可预期性和稳定性。大多数版权人都选择将数字版权的价值运作依托中心化平台，没有依附平台的个人创作者则无法充分开展数字版权的运作，作品的收益有限，盈利渠道较为单一。

数字版权的价值分配主要指数字版权产生的收益在不同价值主体间分配。数字版权的价值分配当前存在利益失衡的现象，表现在版权人与社会公众之间、运作方与版权人之间、运作方与社会公众之间。现行的数字出版交易平台由于缺乏信用认证系统与奖赏机制，不仅难以公平地对大众协同创作而得的数字作品支付薪酬，而且无法客观真实地记录每个创作人员的贡献次数与内容，使数字作品交易平台最终独占了由众多用户协作完成的知识产品的商业利益。数字版权利益分配失衡不利于数字出版产业价值链的生态发展，也使商业模式创新缺乏多方参与。

二、区块链：一种新的互联网思维

区块链作为一种革命性的技术，体现的是开放、平权、互信、自治、协作、共享的思维。互联网思维伴随互联网技术的发展而生，从以门户网站为代表的人机互联时代到以移动终端为代表的人与人互联时代，人和人逐渐实现点对点的连接，沟通效率和沟通质量呈现质的提升。时至今日，以大数据、人工智能、区块链等为代表的新兴技术正在推动移动互联网时代向万物互联时代迈进，最终必将实现人与物的连接。技术不断迭代的过程，正是互联网思维变革的转折点。作为一种创新性整合技术，区块链的初始定位是为了支持比特币的形成和流通，其后通过区块链建立一个去中心化、去第三方、集体协作的网络体系，该设想在一些行业得到了理论和实践验证。区块链能够通过运用数据加密、时间戳、分布式共识和经济激励等手段，在节点无须互相信任的分布式系统中实现基于去中心化信用的点对点交易、协调与协作。区块链将推动形成塑造新互联网的思维，重构人与人、人与物之间的连接方式。首先，区块链将重构人与人连接的信任机制。当前，人与人的连接大多依赖一个或多个中心化组织存在，中心化组织的责任是尽可能降低因为信任等问题带来的道德风险引起的损失。依据区块链思维，未来人与人的连接将尽可能减少对中心化组织的依赖，朝着弱中心化、分中心化发展，人与人之间无须建立以信任为前提的连接关系，就能实现交易与协作。这种连接关系的范围将从局部扩展到整个社会系统，每个人在区块链中作为一个节点参与运作，交易与协作的效率将得到大大提高。其次，区块链更加强调重视人的价值，作为节点的个体在区块链系统中平权参与协作，每个节点创造的内容都不容他人非法篡改，尊重和保护每个个体的价值将是区块链社会发展的重要内容。

三、数字出版产业商业模式创新：区块链思维的实践

关于产业未来发展的讨论通常较为抽象和复杂，首先要从原理角度进行思考，不仅要重视方法，关注本质，思考未来，反思节奏，同时还要坚持以人为本，奉行改善主义。区块链为数字出版产业商业模式的创新提供了理论和实践方面的支撑。基于区块链的新互联网将进入价值互联网阶段，这一阶段尊重和保护个体的价值，注重突出版权人和用户的价值创造，注重重构各主体间的信任连接机制，弱化中心化数字出版平台的负外部性。根据数字出版产业的现有实践状况和可行性研究，基

于区块链思维观，创新数字出版产业商业模式的实践路径具体可如下展开：

（一）建立区块链数字出版平台，创新数字版权保护机制

区块链的分布式共识机制能够建立基于版权人、运作方、用户等主体的多方协作网络，企业可以将其部分业务、部分数据上链，通过区块链这一新型信任机制，让所有相关利益主体监督并共享关键信息，真正赋予用户一定的知情权、选择权、决策权、话语权。例如，新华智云科技有限公司拥有国内首个受互联网法院认可的版权区块链，链上版权存证具有司法效应，版权人可随时查看作品的运作情况。

具体来讲，区块链通过优化数字出版产业价值链，创新数字版权保护机制。第一，在价值创造环节，基于分布式存储技术便捷数字版权登记。传统的数字版权登记成本及维权成本较高，因侵权成本较低，所以无法从源头上杜绝侵权行为的发生。区块链系统的分布式存储技术使得每个节点以扁平式拓扑结构相互衔接，如果某个节点想要篡改或非法下载数字作品，须经得全网超过 51% 的节点的同意和验证。事实证明，这种篡改成本较高，能够有效保护版权人的权益。基于区块链的分布式存储技术能够快速完成数字版权登记，同时在最大限度上保护版权人的价值创造。

第二，在价值传递环节，基于时间戳技术进行数字版权追溯。加盖了时间戳的数字版权作品能够被全程追溯，无论作品经过多少次流转，每一次交易过程都会通过时间戳被完整地记录下来，因此一旦有侵权行为发生，就可对作品进行全程追溯，找到具体哪个节点存在侵权行为，然后实时取证，通过互联网法庭提交侵权证据，以维护版权人的权益。

第三，在价值运作环节，基于哈希算法技术，创新数字版权发行。哈希算法通过对每项交易进行不可逆的哈希赋值运算，有效解决了第三方交易的信任问题，同时保证了每一项交易的可验证性。基于哈希算法的数字版权发行模块主要由两类单元构成：一类是以版权人为主导的数字发行媒介，即利用哈希算法中的“哈希令牌”技术增强版权人在数字发行媒介中的话语权；另一类是全程公开透明的数字发行链条，即凭借哈希算法的时间戳对数字作品的流转路径进行标记，此举有助于版权人及时对版权使用主体的“越界用权”行为进行有效制衡。版权人在区块链数字版权发行中拥有较大的自主权和选择权，减少了运作方的限制，使授权机制更加灵活。

第四，在价值分配环节，基于智能合约技术，优化数字版权交易。区块链智能合约与现行的市场交易规则类似，与传统交易的不同在于，基于智能合约的交易无须人为操作，只需要事前设定好作品的价格、交易流程、交付方式等。当有用户愿意消费此产品时，智能合约会自动识别各方义务是否得到满足，如果满足交易条件，则交易自动完成，高效便捷，省去了人力成本，优化了数字版权交易。此外，版权交易完成后会同时自动生成新的区块，并将交易信息分布存储于同级区块中，形成集体维护并锁定交易，从而保证交易的唯一性。智能合约能够事先根据确定好的价值分配准则自动执行，当系统完成交易后，版权收益会自动打入相关权益主体的账户中，其中包括用户这一被忽视的运作主体。

（二）基于区块链数字出版平台，创新数字出版产业价值网

区块链对传统业务模型组织的影响体现在是否以及如何影响其价值主张、竞争方式和运营方式。与传统的创作模式不同，链上各节点都有机会成为一部数字作品的价值创造者、价值传递者、价值运作者、价值分配者。基于区块链数字出版平台，能够强化数字出版产业价值链间的双向反馈，实现数字出版产业价值链向数字出版产业价值网的演化。第一，基于区块链设计相应的激励机制，在保证系统安全稳定的情况下，用户为获得相应的激励收益会选择参与到数字作品的创作、传播及发行之中，实现数字版权价值创造与价值传递之间的双向互动。第二，通过设计数字版权价值运作交易的智能合约，系统将在条件满足的情况下自动交易，其交易的效率和效益都高于传统的交易模式。第三，传统的收益分配局限在版权人、运作方与平台之间，用户没有参与收益分配的权限，但是用户对于数字版权的价值创造、传递与运作都做出了贡献。区块链数字出版平台可通过智能合约设计将用户的收益权益纳入数字版权的收益分配机制，以保障用户权益。Revelator 致力于为艺术家提供作品分销平台、版税结算和支付服务，基于区块链实现版权交易等流程的自动化。版权所有者从版权管理到版权分发、版权收益等均可快速、准确、低成本地完成，与传统的版权交易相比更加方便与安全。

（三）基于数字出版产业价值网，创新数字出版产业商业模式

基于区块链的数字出版产业价值网，在现行数字出版产业商业模式的基础上，能够强化版权人、运作方、用户之间的价值互联，围绕数字版权这一核心竞争力，创新数字出版产业的业务组合及可盈利方法。

1. 核心竞争力：区块链创新数字版权价值实现形式

区块链将改变单一的数字版权价值实现形式，重塑版权人、运作方、用户之间的价值连接方式。传统的数字版权沿着数字出版产业链进行单向的价值传递，版权人、运作方、用户三方的价值处于不对等和不安全的状态。版权人的价值创造权益时刻受到被侵权的威胁，价值传递处于较被动的地位，价值运作享有的知情权和运作权有限，导致获得的价值分配不均；运作方在整个价值体系之中处于较中心化的地位，在数字版权的价值运作与价值分配中享有大部分权益。这种模式已经不完全符合大数据时代的个体诉求，其自身的更新迭代速度较慢；用户对于数字版权的价值贡献贯穿整个价值链，但是其重要性未完全发挥出来。基于这一点，区块链的介入对上述价值体系中存在的问题提出了解决方案。版权人、运作方、用户在区块链上可视作平等的节点，三方共同建立和维护数字出版产业价值网，每一方都具有不可替代性。以数字出版私有链为例，基于三方达成关于数字版权作品运行的共识机制，三方自愿参与建立并主动维护系统的安全稳定。在价值创造环节，与以往的版权人为主要价值创造主体不同，三方均可为价值创造做出贡献，每一节点都可在全网广播自己的想法、需求和创意。基于特定的激励机制，各节点参与运算，得到最多“同意”的节点有权将自己的价值创造内容和诉求作为新的区块链，这将充分调动版权人、运作方、用户三方共治数字出版协作网络的积极性与主动性。

2. 业务组合：区块链衍生数字出版业务

首先，数字版权上链前的审核业务将得到进一步发展。区块链能够确保链上数据的真实性、不可篡改性，因此上链之前的数字版权的审核业务十分关键，要确保上链的数字版权无法律风险。其次，区块链赋能数字出版企业。已经建立区块链数字出版平台的企业可通过收取平台佣金等方式向外界共享平台，邀请有资质的版权人、运作方、用户参与数字出版协作网络的共治，共享收益。数字出版企业还可凭借区块链数字出版平台形成自身的竞争优势，如果模式足够成熟，还可向业内进行大范围推广。最后，区块链数字出版平台将衍生出运作、维护、监管等业务。未来，数字出版企业的大部分业务可能将转移到区块链，区块链数字出版平台的安全能否得到保障关系到整个数字出版产业的生态健康，这将催生出系统的平台安全保障业务，以维护链上的数据安全。

3. 可盈利方法：区块链创新数字出版产业盈利模式

未来，数字出版产业的盈利模式将基于区块链数字出版平台展开，数字版权的价值将得到最大化体现，版权人、运作方、用户三方共同参与数字版权的运作，一起探讨一部数字作品的衍生产品，如设计、营销推广、作品创新等，从而为数字版权提高品牌附加值赋能。品牌效应将是区块链数字出版平台重要的盈利点。基于区块链数字出版平台，盈利模式不再是企业独有的创造，而是平台多方共同治理的成果，这也充分体现出尊重和保护个体价值这一重要的区块链思维。

同时，基于区块链的分布式机制，可以实现数字版权作品点对点的支付与交易场景。区块链能够实现全球范围内的众筹，简化获得资本的途径。公众可全程追溯数字版权的运作，同时将获得永久有效、不可更改的参与凭证。Swarm 计划建立一个基于数字货币协议的发行平台，用户可通过财产信息面板等随时了解自身的资产状况。同时，平台有助于改善投资人对项目的参与度，如分布式项目信息调查让人们能够参与评估项目、分享相关信息等。

四、结论与展望

目前，业界对区块链数字出版产业商业模式的探讨主要集中在数字版权登记、数字版权保护与数字版权交易等方面，将区块链思维在应用层面上结合核心业务进行深度延展，可以视作区块链对数字出版产业商业模式的系统化整合。相比之前停留在版权保护领域进行探索，基于区块链的数字出版产业商业模式主要进行了三个方面的拓展。首先，中介型数字版权运作机构的消减，多方协作网络的建立。区块链能够在最大限度上帮助版权人实现对自有作品的掌控，版权人将全程参与自有作品的价值创造、传递、运作和保护等，拥有较大的自主权，从而减少对中介型数字版权运作机构的依赖。其次，数字出版产业价值链将由线状向网状发展。区块链的分布式共识机制使数字出版产业的价值链由单向线状传递转变为以数字版权为节点的多向网状传递。区块链作为底层技术支撑数字版权的运作，数字版权仍作为数字出版产业的核心竞争力创造价值，但基于区块链的数字版权的价值实现形式将会发生变化。最后，数字出版产业商业模式可能朝着更加多元与复杂的方向发展。基于区块链的数字出版产业未来可能以版权人、运作方及用户三方协作共治的方式运行，围绕数字版权的数字出版业务、可盈利方法将得到创新，版权人、运作方、用户等多方主体共建区块链数字出版产业的协作网络，将成为未来区块链数字出版产业商业模式创新的核心。

毋庸置疑，将区块链应用于数字出版产业面临着某些挑战与威胁。首先，区块链的安全问题值得重视。区块链上的数据是公开透明的，因此在隐私保护方面面临风胁。基于 POW 共识机制的区块链主要面临 51% 的攻击问题，即节点掌握超过全网 51% 的算力就可篡改数据。其次，基于区块链的数字出版产业更加强调版权人的职业化素养。区块链上的参与者是真实世界中嵌入社会网络的人，因此存在一定的道德风险。作为数字文化生产者与消费者多重身份的个体，在区块链中的行为均受到真实世界社会网络和现实问题的影响。如果区块链数字出版平台缺乏健全的上链前的审核机制，就会形成不健康的内容上链，造成不良影响。这就对版权人自身的职业化素养提出了较高要求。最后，区块链仍在不断发展，如何提高区块链的信息传递效率、如何解决跨链之间的信息对接、如何在产业内普及推广区块链、如何识别区块链“伪需求”等问题都需要被考虑，还要防止数字出版产业内出现阻碍数字出版产业商业模式创新的技术垄断。

参考文献

［1］张立波．基于大数据的文化企业商业模式创新［M］．北京：北京大学出版社，2017：190.

［2］新华社．习近平主持中共中央政治局第十八次集体学习并讲话［EB/OL］，http：//www.gov.cn/xinwen/2019-10/25/content_5444957.htm，2019-10-25.

［3］徐文明，吴倩．融合文化与互联网文化产业商业模式创新［J］．齐鲁学刊，2017（06）：96-102.

［4］陈少峰，张立波．文化产业商业模式［M］．北京：北京大学出版社，2011：162.

［5］［美］迈克尔·波特．竞争优势［M］．陈小悦，译．北京：华夏出版社，1997：40.

［6］熊英，熊玉涛．数字出版的产业特征与商业模式［J］．中国出版，2010（16）：41-43.

［7］穆向明．基于区块链技术的数字版权保护新思路：《2018年中国网络版权保护年度报告》评述［J］．出版广角，2019（19）：91-93.

［8］张文娟，宫承波．区块链与未来传媒生态秩序：一种新的思维观和方法论［J］．新闻爱好者，2020（03）：12-14.

［9］袁勇，王飞跃．区块链技术发展现状与展望［J］．自动化学报，2016，42（04）：481-494.

［10］陈少峰，李源．文化产业发展的八个未来导向［J］．北京联合大学学报（人文社会科学版），2018，16（02）：54-57.

［11］Jei Young Lee. *A Decentralized Token Economy*：*How Blockchain and Cryptocurrency can Revolutionize Business*［J］. *Business Horizons*，2019（06）：773-784.

［12］新华智云官网，https：//www.baidu.com/link?url=0OMpRc_ierXnLGa1__3FZ7kxsFkmSJKoxw7vVa2edSYgCrKvJBphRREX4m8IeWPJ&wd=&eqid=8684251300086ce9000000035e7c9645.

［13］李晶晶，王志刚．区块链推动下的数字版权保护［J］．青年记者，2018（06）：94-95.

［14］Vida J. Morkunas，Jeannette Paschen，Edward Boon. *How Blockchain Technologies Impact Your Business Model*［J］. *Business Horizons*，2019（03）：295-306.

［15］Yan Chen，Cristiano Bellavitis. *Blockchain Disruption and Decentralized Finance*：The Rise *of Decentralized Business Models*［J］. *Journal of Business Venturing Insights*，2020，e00151.https：//doi.org/10.1016/j.jbvi.2019.e00151.

［18］解学芳．区块链与数字文化产业变革的内外部向度［J］．人民论坛，2020（03）：132-135.

共享的沉浸　争论的呐喊

——美术馆与电影的跨媒介发展探寻

李尽沙[①]
（北京大学艺术学院，北京，100871）

【内容提要】 跨媒介艺术的发展为传统艺术形态提供了新的探索方向，美术馆作为建构全新艺术话语体系的重要载体，为电影的先锋探索带来了新的机遇。如今，电影已经成为美术馆中最为重要的展陈叙事形式之一，跨媒介语境下，电影需要适应美术馆作为艺术公共领域的公共性、空间性、互动性与共享性，在新技术的影响下唤起公共探讨、打破感知边界、创新互动方式、共享艺术观念，从而更好地释放电影的力量。二者相互作用，在数字社会中真正实现艺术的独特价值，在尊重个性主张的前提下实现公众教育，超越单一媒介，联结不同主体，达成文化共享与社会共识。

【关键词】 美术馆；电影；跨媒介艺术；公共领域

Shared Immersion and the Whoop of Controversy

——The Exploration of Intermedia Development of Art Museums and Films

Li Jinsha
（School of Arts，Peking University，Beijing，100871）

Abstract: The development of Intermedia Art has provided a new direction for the ex-

① 【作者简介】李尽沙，男，北京大学艺术学院博士研究生，主要研究领域为博物馆、美术馆社会化运营以及公共空间文化价值开发。

ploration of traditional art forms. As an important carrier for the construction of a new artistic discourse system, art museums have brought new opportunities for the pioneering exploration of films. Today, the film has already become one of the most important narrative form of art museum, the context of multimedia film need to adapt to the art museums' publicness, spatiality, interactive and participatory as public sphere, under the influence of new technology to raise the public to explore, break the boundary perception, innovation interact, share the artistic conception, thus better release film strength. They interact with each other to truly give play to the unique value of art in the digital society, realize public education on the premise of respecting individual opinions, transcend single media, connect different subjects, and reach cultural sharing and social consensus.

Key words: Are Museum; Film; Intermedia Art; Public Sphere

跨媒介艺术作为当下的重要命题，为各类艺术的发展提供了方向指引。电影作为跨媒介艺术的先锋形态，应该与特定媒介创新结合，这样才能为今后的发展明确方向，确立目标。电影与美术馆长期共生发展，将电影的先锋话语与美术馆的社会使命有机结合，能够使电影的发展蕴含更深刻的社会意义。

一、现代对话——电影作为跨媒介艺术

（一）跨媒介概念的理论演进

跨媒介概念始于西方20世纪60年代，在我国，这一概念往往混合 Intermedia Art 和 Trans-media Art 的两种意义。实际上，前者指向艺术作品融合多种媒介形式，后者则指向同一艺术文本在不同媒介间的改编。相比之下，前者更能够凸显艺术作品在技术变革影响下呈现出的融合发展趋势与全新创作可能，具有更重要的研究意义。

跨媒介一词最早由英国艺术家迪克·希金斯（Dick Higgins）提出，1966年，他在名为《关于跨媒介的申明》（*Statement on Intermedia*）中表示，“……与立体派一样，我们正在寻求一种新的看待事物的方式，但它更加全面，因为我们迫切地渴望转向基本的图像……近十年的时间，艺术家们已经改变了他们的媒介去适应这种情形，表达传统形式的媒介已经崩溃并且只能作为纯粹参考的观点……这就是跨媒介，强调媒介间的辩证关系……未来十年左右的核心问题，不是对于新媒体和跨媒介进

一步探索，而是如何恰当和明白地运用新发现的方法”。在这段话中，希金斯不仅指出技术变革和媒介革新改变了人们看待世界的方式，还预见了在新的传播媒介和技术影响下呈现的“世界图像化”趋势，更强调“跨媒介”作为未来发展的趋势，其意义不在于无止境地探索新的艺术媒介，而在于恰到好处地理解和运用各种媒介。

1982年，保罗·海尔（Paul Heyer）和克莱尔·格拉韦尔（Claire Gravel）对“跨媒介艺术”（Intermedia Art）进行了定义：“跨媒介艺术是指一种融合多种传统艺术形式的表现方式，通常与新技术的使用相结合，如绘画、雕塑、舞蹈、戏剧、电影和录像。”这个定义一方面强调要融合多种艺术形式，另一方面则强调新技术的使用。伊冯·斯皮尔曼（Yvonne Spielmann）在《电子图像中的跨媒介》一文中分析了不同数字媒介之间彼此同和的相互关系，摄影（作为静态媒介）和电影（作为动态媒介）之间的相互转变和转换使整个图像组织发生了变化，强调了跨媒介不仅仅能够运用不同的媒介形态，更能从中产生新的数字图像与媒介观念。

在概念定义之外，对于“跨媒介”艺术的支持或批判也一直在变化，希金斯自己在提出这一概念多年之后，也开始表现出对滥用“跨媒介”的担忧。罗莎琳·克劳斯（Rosalind Krauss）则更为激进，他对于跨媒介艺术和其他相关概念不曾进行详尽区分，而是持全面否定态度，认为我们生活的时代充斥着装置艺术和跨媒介艺术，而这些艺术形式在本质上只是服务于资本。跨媒介的独特形式使人们诋毁单一媒介的适当性与特殊性，认为所有跨媒介的艺术创作都是不纯粹的轻浮的东西。正是基于此，罗莎琳·克劳斯将千禧年前后称为后媒介时代（Post-Medium）。

现在，在新技术的作用下，跨媒介创作越来越普及，使跨媒介艺术成为当代艺术创作无法绕开的重要组成部分。学界肯定了跨媒介艺术的历史地位，并努力发掘其现实价值。纳蒂莉·哈伦（Natilee Harren）认为，“跨媒介”在今天已经成为一种文化环境，不管是否遭到批判，凭其复杂性和高度技术化，已经成为高校开设专业、艺术家实践创作的主流。可见，作为一种强调融合不同媒介、创造新形式的概念，“跨媒介”并不会过时，而是随着媒介革新不断生发出新的内涵，为创作者和思想家提供方向指引。

（二）跨媒介艺术的现实价值

跨媒介的概念与现实艺术实践相伴相生，然而，希金斯等人在提出概念时，并没有深入研究跨媒介的内涵，这与概念诞生之初重视实践运用的传统有关。为更加有效地指导现实发展，有必要理解跨媒介艺术与个体受众的互动关系。克劳斯·克鲁维尔（Claus Cluver）将“跨媒介”与“混合媒介”“多媒体”等概念统合考虑，共同指向“媒体间性”（Intermediality）的理论内涵。延斯·施罗德（Jens Schroter）为定义“媒介间性”进行了积极的尝试，他认为不能从媒介的定义角度出发讨论媒介间性的问题，而是应该从媒介间性反向思考媒介的定义。他提出“媒介间性”有四种话语模式，即综合媒介间性、形式间性、转换媒介间性、本体论媒介间性。其中最关键的在于，跨媒介艺术中的媒介产生了观念的融合，这些媒介本质上不可分离，媒介间性是媒介观念融合的必然结果。

彭欣认为，当今对于媒介间性的研究主要涵盖三个方面：媒介时空间性的研究、媒介观念间性的研究、媒介艺术间性的研究。其中，时空间性是新媒介技术融合发展的必然结果，传统艺术作品往往停留于静态的视觉呈现，随着电影艺术、装置艺术等艺术类别的产生，原有的时间维度增加了新的空间维度；随着虚拟现实、增强现实等新技术的使用，媒介对感官所能发生的刺激得到了进一步拓展，也使得人们从媒介中所能感知到的时间和空间概念进一步得到塑造与强化。在跨媒介艺术作品当中，媒介作用于人的不同感官，从而模仿、构建和创造了一个人与人、人与自然之间的跨媒介时空，对观众的感知产生了更深的影响。

“跨媒介”的概念从定义之初就是不断革新、完善的动态概念，媒介间性也随着技术革新而持续产生变化。旧的跨媒介艺术已经成为人们生活中的常规组成部分，新的技术促成了新的媒介与新的感官刺激。其中，电影始终处于前沿探索的阶段——从最开始为媒介加入时间维度，呈现出无声电影，到后来拥有乐队伴奏，直到真正意义的有声电影，再到现在融合互动、多种感官等的先锋探索电影，电影与跨媒介一直紧密相连，跨媒介成为电影这种艺术形式的内在组成，又持续地对电影提出新的挑战。从跨媒介的角度思考电影的发展，为电影作为一门艺术形成更加深刻的思想提供了方向指引。

（三）电影作为跨媒介艺术

对于电影作为跨媒介艺术的相关问题，在国外有着丰富的理论探讨。伊冯·斯皮尔曼认为，在电影领域，当数字工具与超媒体元素（多维、全方位、复合层次）组合在一起时，就产生了跨媒介影像。电影不断地将跨媒介的特性内化为自身的常规表达方式，因此相关的概念研究受到了最新艺术实践的影响，有着极强的科技感与时代感。随着游戏产业的不断发展，乔纳森·麦克（Jonathan Mack）指出，电影通常被描述为一种混合形式的艺术，因为电影融合了摄影、音乐、表演等基本艺术形式，但是这些特征的存在不足以构成电影的媒体间性；通过分析游戏形式与电影形式的交互作用，他认为将游戏设计中不同于电影的机制设计，如获取和利用技能、多次尝试目的的循环叙事、身份化身等融入电影当中，将成为今后电影发展的新趋势。虚拟现实、在线社交互动的兴起，重新引入了 360° 沉浸式体验的可能性，也将为电影的发展提供更多的可能性。

在国内，近年来，随着不同技术手段的创新应用，电影的跨媒介实践也得到了理论学者的关注。李啸洋认为，在好莱坞概念电影中，新闻装置、视频装置等得到了广泛的使用，装置艺术在电影中的再媒介化过程中，制造了叠屏、剧场空间与形象迁移，延伸出对本雅明“光晕”理论的再思考。结合最新的虚拟现实等技术手段，张强认为，VR 与电影的融合形成了独特的艺术表现力，其画面缝合、位置追踪等技术介入，极大地影响了电影的叙述结构、身体介入、艺术实践等方面，使得观众能够同步解放身体，塑造身体，进而重构身体。

这些研究都表明，电影作为一种综合性的艺术形式，在发展的过程中始终与跨媒介紧密相连。更值得思考的一点在于，尽管批评家指责跨媒介这一概念迎合大众文化，跨媒介的运用依然同时出现在面向市场的好莱坞电影和尝试先锋探索的实验电影当中。电影从诞生之日起便引发了关于艺术性和市场性的争论，这种与跨媒介相伴相生的命运，为思考在当今社会变革中跨媒介艺术及电影能够对社会文化产生怎样的推动作用提供了可能路径。

二、崇拜场所——美术馆与电影的共生发展

美术馆作为艺术发展中的重要展示场所，一直以来与电影有着千丝万缕的联系，在电影探索跨媒介的过程中，美术馆既是见证者，又是参与者。只有了解电影与美术馆的共生发展特征，了解美术馆社会角色转型的使命与内涵，才能为电影的跨媒介发展提供有益参考。

（一）美术馆与电影的共同发展历程

电影进入美术馆的历史，最具代表性和探索性的就是美国纽约现代艺术博物馆（MOMA）在 1935 年成立的电影图书馆项目（Film Library）。海黛·沃森（Haidee Wasson）梳理了美术馆与电影共同发展的整体脉络，完成了《博物馆电影：现代艺术博物馆与艺术电影的诞生》（*Museum Movies: The Museum of Modern Art and the Birth of Art Cinema*）一书的写作。在书中，沃森指出，将电影纳入博物馆展陈是 MOMA 为适应社会文化潮流采取的重要举措，但更重要的则是肯定了博物馆电影的艺术价值，“宣布电影是一门具有重要历史意义的现代艺术”。MOMA 通过设置电影

图书馆项目，主张电影作为新的现代艺术应该被收藏、保存、研究，以及最为重要的——被观看到。

二者共生发展的基础开端在于博物馆对于电影的合法性认可。沃森认为，电影图书馆在现代艺术博物馆的新大众博物馆学中起到了双重作用，不仅某些电影被认为是运动、蒙太奇和抽象等新艺术的例证，而且电影与现代发行、展览和其他传媒手段的相互渗透，也被认为是博物馆的一种新模式。在前一方面，文化研究和博物馆研究都借鉴了美学、政治学的理论，学者们通过分析博物馆的分布模式、艺术品选择等，认为博物馆是意识形态复杂的场所，充斥着确认主流文化和国家权力的重要合法性活动。丹尼尔·J. 谢尔曼（Daniel J. Sherman）和伊里特·罗格夫（Irit Rogoff）等认为博物馆是一个融合点，是历史结构和叙事的混合物，是实践和策略的展示，是各种统治意识形态的关注点和需求。皮埃尔·布迪厄（Pierre Bourdieu）认为艺术博物馆是一个特征明显的“崇拜场所”，通过对艺术博物馆进行分类、描述，举行符合行为准则的行为仪式，特定形式的知识被组织起来并合法化。因此，电影进入博物馆，使人们得以以一种新的方式重新审视电影作为艺术的价值所在。

二者共生发展的重要影响体现在对电影和博物馆提出了社会化经营的新挑战。这也是沃森所指出的双重作用的后一方面，电影进入现代艺术博物馆带来了众多的挑战，电影放映者无法期望观众完全沉浸在传统的氛围中，安安静静地完成欣赏。相反，观众会随意走动、交谈、评论，对于原本让人伤心落泪的镜头进行嘲讽。观众在观赏电影过程中所表现出的随意性和破坏性，甚至比参观正常的博物馆项目时表现出来的随意性和破坏性更大。尽管纽约现代艺术博物馆从一开始就确立了与大众媒体和消费文化的紧密相连的经营思路，让电影走入博物馆仍然为其充分社会化的经营模式带来了挑战。这种奇妙的混合作用使人们不禁思考，观看电影或欣赏美术馆的观众如果在美术馆观看电影，就会出现完全不同的行为模式。这种对于常态生活的颠覆和对于“崇拜场所”的现代主义精神的传承，对电影与美术馆的跨媒介发展产生了巨大的影响。

二者共生发展的未来前景来自跨媒介环境下面对的相同挑战。在传统研究中，博物馆及艺术博物馆往往被赋予与大众媒体相反的角色，博物馆和艺术博物馆被认为在高雅文化和低俗文化之间维持着尖锐的分歧，大众媒体消除了这些区别。然而，正如林恩·斯皮格尔（Lynn Spigel）在1950年对艺术和电视的讨论中所展示的那样，艺术和媒体机构有着密不可分的联系。电视媒介在快速发展的过程中，发挥的作用并非是消除诸如高与低、艺术与商品、原作与复制品各自的区别，而是尝试重新配置其类别定义。博物馆本身也在通过一套普遍存在的观念和论述进行重塑，特别是从 20 世纪 20 年代起，在电视出现之前，博物馆已经开始努力协调高雅文化和低俗文化，协调权威的知识体系、展览模式和行为目标。沃森认为，在整个 20 世纪，大部分的文化场所和文本被现代媒体的逻辑所动员，MOMA 在传统的意识文化传播之外，更是一个日益机动化，融合了机械复制、发行和展览等技术的博物馆。跨媒介的出现要求人们认真地重新思考机构的边界，以及其权威的手段和方法。在传统意义上，博物馆超越了时间的限制，把自己建设成一个永恒价值的宝库，但随着现实文化社会的发展，临时展览、旅行展览、广播节目、电影图书馆、明信片和咖啡桌、艺术书籍等都已经成为实现博物馆功能的一部分。永恒的杰作、文化权威和美学的完善，都以构成现代生活的短暂、可随意使用和平淡无奇的形式融入人们的生活中。电影、摄影、设计、工业艺术和广告都是美国消费文化的参与者，它们与传统的、占主导地位的艺术概念之间存在着矛盾甚至对立的关系。这种大众媒体与高雅艺术的边界和定义不断地被再分配，为电影艺术的持续发展和先锋探索提供了良好的环境与机遇。

（二）美术馆角色转型与语境转换

在理解电影作为跨媒介艺术的基础上，如果想让二者共生发展，电影就需要不断适应博物馆、艺术博物馆的现代语境，结合博物馆的现代社会角色转型坚持发展，并做出调整与完善。

在哈贝马斯对于公共领域的理论构建中，他认为“剧院、博物馆、音乐厅及咖啡馆、茶室、沙龙等恰是公共领域得以集中显现的地方”。从公众的角度，哈贝马斯指出，“展览馆像音乐厅和剧院一样使得关于艺术的业余判断机制化——讨论变成了掌握艺术的手段”。展览馆逐渐受到人们的欢迎，以至于在 18 世纪，“新的艺术公众的内在核心是有评判能力的业余爱好者……艺术作品超越了专家而与广大观众直接接触”。在这样的基础上，拥有公众代言人与教育者双重身份的艺术评论员应运而生，再到后来，出现了艺术和文化批评杂志。

王一川教授认为，在当代社会，重要的不再是让艺术从属于高高在上的国家意志，也不再是让它归属于特立独行的个人意愿，而是寻求居间领域或中介地带，使人们可以充分享受到高品质的艺术自由。在改革开放的推动下，这种介于国家化和个人化之间的中间地带逐渐兴起，开辟出艺术创作和艺术鉴赏及评论的自由空间，这就是中国艺术公共领域。弗朗索瓦 · 科尔伯特教授则将艺术体验的构建者分为艺术家、艺术组织和接受者，认为这三部分对于艺术体验的共建都至关重要。现实中，以美术馆为代表的艺术组织虽然不直接进行艺术生产，却对艺术生产的过程起到了巨大的推动作用，无论是帮助艺术家进行艺术创作打造品牌，引导消费者养成艺术素养，抑或是参与搭建艺术公共领域，都在切实影响着中国艺术公共领域的构建。王一川教授在关于艺术公共领域的论述中未直接提及艺术组织的角色作用，但在沟通交流方面提及，可以将其并入“艺术传媒平台”进行考虑，也就是可以将美术馆、博物馆、图书馆等公共文化机构与电视台、报纸、杂志、互联网等并列，发挥其在艺术公共领域中的居间或中介作用。①

公共领域的发展过程不是代替式的，而是使不同的领域形态和谐共存并演化出自身的发展脉络。单独看美术馆的发展，温虹在《美术馆的历史发展与当下作为》一文中曾经归纳过世界美术馆的发展历程，指出美术馆的职能从最开始的收藏、展示珍品，逐渐丰富发展为集合了收藏、研究、展示、教育、交流、传播、休闲、娱乐等多种功能的复合体。回归学者定义的公共领域的视角，无论公共空间曾经在历史上承担了怎样的职责，现在，我们如果把美术馆作为有效的公共领域来看待，就必须满足一定的条件。结合哈贝马斯对公共领域各项机制的叙述，可以将博物馆等艺术公共领域的发展准则与目标总结如下。

第一，空间性。美术馆公共领域原则上是对所有人开放的自由空间，所有人都可以自愿进入领域当中。

第二，公共性。在美术馆公共领域中，具有独特的社会交往方式——不考虑社会地位问题的、搁置市场规律与国家法律的平等交往，只有在这样的前提下，才能实现私人之间自由交换想法、平等开展对话、共同参与行动但又彼此保持独立，私人在真正意义上构成公众并产生“公众观念”②。

第三，互动性。在这一领域的探讨中，人们都“沿着相互合理沟通的道路去寻找、讨论和表述作品的意义”③，话题被限制为一般性探讨而非学科理论的深度研讨，使得美术馆作品原有的神圣性逐渐消失，使得“艺术”和“文化”逐渐具有现代意义。

第四，共享性。公共领域中的群体与外界连通，不断交流扩展，既不会处于封闭状态，也不会形成牢固的小团体。公共领域的机制使文化具有商品属性，进而彻底成为一种可供讨论的文化。这种领域始终具有向更大范围扩展的可能性，并且在

①②③　整理自王一川教授邮件访谈记录。

团体稳定后，主动要求充当代言人以及教育者。团队通过不断交流，逐渐由内部探讨转向外部发声，代表更大范围的公众，甚至拥有成为政论团体的潜力。

三、争论呐喊——美术馆影响下的电影新趋势

（一）美术馆影响下的电影新可能

在跨媒介艺术的相关研究中，已经有学者关注到电影与美术馆的相互作用。穆俊指出，近年来许多重要导演纷纷进驻美术馆、博物馆，结合数字影像、复合媒介等将电影及影像装置带入这一领域，这一方面是在“后电影时代”寻求影像乌托邦和创作自由的庇护，另一方面是在后媒介时代积极拓展电影的生命与内涵，为电影的书写和思考开拓了一种新的可能性。

易雨潇则认为，电影在美术馆中的实践让景观式剧场的观念得以全方位呈现，作为公共空间的美术馆使观众置身在景观式剧场中体验故事情节中的事件，成为真实世界的重要补充。而美术馆中的电影实践更是在这一过程中反思人与时代的关系，将人们带入更为广阔的“空间生产”实验之中。相关研究逐渐聚焦于美术馆作为艺术公共领域对电影的影响和对社会文化的影响，但缺少系统的梳理与探索。

按照前文所梳理的博物馆等艺术公共领域的公共性、空间性、互动性与共享性等特征，结合近年来在电影与美术馆进行跨媒介探索的有益尝试，可以看到在新技术的影响下，电影的先锋探索与美术馆的公共领域命题得以有机结合，发挥了打破感知边界、唤起公共探讨、创新互动方式、共享艺术观念等重要作用。

1. 打破感知边界。新技术的发展使得现代媒介能够调动人们的多种感官，不仅包括听觉、视觉、嗅觉等瞬时性的感知，也包括对于空间的感知。以今日美术馆“今日・未来英才推介计划：谁的梦——厉槟源个展”为例，展区分为“做梦”区域和活动区域两个部分。做梦区域供大家尽情睡眠、做梦、想象；美术馆周边的一个街边报刊亭入驻了活动区域。在展览的 7 天时间里，报亭商贩会在展厅中出售当天“出炉”的各种新闻报纸刊物（所售价格均与街边一致），区域内还会提供桌椅，以供阅读、用餐和聊天会友等。活动提出的口号是：“今日我们不看展览，邀你来美术馆做梦。”在展览期间，美术馆全天 24 小时免费向公众开放，欢迎所有人带上睡袋（或席地而睡）参与，旨在以新奇的方式让人们对于美术的不同形态产生深刻的认识，拓展感知边界。蔡明亮在广州时代美术馆“来美术馆郊游”的展览中，将美术馆的展览思维与影视相结合。电影《郊游》讲述了一位失业并且被妻子抛弃的丈夫

如何隐忍地生活。在美术馆现场，蔡明亮将美术馆的空间按照影片的场景进行了重新设计，通过色调、布景等搭建起电影中的不同情景，展览现场有专门设计的荷叶垫子、睡袋等，供观众在美术馆中休息和观看场景使用，使影视作品融入人们的生活，从而扩展了人们感受电影、感受艺术作品的方式，使人们对电影产生了全新的体验。

2. 唤起公众探讨。数字技术的发展使即时互动不仅指观众能够与艺术展品进行互动，也指博物馆能够根据地理位置、图像特征等随时为观众提供语音讲解、补充说明等即时服务。实际上，这种即时互动已经扩展到美术馆、观众与艺术家三者间的多种对话中，既包括不同主体间，也包括相同主体间，同时体现了跨媒介能最大限度覆盖受众面的优势。例如，伦敦大学在博物馆推出的 QRator 项目，应用程序为每个展品提供唯一的标识符，用户可以对藏品发表评论，进行自己的个性化解读，同时也可以看到其他人对于藏品的评价，加入探讨。这些信息不仅能够被展览方看到，也会直接显示在展品旁边，成为展览的一部分。在影视化的美术馆展陈探索中，叶锦添在今日美术馆的《全观》大展中设计了参展观众“DNA”收集活动，邀请观众坐在桌子前，用纸和笔画出自己的精神“DNA”，并将名字、电子邮箱和电话写在纸的另一边。完成后，将它放入房间另一头的黑箱子里。每月两次，叶锦添及展览团队会从中筛选出精彩作品，并在房间内进行展示，使其成为展览的一部分。书写、获奖等全过程都会有摄像机记录，影像经过剪辑后会在现场播放。

3. 创新互动方式。当今的美术馆，会努力将展品和活动控制在观众能够理解接受并做出适当延伸的范畴内，从而促进观众在观展过程中愿意与他人进行交流互动，获得更深的体会。龙美术馆在 2015 年推出“惯性之舞——装置互动”活动，在展示现场装置作品之后，由现场舞者进行表演，而后公众可以与装置进一步互动。今日美术馆“一生一世的拥抱”行为艺术体验展，鼓励大家来到艺术馆，在新西兰女艺术家的展览中与陌生人相互拥抱，通过消除身份差异的行为艺术体验，让人们置身其中，引发更深刻的思考。在电影实验中，美术馆观看电影的经历本身就给予了人们对话的空间——利用弹幕、留言等方式进行互动也已经是常规的方法。杨福东的《明日早朝》将影视片场搬到了上海龙美术馆中，将严谨有序的拍摄与观众的偶然参观入镜融合在一起，组成 30 部“早朝日记”。然而与众多观众互动尝试相同，现阶段的影视互动往往面对个别观众，缺少群体参与、共同探索的作品。这方面可以充分借鉴一些游戏吧的最新做法，即通过创新的游戏设计，将互动剧情式电影的决策权交给一组观众来讨论得出，在此过程中激发观众的充分互动讨论；同时也可以充分开发5G技术的信息传输优势，在传统VR互动影视的基础上将不同使用者连接到同一虚拟空间中，推动剧情发展，产生全新的创意组合。

4. 共享艺术观念。作为艺术公共领域，美术馆中的电影作品不仅要为领域中的参与者提供分享见解、参与决策的机会，更要为参与者提供身份认同的机会，令受众愿意主动担任宣传者的角色，从而对外传播美术馆的观念价值，吸引更多群体加入。与前面三者相比，共享艺术观念是一种贯穿在各种先锋实验中的理念，只有电影创作者和美术馆通力合作，结合最新的技术应用不断进行创新尝试，才能为受众建立起价值认同，从而实现美术馆公共领域的持续扩展与长久发展。

（二）共同作用下的艺术新观念

文化技术对于消费文化的影响是根本的，当我们深入分析这种共享文化的兴起与发展，可以明显看到其根本就是以数字技术为代表的最新文化技术正在颠覆各种传统的认知。数字技术已经影响到人际关系和社会交往，因此“数字社会学”开始作为独立的概念与研究视角出现。

在已有的数字社会学理论建构中，吉尔伯特概括出四个主要命题：边界与范围的产生、数字技术如何对于各类个体和社会生产产生独特影响、生产与使用数据（数字基础设施）的内涵，以及规范性和质疑性的内涵。如果将数字社会学与艺术社会学的核心相结合，就可以看到，在数字技术发展下，艺术社会学面临的重要命题包括艺术世界与现实世界的区分，如何更好地理解艺术家、艺术实践、艺术对象，如何思考艺术家、艺术实践、艺术对象与数据的生产、使用的相互关系，如何以艺术回应社会变化，等等。

在对于这一命题的探索中，美术馆与电影跨媒介发展所展现出的打破感知边界、唤起公共探讨、创新互动方式、共享艺术观念等四个方面作用恰好对其进行了有力的回应。数字技术带来了日常生活空间、数字空间与艺术空间的高度融合，逐渐打破了传统社会的种种界限，个性偏好成了艺术生产和艺术消费的第一准则。在数字技术的冲击下，艺术组织与艺术家不仅要适应最新的数字技术方法，更要将艺术观念嵌入数字社会的发展逻辑中，通过积极的文化共享，用新型艺术公共领域连接受众，实现自身的良好发展，即在超越单一媒介基础上，真正实现将社会不同主体相互联结的全方位文化共享。

参考文献

［1］Spielmann Y . *Intermedia in Electronic Images*［J］. Leonardo，2001，34（1）：55-61.

［2］Rosalind Krauss. *A voyage on the North Sea*：*Art in the Age of the Post-Medium Condition*，Thames & Hudson Inc.，New York，1999，p33.

［3］Spielmann Y . *Intermedia in Electronic Images*［J］. Leonardo，2001，34（1）：55-61.

［4］Mack J . *Evoking Interactivity*：*Film and Videogame Intermediality Since the 1980s*［J］. Adaptation，2016，9（1）：v031.

［5］李啸洋 . 界与域：装置艺术在电影中的再媒介化［J］. 当代电影，2018，269（08）：120-122.

［6］张强 . 空间再造：VR 电影的跨媒介实践［J］. 当代电影，2018，269（08）：126-128.

［7］Haidee Wasson. *Museum Movies*：*The Museum of Modern Art and the Birth of Art Cinema*［M］. Berkeley and Los Angeles：University of California Press，2005，p.5.

［8］Daniel J. Sherman and Irit Rogoff. *Introduction*：*Frameworks for Critical Analysis // Museum Culture*：*Histories*，*Discourses*，*Spectacles*，*ed.*

［9］Pierre Bourdieu. *The Love of Art*：*European Art Museums and Their Public*［M］. Stanford University Press，1990.

［10］Lynn Spigel. *High Culture in Low Places*：*Television and Modern Art*，*1950–1970*［J］. *Welcome to the Dreamhouse*，Duke University Press 2001, pp. 265-309.

［11］［德］哈贝马斯 . 公共领域的结构转型［M］. 曹卫东，王晓珏，刘北城，等，译 . 上海学林出版社，1999.

［12］王一川 . 中国艺术公共领域的当代构建［J］. 中国高校社会科学，2014（06）：106-119，155.

［13］温虹 . 美术馆的历史发展与当下作为［J］. 创意设计源，2013（03）：12-19.

［14］穆俊 . 媒介融合视野下的当代电影和美术馆［J］. 当代电影，2019（6）：173-176.

［15］易雨潇 . 景观式剧场、美术馆与电影视觉文化的空间化［J］. 北京电影学院学报，2019（6）.

［16］Noortje Marres. *Digital Sociology*：*the Reinvention of Social Research*［M］. Cambridge: Polity Press，2017.

［17］Tamsyn G . *Looking at Digital Art*：*Towards a Visual Methodology for Digital Sociology*［J］. *The American Sociologist*，2018.

区域热点

“一带一路”非物质文化遗产开发利用分析

——以东亚国家为例

唐璐璐[①]
（北京外国语大学艺术研究院，北京，100089）

【内容提要】 传统工艺是非物质文化遗产的重要类别。韩国、日本在传统工艺的保护与利用方式上正在进行的探索与创新，对于其他国家传统工艺的复兴颇具启示意义。在加强法律制度建设的基础上，要注重人才队伍的建设，发挥多方利益相关者的作用，积极利用遗产资源。

【关键词】 传统工艺；利益相关者；遗产资源

Exploitation and Utilization of “the Belt and Road” Intangible Cultural Heritage

——A Case Study on East Asian Countries

Tang Lulu
（Beijing Foreign Studies University，Beijing，100089）

Abstract: Traditional handicraft is an important category of intangible cultural heritage. The ongoing exploration and innovation in the safeguarding and utilization of traditional handicraft in Republic of Korea and Japan are instructive for the revival of traditional handicraft of other countries. On the basis of strengthening the construction of the legal

① 【作者简介】唐璐璐，女，北京外国语大学艺术研究院讲师，主要研究领域为非物质文化遗产保护、遗产管理、遗产旅游。

system, it is necessary to pay attention to the construction of a talent team, give full play to the role of multi-stakeholders, and actively use heritage resources.

Key words: Traditional Handicraft; Stakeholder; Heritage Resources

一、韩 国

韩国作为与中国“一衣带水”的邻邦，从思想渊源的角度来说，其借鉴儒家文化的精华，并持续渗透到社会生活的各个方面。在历史的发展进程中，韩国以儒家思想为根本，不断吸收日本、欧美等国家的现代化思想，形成了如今的民族文化性格，而民族文化性格又深刻影响着韩国的文化遗产保护实践。例如，韩国把儒家关于人与自然、个体与集体等方面的观点直接或间接地运用到遗产保护工作中。韩国对传统工艺的保护从 20 世纪 60 年代开始，在法制建设、人才体系、民间参与及遗产的积极利用方面都有突出成效。

（一）关于“无形文化财”的政策法规建设

1962 年，韩国在对日本的《文化财保护法》进行了翻译、调查和研究后，正式颁布了自己的《文化财保护法》，并随着遗产保护实践的发展对其进行了多次修订。《文化财保护法》的出现意味着在之前观照的“物质文化遗产”之外，“非物质文化遗产”（以下简称“非遗”）的现状与发展也被纳入遗产保护体系中。在《文化财保护法》中，“文化财”可对应“文化遗产”的概念，主要包括“有形文化财”与“无形文化财”，大致可对应 UNESCO 遗产话语中的“物质文化遗产”与“非遗”。传统工艺是无形文化财的重要类别，因此也受到无形文化财相关法律的保护。

随着 UNESCO 2003 年《公约》的遗产范式在全球得以推进，韩国政府也开始探索新的改革方案，不断加强关于非遗保护的法制建设。2011 年，文化财厅开始制定《无形文化财保护法》，以此作为《文化财保护法》的补充，最终在 2015 年 3 月 27 日正式出台了《无形文化财保护和振兴法》。该法案成为韩国当前无形文化财保护和振兴事业的核心法案。据统计，截至现在韩国与无形文化财保护和振兴相关的法律法规、行政规定和管理条例等已超过 100 余部。其中，与开展无形文化财保护和振兴相关的专门法律多达 10 余部；由行政部门和地方自治团体、行业协会发布的行政法规、命令和条例多达 90 余部；为保护和传承事业提供经费保障和就业支援，开展绩效评估等配套制度的法律法规超过 20 余部。例如，《文化财和自然环境资产的国民信托法》《文化财修复法》《文化财保护基金法》《补助金法》，主要为振兴活动及文化财保护和抢救等事业提供资金保障；《高等教育法》《文化艺术教育支援法》等，为文化财学习者和传承者提供学分认证、教育资格等政策支撑；《博物馆美术馆振兴法》为无形文化财传承人提供实习经历认证和就业岗位保障；《国家、地方自治团体和公共机关运营法》规定，公共机构有义务邀请无形文化财传承人参与各种活动和庆典；《工艺文化产业振兴法》等为无形文化财手工艺技艺和工艺品的保护和传承等教育活动提供法律依据和保障。根据上述法律法规，具体部门和管理机构再进一步出台相关管理条例和管理办法，如国立非物质文化遗院发布了《传授教育会馆的选定和评价规定》；文化财厅制定了《无形文化财委员会运营方针》；地方自治团体发布了《镇川郡重要无形文化财铸铁匠及专修教育馆的设立及运营条例》；等等。

总之，韩国无形文化财的法律框架由相关法律，中央和地方自治团体等行政部门的法规、行业管理条例等共同构成，形成了一套逻辑缜密、操作便利的法律体系，这为传统工艺的发展提供了保障。传承行动的每一项具体内容都可以在法律文件或者政府出台的行政规定中找到出处；可以说，每一项工作的开展都有法可依，有据可查，执行便利。

（二）人才队伍支撑体系

传统工艺的发展离不开传承群体或个人。因此，在建立健全法律体系的基础上，韩国也注重对传统工艺人才的培养，形成了将专业教育、普及教育和终身教育相结合的人才培养体系，并配套了相应的资助体系。

1983 年起，韩国正式推进国家主导的传授教育制度，委任遗产持有人担任传授教育的主体，将候补持有人、传授教育助教等统称为“传授教育辅助者”，教育经费由国家财政拨款。除此之外，发展了“高等教育——韩国传统文化综合大学”“终身教育——传授教育馆”“普及教育——无形文化财校园项目”等层次丰富的教育体系，并通过“学分认证”“学徒制度”“工作经历认证”等教育和就业方面的扶持手段，为传统工艺人才拓宽就业领域，提高民众对传统工艺保护、传承的重视程度和参与积极性。

对于传承人体制中的持有人 / 持有团体、传授教育助教、进修者、传授教育优秀学生、名誉持有人等，政府也会予以资助，从而保障非遗的代际传承。资助类型包括传承支援金、名誉持有人特别支援金、奖励慰问金、持有人公开活动资助金等。

传承支援金是以生活费的名义发放给持有人的。在 2013 年以前，由于政府对传承支援金的管理和监管不力，大多持有人都将传承支援金看作是国家发放的终身公费年金，并没有真正发挥传承支援金的实际效用。2013 年出台的《文化财厅主要事业计划书》明确规定了传承支援金的用途、范围、使用流程等，包括持有人物品购置费、传承活动费等，使用传承支援金需要向文化财厅提交报告，政府严格按照每月发放的原则定额拨付。名誉持有人特别支援金是根据《文化财保护法》的相关规定，文化财厅对发展和传承重要无形文化财有突出贡献的名誉持有人发放的特别扶持资金，每人每月享有100万韩元（约合人民币6 100元）的资金支持。持有人被认定为名誉持有人后，如无特殊事项，在其生前可以一直领取名誉持有人特别支援金，这对提高持有人的社会认同感有重要意义。文化财厅也向对传承和发展有突出贡献的传承人发放慰问金，以示鼓励。此外，对于持有人相关的传承活动，政府也会予以资助。《文化财保护法》规定，重要无形文化财持有人每年至少要参加一次以上技艺公开活动。在活动期间，持有人有义务面向民众进行现场表演、公开活动或展示作品，时间不得少于三天。持有人必须向文化财厅长提交公开活动计划书，计划书的内容需包含活动特色、活动规模、参与人员、活动经费等内容，在预算范围内的所需费用，部分或全部由国家承担。为了更高效地执行和管理公开活动，自2013年起，一切相关事务交由国立无形遗产院负责。

（三）民间社会作为"催化剂"

在传统工艺的发展中，如果说政府的法律制度建设和人才队伍建设是基础性力量，主要保障了传承，那么民间社会就发挥了催化剂的作用，使传统工艺更多地与人们的生活发生关联，更具有当代生命力。在韩国，文化财财团、专业协会等民间力量也是重要的行动者，在传统工艺的宣传和转化利用等方面发挥着重要作用。

韩国民间特别注重传统工艺的宣传与展示，这些活动一方面有效促进了相关技艺的传播和传承，另一方面也有助于民间团体加强自身的文化认同感。

成立于1980年的韩国文化财财团，其主要功能包括：第一，企划大型无形文化财展演活动；第二，运营"韩国无形文化财传授教育馆""韩国文化之家""韩国之家"和仁川机场"韩国传统文化中心"等展示和教育场馆，其中"韩国文化之家"是面向外国人和韩国民众展示和介绍韩国无形文化财的文化空间，常年举办传统工艺的展示和体验活动，其开展的培训项目既向教育机构提供无形文化的财培训支援，也提供访问式教学服务，向中小学校课堂派遣传承人进行现场授课。第三，开展无形文化财资源发掘、调查和研究工作，为无形文化财保护和振兴的各项工作提供资金支持。

除了韩国文化财财团，在韩国文化财厅注册成立的非营利社团法人性质的无形文化财保护协会有近80家。这些协会主要以传承无形文化财，积极开展传承培训和展演活动为目的，是民间力量参与无形文化财传承与保护的典范。有的协会积极探索传统工艺与商业的跨界融合，以开发新的文创商品和商业模式。在宣传方式上，除了现场展示，现代媒体、公共平台、网络等新兴媒介也被应用于宣传及对重大活动的深度挖掘和跟踪报道。

（四）作为资源的传统工艺

霍布斯鲍姆在《传统的发明》一书中指出，传统其实意味着一整套由规则所控制的实践活动，暗含着与过去的连续性，具有一种仪式或象征特性；传统是被发明和建构的。这就意味着，传统并非一成不变，而是具有动态特征的。20 世纪 80 年代，英国学者戴维·洛温塔尔（David Lowenthal）的《过去即为异邦》也关注了遗产的表征与建构问题。他提出，对历史遗留的每一次认知活动都会改变历史本身；人们对文物古迹的欣赏、保护，会改变它们的出场方式；如同对过去的选择性回忆决定了记忆的面貌，人们对古代遗留的干预也是对其形式与意义的重构。无论是出于有意还是无意，人与遗产的互动都在改变着遗产。近年来，《思辨遗产研究》（*Critical Heritage Studies*）的研究成果让人们更加清楚地认识到，文化遗产就是一种建构的过程，其代表人物罗德尼·哈里森（Rodney Harrison）提出，“遗产最重要的不是关乎过去，而是我们与现在、未来的关系”。因此，对于传统工艺来说，除了要做好保存、维持的工作，更重要的是加强其与人类的互动，将其作为我们朝向未来的一种资源，对其加以积极利用。以韩纸（又称高丽纸）的传承和民俗村的开发为例，我们可以看到韩国对于传统工艺的创造性利用。

1. 韩纸的技艺创新

韩纸制作技艺是韩国的重要传统工艺之一。韩纸可达 200 种，从取材到成纸需要经过 20 多道工序，历时近 3 个月。韩国政府和民间社团一直很重视对韩纸工艺的保护和传承。韩国非常重视创意性保护的方式，让传统的韩纸在现代生活中找到立足点。

韩纸产业支援中心成立于 2010 年 10 月，其主要任务就是推进和扩大韩纸产业化，普及韩纸文化，培养产业化人才，振兴韩纸产业。该中心的工作内容包括：为发掘传承传统工艺、追求现代造型和实验精神的年轻艺术家以韩纸为材料的各种题材的实验性产品提供展览机会；开发和运营韩纸制造、韩纸工艺、韩纸创意体验项目，通过让民众亲身体验各种韩纸工艺宣传韩纸，激发民众对韩纸工艺的兴趣和创意；积极推进韩纸的设计开发、企业营销，并提供各种援助等。同时，该中心为全国韩纸工艺传承人提供服务，注重研发新的工艺专利，扩展与韩纸相关的原材料研究和设计。中心陆续申请了韩纸照明台灯5项专利、装饰用照明灯2项专利、青衫纤维精炼方法及纸丝专利等。

在该中心的努力下，韩纸创造性地发展了各种工艺技法，纸张被用以生产不同种类的生活用品。曾经用于书画、文化财修复、重要文件记录的韩纸，已被广泛运用在各种包装、印刷、产业、医疗等领域。利用韩纸的优良品质，将其与现代生活的需求相结合，也制作出了多种多样的衍生品。例如，用韩纸制作的玩偶、模型被韩国诸多博物馆用来作为橱窗展示的工具；一些现代派的韩国艺术家、设计家还将传统材质与现代形态相结合，利用韩纸制作了钟表、家具、灯饰、摆件等工艺品；通过染色、染香等工艺，韩纸也可以用作礼品包装和名片制作的材料。

但是，在技艺创新时，也要得到各方的尊重和理解，否则就会导致创新行动的失败。例如，由韩国文化财厅倡议的“传统工艺活起来”项目就遭遇了挫折。该项目包括两个子项目，分别是“传统工艺应用的新材料开发”和“传统工艺应用的促进方案”，倡导具有创新理念的设计师与拥有传统工艺的传承人合作。这两个子项目最终失败，其主要原因在于项目设计师期待从传统工艺中汲取营养，使用新材料来创新设计技术和理念，在技术革新和经济效益方面获得双丰收。但是在此过程中，传统匠人仅仅作为技术的提供者并没有获得预期的收益，所以失去了继续参与的热情和动力，便回归自己的领域继续保守耕耘。设计师不具备相关技艺，因而没有能力和热情进行持续的尝试和探索。可见，传统工艺与当代的融合，还需要厘清利益相关者之间的关系，尊重各方的诉求，如此才能实现共同利益的最大化。

2. 民俗村的整体保护

韩纸的技艺创新是针对特定遗产项目的探索，韩国的民俗村可以视为整体性利用遗产的成功案例。民俗村不再只对单一的遗产项目进行保护，而是融物质遗产、非遗、自然环境的保护，以及社会经济发展为一体。这当前全球遗产旅游发展的背景下，尤其具有参考价值。韩国的民俗村主要有两种形式：第一，将自然村落单位整体（或大部分以上）划定为保存地区，如安东河回村、济州城邑民俗村、庆州良洞村等；第二，以民俗博物馆的形式收集、保存并展示传统民俗资料，吸引游客前来观光的“再造”新村，如京畿道龙仁民俗村将有形的民俗资料人为地组合，并划定为民俗村。据韩国旅游发展局相关数据统计，韩国有30余个发展成熟的民俗村。民俗村在传统历史建筑的保护与传承、民俗资料的综合展示等方面发挥着重要作用。

民俗村可以是营利性机构，也可以是非营利性机构。民俗村建设的出发点是通过展示民俗文化，使国民对传统文化产生高度认同，从而进一步增强民族文化自豪感。教育部门要求中小学生到民俗村体验学习，这种参观体验与考试成绩同等重要，是学生考评、升学等环节的重要依据。学生的体验经历必须得到民俗村负责人签名，这样的体验式学习增强了学生对传统文化的认同。在全球化的背景下，民俗村的功用被进一步放大，其鲜活的形态让国内外游客都能对韩国的民俗文化产生深刻认识。传统工艺是很多民俗村的常规展演项目，国内外游客都可以参与其中，亲身体验。例如，位于京畿道的一处民俗村，在节假日期间会举行很多传统技艺表演，使游客可以感受当地的民俗风情。民俗村的发展，还能使当地获得收益，如解决就业，提升民众收入水平，促进社会经济结构的转型。

以传统工艺为代表的文化遗产成为一种旅游资源，既提高了传播度，也增强了旅游活动的吸引力。文化遗产项目与旅游业、住宿餐饮业有机结合，不仅能够繁荣当地经济，也能够进一步反哺文化遗产事业，从而形成良性循环。“在保护中利用，在利用中保护”，才是使传统工艺在当代自力更生的有效方式。韩国在政府主导下，充分调动了其他利益相关者参与到传统工艺的保护实践中，发挥了主动性和积极性，形成了“官、民、学、产”四位一体的运作机制。

二、日　　本

1950 年，日本颁布了《文化财保护法》，该法是最早观照无形文化财的法律。当时，日本已经开始关注对陶艺、梁织、编织、漆艺等传统工艺的保护。在法律制度方面，为应对工业化的冲击，日本专门出台了《传统工艺品产业振兴法》（以下简称《传产法》），保障传统工艺的传承。与韩国一致的是，日本也是政府与民间双管齐下，调动多方力量以促进传统工艺的发展。

（一）《传产法》的实施与“人间国宝”制度的确立

在现代化工业的冲击下，日本传统工艺曾一度面临危机。在这样的背景下，日本政府于 1974 年 5 月开始实施《传产法》，并以此为基础制定了一系列政策措施，以振兴传统工艺。该法实施 40 余年来历经多次修订，对日本传统手工艺品的认定、振兴计划的制订出台、相关补贴方式的确定、“传统工艺品产业振兴协会”的设立及业务划分、国家补贴方式等均做出了明确界定。

在日本，被列入传统工艺并加以保护的传统工艺超过 200 种。除了《传产法》，日本首创的“人间国宝”制度，在保护和传承传统工艺方面发挥了极大作用。从 1955 年起，日本政府就开始在全国不定期地选拔那些有绝技、绝艺的老艺人、工匠等，将他们认定为“人间国宝”。为使传统技艺流传后世，国家要求传承人通过实际操作展示其工艺技术所需要的材料、工具及各个工序，并把它们用文字、照片或摄影等方式记录下来。如果传承人将自己的技艺密不传人，就无法获得政府认定的“人间国宝”或“重要无形文化财产的持有人”资格。一旦被认定为“人间国宝”，国家每年都会拨出200万日元（约合人民币12万元）的专项资金，用于资助他们潜心研究、提高和创新技艺、培养传人、制作记录、改善生活和从艺条件等。同时，国家在税收上也会给予他们优惠。

“人间国宝”的认定和扶持制度，使得传统工艺获得了扶持，极大地提高了民间艺人和传统工匠的社会地位。这些“人间国宝”，有的被日本政府授予“文化功劳者”称号；有的因在国际文化交流中做出过巨大贡献，受到外务大臣表彰；有的作为专家被邀请进入政府相关文化审议会参政议政；有的被请进大学课堂举办讲座等。

应该注意的是，“人间国宝”的设立一方面使某些个人能力突出的工匠得到重视，另一方面也造成了集体中不同岗位甚至相同岗位的个人在荣誉与待遇方面存在差别的现象，从而引发工匠间的不公平，打击了普通岗位上工匠工作的积极性，且不能激发他们在自己的岗位上精益求精的上进心。因此，在一些集体项目中过于突出“个人”，强调竞争而非合作的意识，对工艺的发展实为不利。就跟乐团的演奏一样，天才型演奏家固然重要，但任何一个乐手出问题都会影响整体演奏效果。因此，如何完善“人间国宝”制度，在保障传承的同时也保障公平，仍是值得探索的。

（二）民间组织的振兴措施

为振兴日本传统工艺品产业，由国家、产地行业工会及团体等共同出资，“传统工艺品产业振兴协会”于1975年7月1日正式成立。该协会成为日本推动传统工艺振兴的重要民间组织，其主要振兴措施包括以下几个方面。

第一，加强人才保护，促进技术传承。对于从事传统工艺12年以上的熟练工匠，经技能检验合格，协会可认定这些工匠为“传统工艺士”。获得认可的“传统工艺士”可接受协会提供的培训机会，为提高商品的市场竞争力进行研修。这不仅确保了传统手工业尽快融入市场新环境，同时也提高了社会对生产者的信赖程度。此外，协会还将“传统工艺士”派往高、中、小学，通过实际教学、亲身体验等方式培养下一代对传统工艺品的认识与喜爱。

第二，对产地进行指导。协会派遣调查员前往各产地，监督相关人员规范使用日本传统工艺标志，并对相关人员制订的产地振兴计划给予指导和建议。协会还承担了信息收集及建言献策的重要作用。传统工艺品制作材料各有特点，为保证生产原材料的供应，解决传统工艺品生产者的后顾之忧，协会广泛收集信息，及时掌握不同产地所需的原材料、用具等供应情况，为生产者提供持续性支持。协会还有针对性地指导相关从业人员提升传统工艺品的产量，开发适应市场需求的商品等，为不同从业者提供跨界交流及合作发展的机会。

第三，加强国内普及与国际宣传。协会在日本国内采取各种方式，普及推广传统手工业。例如，通过报纸、杂志、网络等多种媒体对传统工艺品展览进行报道，扩大影响；在每年 11 月的“传统产业推进月”中举办纪念仪式、全国性研讨会、展示会等大规模普及活动；在网络上介绍传统工艺品的历史背景，以及传统工艺的技艺、技法等。为进一步推广传统手工艺，协会在位于日本东京中心的赤坂开设了“传统工艺青山工厂（青山 Square）”，集全国的传统工艺作品于一堂，提供展示、销售、洽谈等全方位服务。该区域位于东京繁华地段，因此每年来参观的国内外游客络绎不绝。在国际交流层面，协会配合 Cool Japan（酷日本）计划，将传统工艺品在动画、流行、食品等较受国际认可的领域中进行合作推销，开拓海外市场。

（三）和纸的国际交流与文化传播

同样是关于纸张的工艺，与韩纸在工艺技法上的创新不同，和纸的保护则是通过国际交流加强文化的传播与认同。

和纸具有良好的口碑和国际认知度，一直作为文物修复材料被广泛应用。由东京文化财研究所和国际文物保护与修复研究中心（ICCROM）联合主办的“纸的保存与修复”国际研修项目，自 1992 年开始至今，已连续举办 20 余次，共有来自 65 个国家的 200 多位文博专业人员参加。参加人员来自世界各地，包括北美发达地区。项目初期，有部分国家的政府官员参加，如今几乎全部是从事文物修复的一线专家学者参与。在 ICCROM 的所有培训中，这是历时最长的国际研究项目，在业界具有很高的认可度。在为期三周的培训中，每周都会进行一次问卷调查，结业时还会进行一次总体问卷调查，让主办方及时掌握参加者的需求并反馈效果，以视情况对培训日程和内容做出相应调整。活动举办 20 余年来，和纸及其修复技术都在业界产生了良好的影响，并提升了知名度。该项目的重点是在传授技术的同时，力求使参加者加深对日本文化的了解与认同，并为日本和国际社会在纸文化财保存、修复方面搭建桥梁。

结　语

综上所述，韩国与日本在传统工艺方面的发展措施，是可为我国和其他国家借鉴的经验。第一，传统工艺的保护是一项系统性工程，具有综合性、复杂性，因此要加强法律法规制度的建设，并根据法规实践不断完善制度建设，而且要保障执行细则内容详尽、便于执行。第二，要注重人才队伍的建设，可以从多角度、多层面入手，可以与公共教育相结合。第三，在政府之外，要更加重视其他利益相关者的作用，充分发挥民间的力量，加强传统工艺的展示与体验活动，普及观念。可以鼓励博物馆、美术馆等文化机构，配套针对青少年或社会全体的传统工艺教育项目，拉近普通民众与传统工艺的距离。第四，积极利用遗产，鼓励传统工艺与演出、展览、餐饮体验、观光旅游等形式结合，跨界融合经营。

需要注意的是，每个国家的传统工艺发展模式都是由其特定国情决定的，因此对于韩、日模式不能照搬，而要结合实际情况进行思考。例如，民俗村可以是积极利用遗产的方式，但也要避免同质化建设和过度商业化。此外，还要吸取韩、日传统工艺发展中的教训。例如，要积极调动当地社区、遗产传承群体或个人参与相关决策，使他们从发展中获益，而不是资源被侵占，这样才能保证他们始终怀有积极创新的热情。同时，也要保障传承人群体之间的公平性，减少矛盾，鼓励合作，从此前以"项目"为导向的保护模式转向以人为本的发展模式。

参考文献

［1］马伟华．韩国民族文化保护对中国城市化进程中少数民族文化保护的启示［J］．西南民族大学学报（人文社科版），2015（06）：43-49.

［2］［英］E. 霍布斯鲍姆，T. 兰格．传统的发明［M］．顾航，庞冠群，译．南京：译林出版社，2004：1-2.

［3］David Lowenthal. *The Past is a Foreign Country*［M］. Cambridge：Cambridge University Press，1985，p.263.

［4］Laurajane Smith. *Uses of Heritage*［M］. London and New York：Routledge，2006；Rodney Harrison. *Heritage*：*Critical Approach*［M］. Abingdon：Routledge，2012；Valdimar Tr. Hafstein. *Making Intangible Heritage*：*El Condor Pasa and Other Stories from UNESCO*［M］. Bloomington：Indiana University Press，2018.

［5］Rodney Harrison. *Heritage*：*Critical Approach*［M］. Abingdon：Routledge，2012，p.4.

［6］端木娴，唐晓岚．韩国民俗村发展研究及思考［J］．国际城市规划，2016（3）：138.

内容旅游与文化遗产保护
——以圣地巡礼对阿伊努民族文化振兴的影响为例

金 千①
（北海道大学，札幌，060-0808）

【内容提要】 日本北海道曾被认为是一片“无主之地”，但这片土地上其实一直生活着拥有自己的语言和文化的原住民族——阿伊努民族。1869年日本政府进驻北海道，开始了北海道的开拓史。当时，日本政府视阿伊努民族为野蛮人，长期实行同化政策，使阿伊努民族文化大量流失。近年来，日本政府对阿伊努民族及其文化的态度发生了巨大变化，阿伊努民族逐渐重获作为原住民的权利，其民族文化的振兴也成为民族文化遗产保护的重要课题。

旅游在民族文化振兴的课题上承担着重要的意义。旅游与文化的深度结合有利于文化遗产的保护和民族文化的振兴。在日本，产官学与原住民族共同推进的文化旅游为阿伊努民族文化遗产保护创造了良好的条件。与此同时，另一种新型旅游——内容旅游的兴起也为阿伊努民族文化的振兴提供了新的契机。2018年，由野田悟创作的连载漫画《黄金神威》被改编成电视动画一经播出，就引起了巨大反响。该作品以明治末期的北海道为舞台，描述了前士兵和阿伊努民族少女寻找黄金的冒险故事，介绍了阿伊努民族的独特文化，再现了与人们印象中不同的阿伊努民族形象。更多年轻人以此为契机去往北海道“圣地巡礼”，亲身体验阿伊努民族文化。本文通过对该事例进行分析，探讨在民族文化遗产保护中内容旅游的创造性意义。

【关键词】 阿伊努民族；文化遗产；内容旅游；动画产业；圣地巡礼

---

① 【作者简介】金千，女，北海道大学研究生院国际传媒观光学院博士，主要研究方向为内容旅游。

Contents Tourism and Cultural Heritage Protection

A Case Study of the Impact of Anime Pilgrimage on the Revitalization of Ainu Culture

Jin Qian

(Hokkaido University, Sapporo, 060–0808)

Abstract: Hokkaido used to be regarded as a "terra nullius", but in fact, there has always been an indigenous people, Ainu with its own language and culture. In 1869, when the Japanese government came to Hokkaido, it regarded the Ainu people as barbarians, and carried out assimilation policy for a long time, which resulted in the loss of ethnic culture. In recent years, the attitude of the Japanese government towards the Ainu and their culture has great changed. The Ainu people have gradually restored their rights as aborigines, and the revitalization of their culture has also contributed to an important issue of cultural heritage protection.

Tourism is of significance to the protection of cultural heritage. The combination of tourism and culture is conducive to the cultural heritage protection and the revitalization of ethnic culture. In Japan, the cultural heritage tourism promoted by the "university–industry–government" and the aborigines have created favorable conditions for the cultural protection of the Ainu. At the same time, the rise of another new type of tourism called Contents Tourism also provides a new opportunity for the revitalization of Ainu ethnic culture. This paper will discuss the significance of content tourism in the cultural heritage protection through a case study of the impact of Anime Pilgrimage on the revitalization of Ainu culture.

Key words: Ainu; Cultural Heritage; Contents Tourism; Animation Industry; Anime Pilgrimage

一、阿伊努民族的历史及文化遗产

（一）阿伊努民族的历史

阿伊努民族是以日本北海道为主要居住区的少数民族。历史上该民族作为原有居民不仅生活在北海道，还生活在北至库页岛，东至千岛群岛，南至日本本州北部的土地上。[①]19 世纪，列强国家扩张领土，把阿伊努民族的土地视为“无主之地”[②]并强行占领，并把阿伊努人编入了国民国家体系。目前，阿伊努民族多居住于日本和俄罗斯。在日本，阿伊努民族居住地区比较分散，除了生活在北海道的各个城市外，还生活在日本本州的其他大城市。

从人类学的角度看，阿伊努文化以北海道的擦文文化为基础，受鄂霍茨克文化与日本本州文化的影响而形成。回顾阿伊努的历史，可以称之为一部被侵略、被压迫的历史，充满了伤痛。13 世纪前后，和人[③]跨过海峡，与阿伊努人进行交易活动。[④]随着移民的增加，和人与当地阿伊努人的武装冲突事件不断发生。15 世纪后半叶，和人开始支配与统治阿伊努人。1868 年，江户幕府的末代将军德川庆喜将国家大政正式奉还给明治天皇，明治天皇由此开启了日本历史上新的明治时代。1869 年，明治天皇政府迁都江户，将新都更名为东京，同时进驻阿伊努人居住的“无主之地”，将其更名为北海道，并在北海道实行现代户籍制度，使阿伊努人在行政上正式成为日本人。日本政府将本属于阿伊努人的土地拨给新迁入的移民，鼓励新移民开拓北海道。随着移民北海道的和人不断增加，作为原住民的阿伊努人在自己的土地上反而成了不被承认的“少数民族”。

（二）阿伊努民族的传统文化

阿伊努人所居住的房屋是斗篷状梁柱传统结构建筑，被称为“チセ（chise）”。通常临水源而建，包括建在地面上的夏季房屋和半地下式的冬季房屋两种。房屋周围连接高跷式仓库、厕所和养熊仓库。地炉置于房间正中央，面对地炉开设“神窗”，寓意迎接财富。房屋的墙角摆放着可放置杂物的木柜，墙壁四周挂着服饰及日常生活用品。几个这样的家庭单位就构成了一个阿伊努的集聚村落“コタン（kotan）”。阿伊努民族以男性外出捕鱼狩猎，女性在村落进行农耕采集的生产方式为主，因此阿伊努人擅长就地取材，其主要食物为野生动植物，服装也多由野兽的皮毛及树木纤维制成。阿伊努传统服装被称为“アミプ（amipu）”，剪裁类似于和服，但袖筒上没

---

① 浪川健治 . アイヌ民族の軌跡［M］. 東京：山川出版社，2014：6.

② 无主之地（terra nullius）是指荒地、在法律上不属于任何人的土地，此处是 19 世纪西方列强为扩大领土的说辞。列强国家的殖民者将原住民视为非居住者，将其土地视为无主之地，18 世纪中叶北海道曾作为无主之地被日本和俄罗斯相互争夺。

③ 和人即大和民族，是区别于阿伊努人的日本人的自称。

④ 日本学術会議地域研究委員会人類学分科会 . アイヌ政策のあり方と国民的理解［Z］（2011 年 9 月 15 日）. 日本学術会議，2011：2.

有衽，更适用于狩猎采集的生活方式。阿伊努人还会在服装上刺绣作为装饰，其刺绣的图案由一些基础的传统图形组合而成，并根据居住地的不同形成了各具特色的纹样。

此外，阿伊努民族还拥有独特的非物质文化遗产。阿伊努民族虽然没有文字，却有着本民族的语言，其历史和生活智慧都依赖口头文学保存了下来。明治时期，阿伊努人知里幸惠将以罗马音标注的阿伊努叙事诗添加日语译文出版。阿伊努语言原本正面临消失的困境，又在多方力量的努力下得以存续。“阿伊努”（ainu）一词在其语言中是“人”“人类”的意思，这一称呼与阿伊努民族精神世界中的“神”（kamuy）相对应。阿伊努人崇拜大自然，信仰万物皆有神灵，因此将生活中的用具、各种动物都视作“神”。阿伊努人得到了所有神的庇护，遵从神明的安排，心存善念地生活。阿伊努人能歌善舞，以配合歌曲而舞的“圆圈舞”而闻名，常常在祭祀和节日时表演。1984 年，阿伊努歌舞被认定为国家重要的无形民俗文化遗产。2009 年，阿伊努歌舞被载入联合国教科文组织非物质文化遗产名录。

虽然阿伊努民族有灿烂的文化遗产，但这个民族在日本历史上曾一度濒临灭绝。从 1869 年日本政府进驻北海道开始，受到民族同化政策威胁的阿伊努民族社会逐渐趋于解体，人口数量急剧下降，其民族文化的传承也曾面临巨大的危机。

二、日本政府对于阿伊努民族文化的态度：从同化到振兴

（一）围绕阿伊努民族的法律变迁

在更多和人移居北海道后，阿伊努人的生活环境遭到了破坏，民族的存续受到极大威胁。日本政府入主北海道 30 年后，于 1899 年首次颁布了由议会制定的阿伊努民族相关法律《北海道旧土人保护法》。该保护法名义上是保护阿伊努民族的法律，实际上却暗含着日本政府意图同化阿伊努民族的真实目的。阿伊努人失去了对其固有土地的所有权，其传统生活方式也被迫改变。该法案有关于教育的规定对阿伊努民族文化产生了更为直接的冲击，如规定在阿伊努人聚居区设立学校，强制阿伊努人接受和式教育并学习日语。教育上的同化措施使得阿伊努民族的语言迅速流失，对其文化的传承产生了巨大的负面影响。《北海道旧土人保护法》的颁布实施意味着当时的日本政府狂妄自大，认为对阿伊努人的“同化”是一种“保护”，而将阿伊努人称为“旧土人”则公然表达了制度化的歧视。日本学者高野斗志美表示，《北

海道旧土人保护法》本质上是一部将推进文化帝国主义同化政策合法化的法案。[①]该法案非但没有体现出对阿伊努民族文化的基本尊重，反而以一种十分强势的态度否定了民族文化的多样性。

1984年，北海道乌塔利协会[②]经过一系列报告提案后，正式提出废止《北海道旧土人保护法》和确立阿伊努新法的要求。该提案要求日本政府保证阿伊努民族的基本人权和阿伊努民族作为日本国民的参政权。同时就阿伊努民族的教育、文化及农林渔工商业展开议论，要求政府设立民族自立文化基金，用于保护民族文化。最后，该提案提出希望政府设立审议机关，持续跟进阿伊努民族的相关议题。在阿伊努民族及社会各界人士的共同努力下，经过与政府长期坚持不懈的交涉，1997年5月14日，日本国会通过了新法《阿伊努文化振兴法》（全称为《阿伊努文化振兴及阿伊努传统的知识普及与启发的相关法律》），该法正式取代了《北海道旧土人保护法》。新法规定除阿伊努民族自身以外，中央及地方政府也是振兴阿伊努文化的主体之一，承担着振兴阿伊努民族文化的重要责任。《阿伊努文化振兴法》承认了阿伊努民族文化的特殊地位，将阿伊努民族文化遗产列入了日本文化保护的范畴，使日本政府走上了保护阿伊努民族文化遗产的道路。但是由于该法仍未确保阿伊努人在国家政治生活中的地位及其相关政治权利，因此有相关学者及阿伊努人对该法产生了质疑，指出该法将可能成为阿伊努人被纳入日本社会的“新同化政策”。[③]但相较于《北海道旧土人保护法》，新法在客观层面上的确对振兴阿伊努民族文化产生了积极的作用。

在《阿伊努文化振兴法》实施的第十个年头，阿伊努民族问题再度进入了日本民众的视野。2007年，在联合国大会上，争论了22年之久的《联合国原住人民权利宣言》以143票赞成、4票反对的最终投票结果通过。在这次联合国大会上，日本投出了赞成票。2008年，在此宣言的前提下，日本政府在议会上首次承认了阿伊努民族是日本的原住民族，并开始拨专款用于阿伊努民族的生活改善、人权状况提升及

① 鶴田知也，違星北斗，高野斗志美.北海道文学全集第11卷阿伊努民族の魂［M］.東京：立風書房，1980：338.

② 1964年开设的“以确立阿伊努人的民族尊严，提高阿伊努人的民族地位，保护、传承和弘扬阿伊努人文化传统”为目的的北海道阿伊努组织。当时名为“社团法人北海道阿伊努人协会”，1962年更名为“社团法人北海道乌塔利协会”，2009年恢复更名为“社团法人北海道阿伊努人协会”，参考链接：北海道阿伊努协会官方网站，https：//www.ainu-assn.or.jp/.

③ アイヌ文化振興法制定から10年：アイヌ民族のいま、そしてこれからを考える（2007年5月13日）.载于 http：//blog.livedoor.jp/esaman/archives/51441899.html，2019-7-1.

传统文化保护。2019 年 4 月，日本政府通过了《阿伊努民族支援法》，首次正式在法律中承认了阿伊努作为原住民族的地位，标志着日本政府对阿伊努民族文化的肯定，拉开了阿伊努民族文化振兴的新篇章。该法案表示，政府将采取一系列民族振兴的举措，保护阿伊努民族尊严，传承阿伊努民族文化。同时，日本政府表示将在财政上鼓励发展能够振兴文化、产业和旅游的区域计划，预计于 2020 年之前在北海道白老町建设宣传阿伊努民族文化的“民族共生象征空间”，使更多的人能够亲身体会阿伊努民族文化。

自明治时期开始，中央与地方始终在针对阿伊努民族的文化遗产保护进行博弈。上述三部有关阿伊努民族的法律变迁表现出日本政府对于阿伊努民族文化的态度已经发生了转变。从同化到承认再到振兴，阿伊努民族文化作为日本文化的一部分逐渐受到重视。如果说曾经对阿伊努民族实行同化政策是日本在近代国民国家道路上不可避免的一环，那么在当今这个多民族多文化共存的时代背景下，振兴阿伊努民族文化则是日本在全球化进程中面临的重要课题。

（二）通过旅游业振兴阿伊努民族文化

日本政府在民族文化共生的道路上采取了诸多举措，其中通过旅游业振兴阿伊努民族文化就是保护文化遗产的重要环节。1999 年，文化遗产保护领域的国际性代表组织文化遗产保护古迹遗址国际理事会（ICOMOS）就文化旅游方面的内容，面向全世界公开了《国际文化旅游宪章》。该宪章强调了东道主社区的文化个性和文化遗迹与国内外游客的兴趣、期望和行为之间的关系，并明确指出了国内和国际旅游是文化交流最重要的途径之一。[①] 在《国际文化旅游宪章》公开的背景下，在《阿伊努文化振兴法》通过的基础上，日本产官学机构与原住民为了振兴阿伊努民族文化，开始共同在北海道推进与阿伊努民族相关的旅游事业。

在很长一段时期内，日本的旅行手册上经常有失偏颇地将北海道宣传为“尚未开垦的大自然”，或者着重强调其明治以来在开拓历史中表现出的“开拓者精神”，忽视了其原住民族在数千年居住土地的过程中积累的民族文化的客观特性。[②]2005年，日本政府申请将知床半岛登录为世界自然遗产时，国际自然保护联盟（IUCN）在给出的反馈意见中明确指出，知床这一地名本身为阿伊努语，对于原住民族来说，知

① 古迹遗址国际理事会 . 国际文化旅游宪章［Z］.2002：3.

② 山村高淑 . 先住民文化遺産とツーリズム：セッションの趣旨といくつかの論点について . 先住民文化遺産とツーリズム：北海道の可能性［R］. 札幌：北海道大学学術交流会館小講堂，2012-10-14.

床是十分重要且有意义的场所，在管理与开发知床的自然遗产时，有必要让阿伊努民族参与其中。在这个背景下，2007 年，日本首次在国立大学法人北海道大学设立了阿伊努原住民研究中心，开始开展对阿伊努民族文化遗产的相关研究。2011 年开始，北海道大学观光高等研究中心与阿伊努原住民研究中心共同策划了阿伊努文化旅游项目，在师生及当地阿伊努人的共同参与下，设计了札幌、登别、白老、知床（策划中）的阿伊努自然文化遗产旅游路线，以实现民族文化延续和文化遗产保护为目的，期待更多人通过旅游的方式切身体会阿伊努民族文化。

通过发展文化旅游，更多的人有机会重新审视阿伊努民族历史，了解阿伊努民族文化。然而这种旅游形式仍然存在一个问题：日本人在旅行中回顾阿伊努民族历史时将如何面对过去几个世纪中对阿伊努民族的压迫和同化？在这种心理负担的影响下，阿伊努民族的文化遗产保护是否又会面临新的瓶颈？特别是面对年轻一代，如何正确有效地传播阿伊努民族的历史与文化成为通过旅游业振兴阿伊努民族文化的重要课题。在这种情况下，一种新型的旅游形式——内容旅游，为阿伊努民族文化遗产保护提供了新的可能性。

三、内容旅游与民族文化振兴的新契机

（一）内容产业 / 动画产业的动向

内容产业（content industry）是日本特别提出的产业概念，所谓“内容”（content）是指由动画、静止画、声音、文字等构成的，借助于所有媒体手段流通的“信息的内容”，具体指电影、动漫、音频、游戏、书籍等。① 据统计，2015 年内容产业的市场规模为 12.1 兆日元。其份额从内容划分来看，影像动画占 36%、静止画及文本占 31%、游戏占 14%、音频占 11%、复合类型（互联网广告等）占 8%。从媒体形式划分来看，DVD 等捆包商品占 36%、广播电视占 30%、互联网占 21%、剧场特定空间占 13%。随着游戏改编动漫、广播电视改编电影，以及电视电影的捆包商品化，日本的内容产业逐渐呈现出媒体融合的趋势。

从以上数据来看，近年来在日本迅速发展的内容产业中占据最大市场份额且最具日本特色的就是动画产业 ②。所谓动画 animation 是 animate 的名词形式，其语源

① 参照一般社団法人デジタルコンテンツ協会 . デジタルコンテンツ白書 2016 [Z] .2016.

② 在中国，日本动画产业经常被称作动漫产业，但实际上“动漫”包含动画和漫画，因两者存在密切联系而在汉语中被合称为动漫。

为拉丁语，意为“给予生命”“使苏醒”。为了区分于写实电影，从电影衍生而来，让胶片上的绘画动起来的形式被称为动画卡通（animated cartoon），简称为动画。[①]现在，日本动画的历史已超百年：1917年，日本制作了第一部动画电影《名刀之卷》；1956年，东映动画制作了日本第一部彩色长篇动画《白蛇传》；1963年，《铁臂阿童木》作为第一部电视连续动画引起了广泛关注；20世纪70年代，《宇宙战舰大和号》《机动战士高达》等动画的播出吸引了大批青少年观众；80年代，宫崎骏、押井守等动画电影作者的出现引发了日本动画的新高潮，同时除剧场和电视以外的OVA市场也随之诞生；90年代，《攻壳机动队》在美国billboard排行榜上取得了销量第一的成绩，并且随着《新世纪福音战士》的登场和《宠物小精灵》的动画化，日本动画开始更积极地出入国际市场。2000年以来，日本动画产业迅猛发展：2001年，宫崎骏导演的《千与千寻》以308亿日元的票房创造了日本电影历史上的最高纪录。2016年，新海诚导演的《你的名字》在海内外引起了巨大反响，日本国内累计动画观众超过2 000万人次，累计票房达243亿日元，收入排行榜在日本本土历代作品票房上位列第二。同年，在日本电影票房排行榜前八名的电影中，日本本土动画占据了四个席位，创造了超过400亿日元的票房收入。[②]

日本动画因其制作精良的画面和出色的配音演员在海内外获得了关注，聚焦了人气，因此日本政府希望借由动画产业吸引更多的海内外游客，促进区域经济发展。2003年7月，日本政府在观光立国关系内阁会议中确立了“观光立国行动计划”，并以“观光立国”“一地域一观光”为目标，指出了促进创造，活用能展现地区魅力的“内容”至关重要。也就是说，“内容旅游”成为日本观光立国政策下的一个重要课题。作为日本内容产业中最具特色的动画产业，与旅游事业的结合也就成为必然。

（二）内容旅游与圣地巡礼

在日本，由动画引发的旅游行为经常作为内容旅游（content tourism）的一种类型，引发探讨。所谓内容旅游就是将通过“内容”赋予地域的“故事性”“主题性”作为旅游资源，吸引游客到该地域旅游，亲身体验作品“内容”的“故事性”“主题性”。[③]也就是说，作品自身的文本张力对观众产生的文化吸附力，促使观众转变

---

① 山口康男.日本のアニメ全史［M］.東京：テン・ブックス，2004：22.

② 数据来源于一般社团法人日本映画製作者連盟，http：//www.eiren.org/.

③ 日本の国土交通省総合政策局，経済産業省商務情報政策局，文化庁文化部.映像等コンテンツの制作・活用による地域振興のあり方に関する調査［Z］.2005：49.

为游客到文本描绘的实际地区进行文化体验，进而实现新的文化循环。简单来说，内容旅游就是观众，即游客，鉴赏了某部文学或影像作品后很向往故事发生的舞台，继而探访该地域的旅游形式。自 2005 年起，日本学者相继发表了一系列以内容旅游为关键词的论文。秋山将内容旅游总结为“故事型观光”，并对比进行了探讨。① 增渕考察了内容旅游的各种现象，指出了内容旅游与地域再生和活性化之间的重要关联。② 此后，北海道大学大学院观光高等研究中心的文化资源管理研究课题组相继发表了一系列相关论文，内容旅游学会出版的《内容旅游入门》一书也介绍了诸多类型的内容旅游事例。近年，日本的内容旅游研究与欧美的 media tourism、film-induced tourism 研究相互渗透，引发了学界的关注。

动画旅游作为内容旅游的一种类型，既具有内容旅游的基本特点，又因动画表象虚实结合的特殊性，衍生出一些自身独有的特征。在一般的写实影像作品中，故事发生的舞台是现实世界中实际存在的，因此在作品引发内容旅游之前，当地相关部门就可以事先组织开发一系列相关旅游产品。在动画作品中，一些舞台背景是虚构的，虽然近年来动画作者更倾向于实地考察取景，将实际存在的景色动画化，各地行政机关为达到区域振兴的目的也积极塑造地域形象，以吸引动画作者取材创作，但动画影像的表象特性，使动画作品无法像写实影像作品一样光学再现某个取景地的样貌。综上所述，动画旅游的一个最大特点是，大多数旅游目的地并非自上而下构建而成，而是由动画粉丝同时也是游客主动寻找、反复确认而来的。这种为确认作品中画面的取景地而去该地探访的动画旅游行为，常被称为“圣地巡礼”③。圣地巡礼不是由旅行公司或某个地方机关规划出来的，它是从巡礼者主动在动画舞台取景地寻找探访的行为开始的。④

在圣地巡礼的过程中，作为动画粉丝的游客具有强烈的主观能动性。冈本健将动画圣地巡礼者分为三种类型：寻找动画舞台的开拓型巡礼者、多次探访的重复

① 秋山綾 .「物語消費」型観光への基礎的考察 . 日本観光研究学会全国大会学術論文集 20［C］. 日本観光研究学会，2005：29-32.

② 增淵敏之 . コンテンツツーリズムとその現状［J］. 地域イノベーション . 法政大学地域研究センター，2009：33-40.

③ 圣地巡礼原指宗教朝圣活动，近年该词汇在动画迷人群中经常作为动画舞台探访的同义语被使用。本文中的圣地巡礼主要指动画迷们探访动画背景舞台及相关地区的行为。参见山村高淑 . 観光革命と 21 世紀 . アニメ聖地巡礼型まちづくりに見るツーリズムの現代的意義と可能性 .CATS 叢書（1）［M］. 北海道大学観光学高等研究センター，2009：3-28.

④ 岡本健 . アニメ聖地巡礼の特徴と研究動向：既往研究および調査の整理を通して .CATS 叢書（4）［M］. 北海道大学観光学高等研究センター，2010：91-109.

型巡礼者及接收信息的追随型巡礼者。尽管追随型巡礼者作为信息的接收者态度相对被动，随着圣地巡礼活动的深入，还是逐渐呈现出转化为能动的重复型巡礼者和开拓型巡礼者的趋势。[①] 与以往的大众旅游不同，内容旅游的游客们不仅仅在消费符号化的旅游资源，更是带着对作品的喜爱和对作品舞台的特殊感情前往目的地的。这其中动画圣地巡礼者们将对作品的热爱赋予了与作品相关的地区，他们不只作为游客，更是作为外来的"当地人"推动了地区的发展，促进了内与外的文化交流。

四、圣地巡礼与阿伊努民族文化振兴

（一）动画《黄金神威》[②] 对阿伊努民族形象的再构建

在圣地巡礼成为一种旅游甚至是文化交流的潮流时，一部改编自漫画的电视动画《黄金神威》引起了人们的关注，同时引发了北海道地区与阿伊努民族文化相关的圣地巡礼热潮。

《黄金神威》是日本漫画家野田悟的漫画作品，从 2014 年起连载于漫画杂志《周刊 YOUNG JUMP》。截至 2019 年 6 月，伴随着《黄金神威》漫画单行本第 19 卷的发售，该连载漫画已累计发行超过 1 000 万册。《黄金神威》以明治末期的北海道为舞台背景，描述了拥有"不死之身"的前士兵杉元佐一从日俄战争中归来之后，和阿伊努少女阿席莉帕一起寻找黄金的冒险故事。该作品结合了明治末期的北海道历史，描绘了阿伊努民族的语言、风俗、建筑、生产活动、生活方式及美食等文化元素。在此之前，很少有具体描写阿伊努民族的作品，因此该作品以新鲜的题材和精美的画面吸引了大批粉丝，并在 2018 年荣获了第 22 届手冢治虫文化奖[③] 的漫画大奖。同年 4 月，《黄金神威》被改编为同名电视动画播出第一季，8 月，播出了第二季。随着动画热播，《黄金神威》受邀参加了 2019 年大英博物馆举办的日本漫画展，作为主人公的阿伊努少女登上了大英博物馆的官方宣传网页和海报，成为"世界的

① 岡本健 . 情報化が旅行者行動に与える影響に関する研究：アニメ聖地巡礼行動の事例分析から［A］.2009 年日本社会情報学会（JSIS&JASI）合同研究大会研究発表論文集［C］. 日本社会情報学会，2009：364-367.

② 日语原题为ゴールデンカムイ，是由英语 Golden 和阿伊努语 Kamuy 组合而成的新词汇。

③ 日本朝日新闻社为纪念漫画家手冢治虫，同时促进日本漫画产业进步而于 1997 年创设的漫画奖。

阿席莉帕”。[①]《黄金神威》的动画化吸引了更多人的关注，至此，不只是漫画粉丝，一些普通大众也通过观看《黄金神威》的动画，对阿伊努民族文化有了新的了解。

《黄金神威》的故事发生时间设定为日俄战争结束的1905年，也就是日本政府在北海道推行《北海道旧土人保护法》的六年后。此时，阿伊努民族正处于黑暗时期，不仅受到同化政策影响，而且传统文化也遭到了破坏。由于阿伊努民族题材的特殊性，野田在漫画创作初期进行了非常细致的取材工作。为了展现真正的阿伊努人风采，野田亲自到北海道取材，倾听阿伊努人的想法。当地的阿伊努人向野田表达了“希望被描绘成强大的阿伊努民族，而不是可怜的阿伊努民族”[②]这一期待，野田不再以阿伊努民族受尽压迫的历史为背景，而是画出了内心强大又充满智慧的阿伊努人，将阿伊努民族文化的内涵传递给了年轻读者。漫画精准描写了阿伊努民族文化，北海道阿伊努民族博物馆和阿伊努协会的高度评价，他们一致认为《黄金神威》真实再现了阿伊努民族的风俗习惯，激发了年轻一代对阿伊努民族文化产生兴趣。

（二）《黄金神威》圣地巡礼

随着电视动画的播出，《黄金神威》的圣地巡礼也随之展开。很多漫画读者和电视动画观众纷纷前往北海道，寻找《黄金神威》的取景地，在取景地以与作品相同的角度构图拍摄照片上传至互联网，并在线与他人分享心得体会。因为故事发生的舞台分布在北海道的各处，所以《黄金神威》引发的圣地巡礼不只局限在某一特定地点，巡礼者往往会游览札幌、小樽、旭川、网走等多个城市的多个取景地。为了配合圣地巡礼热潮，北海道观光振兴机构于2018年8月19日开始在北海道的11个地区推出了限定电子印章收集活动，活动截止日期为2019年3月31日。因为活动反响热烈，北海道观关机构又于2019年4月27日开始推出第二期活动。巡礼者可以在相应的取景地通过用终端电子设备读取二维码的方式获取电子印章，也可以通过扩张现实技术在取景地与动画中的人物角色合影。据统计，如果想探访所有取景地，集齐11枚电子印章，就需要横跨北海道全境，移动距离将超过300公里。

不同于以往的圣地巡礼，《黄金神威》圣地巡礼呈现出以下几点特征。

首先，因为作品描绘的是距今超过百年的故事，很多能保存至今的取景地中的建筑都已经成为物质文化遗产，或被改造成了博物馆。如作品中制作人皮地图的江

① 参见大英博物馆官方网页，https：//www.britishmuseum.org/whats_on/exhibitions/manga.aspx，2019-7-1

② 参见野田悟采访，载于http：//konomanga.jp/interview/51952-2/2，2019-7-1.

渡贝的家，现在实际上是北海道大学附属植物园中的动物标本资料馆；作品中出现的札幌开拓村现在则成为介绍北海道历史的野外博物馆。也就是说，作品中出现的建筑在当下往往承载着讲述历史、展现文化的功能，圣地巡礼者在取景地亲身感受作品舞台的同时，也能够在现实的场景中了解北海道的历史和人文风情。

其次，参观阿伊努民族博物馆成为圣地巡礼的重要环节。作品中出现的阿伊努人居住的原始村落已不复存在，因此作者对于阿伊努房屋的描绘多仿照白老的阿伊努民族博物馆中复制再现的展示模型。也就是说，《黄金神威》中的阿伊努村落并不存在对应的实际取景地，但巡礼者仍将白老的阿伊努民族博物馆视为圣地巡礼的一部分，去亲身感受阿伊努民族的生活空间，了解阿伊努民族的历史与文化。在《黄金神威》的圣地巡礼中，巡礼者不仅确认了地理上的取景地，也确认了精神上的民族文化内涵。

最后，相关机构和民间企业的参与使原本充满偶然性的圣地巡礼活动趋向于组织化的行为。如在电子印章收集活动中，通信公司为虚拟现实提供了技术支持，使巡礼者在目的地有了特定行动。当地公益机构联合旅行公司标示了圣地巡礼的重要取景地，无形之中为巡礼者制定了一条巡礼路线，并有意识地将能展现阿伊努民族文化历史的区域规划进去，以实现区域活性化和振兴阿伊努民族文化的目的。

从上述几点特征中可以看出，《黄金神威》圣地巡礼包含着更多的历史文化内容，它不单纯是从乐趣出发的个人行为，而更倾向于对人文精神的朝圣。在巡礼者和相关机构双方的努力下，巡礼者在完成个人期待的同时，也潜移默化地接收了一些不曾了解的阿伊努民族文化知识，并将熟悉的文本影像与实际到访的现实空间体验相结合，由此对阿伊努民族产生了新的理解。

（三）圣地巡礼对阿伊努民族文化振兴的影响

圣地巡礼为地方区域注入了活力，促进了地域经济发展和文化交流。以往的圣地巡礼研究往往强调圣地巡礼地域活性化的功能，关于文化交流的研究尚且停留在巡礼者和地域居民的层面上。《黄金神威》圣地巡礼将文化交流机制发挥到极致，使以和人为主的外来者在孕育阿伊努民族文化的地区亲身感受到一种并非建立在“对立和不同”上的纯粹的阿伊努民族文化。这种民族文化固然有其自身的历史渊源，却不再建立在国家历史的宏观文脉上，而是通过一种容易让人接受的娱乐式文化体验传递给了年轻一代。

阿伊努民族的文化振兴，首先要从消解民族间的误解和相互排斥开始，圣地巡礼做到了这一点。但这并不意味着无视阿伊努民族被压迫的黑暗历史，而是要为阿伊努民族的再认识提供了一种新的可能性。通过圣地巡礼，人们开始主动自发地了解阿伊努民族历史，长期以来被忽略的阿伊努民族文化作为一种精神形态进入人们的视野，激发了人们对这个民族的好奇心和求知欲。圣地巡礼虽然有它自身的时效性，诸如作品本身的表象手法、艺术价值及作品的受众群体变化等多种因素都会影响圣地巡礼的可持续性，但这种旅游形态在现阶段确实为一般民众提供了一个理解阿伊努民族传统文化的新转机。对阿伊努民族文化的认同将使这个曾经一度面临消失危机的文化得以更好地存续，而正在发散的阿伊努民族文化魅力将有助于实现阿伊努民族文化的振兴。

参考文献

［1］古迹遗址国际理事会．国际文化旅游宪章［Z］.2002.

［2］周广．虚构世界与现实世界的连接点：日本动画圣地巡礼文化分析［J］．出版广角，2019（09）：43-45.

［3］秋山綾．“物語消費”型観光への基礎的考察［A］．日本観光研究学会．日本観光研究学会 全国大会学術論文集 20［C］．日本観光研究学会，2005：29-32.

［4］一般社団法人デジタルコンテンツ協会．デジタルコンテンツ白書 2016［Z］.2016.

［5］榎森進．アイヌ民族の歴史［M］．浦安：草風館，2007.

［6］岡本健．アニメ聖地巡礼の観光社会学：コンテンツツーリズムのメディア・コミュニケーション分析［M］．京都：法律文化社，2018.

［7］岡本健．情報化が旅行者行動に与える影響に関する研究：アニメ聖地巡礼行動の事例分析から［A］.2009 年日本社会情報学会（JSIS&JASI）合同研究大会研究発表論文集［C］．日本社会情報学会，2009：364-367.

［8］岡本健．アニメ聖地における巡礼者の動向把握方法の検討：聖地巡礼ノート分析の有効性と課題について［J］．観光創造研究，2008，2：1-13.

［9］岡本亮輔．聖地巡礼：世界遺産からアニメの舞台まで［M］．東京：中央公論新社，2015.

［10］岡本亮輔，星野英紀，山中弘．聖地巡礼ツーリズム［M］．東京：弘文堂，2012.

［11］常本照樹．アイヌ民族をめぐる法の変遷—旧土人保護法から「アイヌ文化振興法」へ［M］．札幌：さっぽろ自由学校，2003.

［12］鶴田知也，違星北斗，高野斗志美．北海道文学全集第 11 巻 阿伊努民族の魂［M］．東京：立風書房，1980.

［13］アイヌ政策のあり方と国民的理解報告．日本学術会議地域研究委員会人類学分科会［Z］.2011 年．

［14］日本の国土交通省総合政策局，経済産業省商務情報政策局，文化庁文化部．映像等コンテンツの制作・活用による地域振興のあり方に関する調査［Z］.2005.

［15］増淵敏之．コンテンツツーリズムとその現状［J］．地域イノベーション．法政大学

地域研究センター，2009，1：33-40.

［16］浪川健治．アイヌ民族の軌跡［M］．東京：山川出版社，2014.

［17］北海道大学観光学高等研究センター文化資源マネジメント研究チーム．メディアコンテンツとツーリズム：鷲宮町の経験から考える文化創造型交流の可能性［M］．札幌：北海道大学観光学高等研究センター，2009.

［18］山口康男．日本のアニメ全史［M］．東京：テン・ブックス，2014.

［19］山村高淑，大谷尚之，松本淳．コンテンツが拓く地域の可能性：コンテンツ製作者・地域社会・ファンの三方良しをかなえるアニメ聖地巡礼［M］．東京：同文舘出版，2018.

［20］山村高淑，岡本健．観光資源としてのコンテンツを考える：情報社会における旅行行動の諸相から［M］．札幌：北海道大学観光学高等研究センター，2012.

［21］山村高淑，岡本健．次時代まちおこしとツーリズム：鷲宮町・幸手市に見る商店街振興の未来［M］．札幌：北海道大学観光学高等研究センター，2010.

［22］山村高淑．先住民文化遺産とツーリズム：セッションの趣旨といくつかの論点について［R］．札幌：北海道大学学術交流会館小講堂，2012.

［23］Seaton P.，Yamamura T.，Sugawa-Shimada A.，et al. *Contents Tourism in Japan*：*Pilgrimages to "Sacred Sites" of Popular Culture*［M］.London：Cambria Press，2017.

基于地方创生理论下的非遗乡镇开发策略

——以四川道明竹艺村为例

张安琪[①]
（北京大学艺术学院，北京，100871）

【内容提要】非物质文化遗产的活态化传承需要发挥市场开发和文化延续的双重作用，地方创生理论能够在乡镇开发非遗资源的过程中提供正确指引。结合非遗乡村“竹艺村”的实践可以看到，地方创生理论通过“人—文—地—景—产”五大维度的创生模式发展乡村创意旅游，并从文化认同、文化重构和文化记忆这三个方面共同确保了文化传承记忆的延续，实现了非遗活态化传承的双重效应。

【关键词】非物质文化遗产；地方创生；创意旅游；文化记忆

The Strategy of Developing Intangible Cultural Heritage Villages and Towns Basing on Theory of Placing Making

——A Case Study of Sichuan Daoming Bamboo Village

Zhang Anqi
（Peking University，Beijing，100871）

Abstract: The living inheritance of intangible cultural heritage needs to play a dual role-empowering market development as well as enabling cultural continuity. The theory of place making can provide correct guidance through the process of developing intangible cultural heritage resources in villages and towns. Through the case study of Daoming Bamboo

---

① 【作者简介】张安琪，女，北京大学艺术学院在读硕士，主要研究方向为跨文化创意、制作与传播。

Village with intangible cultural heritage, it can be concluded that the place making theory effectively stimulates the growth of rural creative tourism through the five dimensions including human, culture, land, landscape and industry. In addition, it ensures the continuity of cultural heritage memory from three aspects including cultural identity, cultural reconstruction and cultural memory, realizing the dual effect of intangible cultural heritage living inheritance.

Key words: Intangible Cultural Heritage; Place Making; Creative Tourism; Cultural Memory

2003年联合国教科文组织（UNESCO）在第32届全体大会通过的《保护非物质文化遗产公约》中，将非物质文化遗产（以下简称“非遗”）定义为“被各群体、团体或为个人视为文化遗产的各种实践、表演、表现形式、知识体系和技能及有关的工具、实物、工艺品和文化场所”。①我国于2005年发布的《关于加强我国非物质文化遗产保护工作的意见》强调了我国非物质文化遗产保护工作的重要性和紧迫性，并提出了非遗保护 “保护为主、抢救第一、合理利用、传承发展”的十六字指导方针。②中国非物质文化遗产资源丰富，如果能充分利用这一优势，在传承发展的基础上通过科学的开发手段助力乡村振兴战略，就能够更好地满足人们对于美好生活的追求。因此，对于具备非遗文化资源的乡镇而言，如果将文化创意产业中的地方创生理论作为抓手，通过发展创意旅游助力非遗乡镇的全面开发，不仅能够加快非遗文化价值向经济价值的转化以振兴乡村，还能帮助文化持有者和文化参与者共同延续非遗文化传承记忆，让社会力量也融入共保非遗文化记忆的实践之中，真正地实现非遗活态化传承与发展。

一、非遗活态化传承

（一）非遗活态化传承的特性

近年来，非遗相关研究总结出的非遗特点有所不同，但都指出了活态性的特点。

---

① 联合国教科文组织．保护非物质文化遗产公约．联合国教科文组织网站，http://unesdoc.unesco.org/images/0013/001325/132540c.pdf，2003-10-18/ 2020-05-30.

② 国务院办公厅．国务院办公厅关于加强我国非物质文化遗产保护工作的意见．中国政府网，http://www.gov.cn/zhengce/content/2008-03/28/2020-05-30.

利用这一特点使非遗活态化传承，一直是学者和业界研究的重点。林青认为非遗具有群体性、活态性、继承性、生态性和多元性的特点。[①]麻国庆等指出非遗具有活态性、地域性和民族性的特点，其中活态性是最核心本质的特性。[②]另外，非遗作为稀缺的文化资源在传承开发的过程中会发生文化变迁。文化变迁是一种自然规律，是指文化与其他文化接触时，往往会因为不同的原因或时间而产生变化，包括文化涵化、文化遗失、现代化、文化创新和复兴运动五种形式的变迁。[③]对于非物质文化遗产而言，文化创新这种变迁形式能使非遗文化适应新时代的要求而长盛不衰，所以需要发挥活态性这一核心特性为其传承发展注入新的动力。因此，研究非遗的活态化传承尤为重要。

（二）非遗活态化传承的双重效应

非遗的活态化传承主要以文化持有者为载体，文化持有者们可以不断赋予传承更多的活力，因此活态化和传承是发展非遗过程中互相依存的两个部分。[④]另外，非遗从文化价值转化为经济价值时，与普通的文化创意产品不同的是，在创造经济价值的基础上还兼具历史使命，即让非遗文化在保护和传承中使相关的文化回忆得以延续。[⑤]张捷等认为实现非遗的文化记忆和文化资本双丰收应通过现代化的文化创意手段，形成非遗发展的良性互动模式。同时应在新的语境中挖掘转化并在市场中有效运作真实性的符号价值或元素，使消费者在真正获得精神文化的同时也保护传承了非遗文化。[⑥]因此，在选择科学的手段开发非遗时，必须注重市场开发和文化延续的双重效应：其一是活态化传承使非遗文化创造可持续的市场开发模式，从而获取经济价值；其二是活态化传承应该在使传统文化适应时代需求的同时，保证人类文化传承记忆的完整性。这二者互相影响，相融相生。一方面，经济价值可以使非遗传承者有资金继续传承技艺，从而使其传承记忆得以延续；另一方面，文化传承记忆延续不但可以为其文化创意生产提供元素，而且可以赋能市场开发，从而产生更

---

① 林青．非物质文化遗产保护的理论与实践［M］．北京：人民邮电出版社，2017：41-44.

② 麻国庆，朱伟．文化人类学与非物质文化遗产［M］．北京：生活·读书·新知三联书店，2018：330.

③ 陈修岭，旅游、文化变迁与文化认同［M］．北京：中国社会科学出版社，2018：182-183.

④ 麻国庆，朱伟．文化人类学与非物质文化遗产［M］．北京：生活·读书·新知三联书店，2018：330.

⑤ 麻国庆，朱伟．文化人类学与非物质文化遗产［M］．北京：生活·读书·新知三联书店，2018：335-360.

⑥ 张捷，李育菁．非物质文化遗产保护中文化记忆与文化资本化的耦合机制研究［J］．文化产业研究，2017（03）：43-53.

大的经济价值。最后，发挥活态化传承的双重效应带来的良性互动也能够提升社会对非遗的保护和认知。

（三）活态化开发所面临的现实问题

1. 本真状态的缺失

约瑟夫·派恩和詹姆斯·吉尔摩曾在《体验经济》一书中指出，产品的原真性成为体验经济的重要推力。①此外，向勇教授指出文化产品具有三种价值，分别为膜拜价值、展示价值和体验价值。文化产业的经营策略，就是要运用文化创意和设计服务的手段将这三种文化价值融合为一种多元复合的立体体验和交感体验。②然而，在我国发展非遗的十余年中，一些地区对于非遗文化产品的三重价值把握得还不够准确，出现了追求体验价值却失去了文化本真的现象。在发展非遗旅游中，很多地区的非遗节庆或产品出现了徒有其名并无实际内容的问题，程式化的表演仅戴着非遗的"外壳"吸引游客，却失去了文化内涵。这种表象化的市场开发模式导致游客无法通过非遗旅游获得深度文化体验和共鸣，使非遗文化不仅无法形成可持续的经济推力，还会减损其转化为文化产品的三重价值。这种方式会将传承中的"活化"变得"固化"。因此，非遗活态化传承首先要保护非遗作为传统文化的本真状态。

2. 日常生活的脱离

无论是非遗还是文化创意产业都需要融入生活，才会被消费者接受，非遗不仅要融入生活，更要力求回归生活。③另外，非遗要以文化持有者为载体进行传承甚至传播，而文化持有者不能脱离生活，这就要求非遗文化产品回归日常生活。"人"的承载最基本的形式就是非遗文化持有者的内部交流，传承人需通过口头传授、亲手示范等方式在实践中进行代际传承。④所以对于一些手工艺者而言，制作作品就是生活的一部分，制作过程无法脱离日常生活的学习交流等。这样一来，传承者与外界交流就上升到"社会"层面，一方面是指在同一种非遗文化中有不同持有者的交流，诸如非遗之首昆曲就有南昆和北昆之分；另一方面，对于一些濒临灭绝的非遗文化不能仅仅依靠代际传承，传承人还要通过设立培训班等方式让更多的社会成员参与

---

① James H. Gilmore，B.Joseph Pine II. *Authenticity：What Consumers Really Want*［M］. Harvard：Harvard Business school press. 2007：pp. 49-50.

② 向勇 . 文化产业融合战略：一源多用与全产业价值链［J］. 新美术，2014，35（04）：20-26.

③ 麻国庆，朱伟 . 文化人类学与非物质文化遗产［M］. 北京：生活·读书·新知三联书店，2018：330.

④ 麻国庆，朱伟 . 文化人类学与非物质文化遗产［M］. 北京：生活·读书·新知三联书店，2018：340-342.

其中，进行社会传承。然而，非遗开发中却出现了忽略“人”这个载体的现象，经常出现“见物不见人”的产业模式，这种模式冲淡了文化背后的情感。①例如，非遗文化博物馆这种模式仅展现作品却脱离了日常生活，会将人际动态的文化传承过程转化为静态的作品，很难传递对文化产品的膜拜、展示和体验价值。

（四）解决新路径：基于地方创生理论的非遗活态化开发策略

上述讨论说明了开发非遗不是将非遗与旅游或文化产品简单地相加，若单纯发展“重经济、轻文化”或“追现代、丢传统”的非遗文化，可能会加速对传统文化的消解。此外，非遗作为文化资源创造经济价值时需要将保护和传承放在首要位置，不仅要保护非遗头衔，更要确保其本真状态和生活方式的延续。因此，科学的开发模式要注重市场开发和文化延续的双重效应，才能解决上述问题。

霍布斯鲍姆和兰格曾在《传统的发明》中指出“传统可以为现实的需要而发明和建构，无论是被发明的传统还是被建构的传统，只要被固定下来就会在社会中形成记忆”。②虽然这种方式不能完全适用于非遗的传承和保护中，但这种思路为非遗的活态传承提供了一种新的可能。③此外，麻国庆等认为在全球化时代，地方性的文化产品进入世界维度中需要通过“文化创意”的方式才能被消费者接受。因此，非遗在全球化语境下，需要通过文化创意介入做出符合时代潮流及现代化需要的创新，才能活态化地传承延续下去。传统文化重构最有效的方式就是将富有创意的旅游产业植入其中。可见，创意旅游在非遗传承活态开发中扮演了重要角色，而非遗本身也与创意旅游有着多重交叉。向勇教授指出“创意旅游是指通过对艺术、遗产和地方特色的身心感知，营造出具有参与感和原真性的旅游体验。创意旅游就是文化产业‘文化加值、创意赋能’的创意管理手段”。④所以创意旅游与非遗资源的融合不仅能保留传统文化的原真性，为游客提供非遗文化的膜拜、展示及体验价值，同时还能通过“加值”和“赋能”保留日常生活的状态，营造具有参与感的场景体验，以这种创意管理手段活态化地传承非遗文化是十分必要的。

另外，创意旅游其实是地方创生理论的一种具体方法。“地方创生”（Place

① 麻国庆，朱伟．文化人类学与非物质文化遗产［M］．北京：生活·读书·新知三联书店，2018：340-342.

② ［英］霍布斯鲍姆，兰格．传统的发明［M］．顾杭，庞冠群，译．南京：译林出版社，2004：2-4.

③ 麻国庆，朱伟．文化人类学与非物质文化遗产［M］．北京：生活·读书·新知三联书店，2018：41.

④ 向勇．创意旅游：地方创生视野下的文旅融合［J］．人民论坛·学术前沿，2019（11）：64-70.

Making）的相关理论最早可以溯源到“文化造镇”的概念。20 世纪 70 年代，日本千叶大学宫崎清教授提出了“文化造镇”的概念。[①]20 世纪 90 年代，“文化造镇”的概念传入中国台湾后，台湾地区开展了“社区总体营造”运动。[②]随后，文化创意建设新型城镇的理念不断丰富。2014 年，日本国会主题也被定位为 “地方创生国会”。2016 年，中国台湾提出“设计翻转、地方创生”计划，并将 2019 年确定为“台湾地方创生元年”。从文化造镇到地方创生都强调了乡镇以文化资源为主，通过创意手段统筹“人、文、地、景、产”五要素，以打造多元化的乡镇社区文创品牌，同时鼓励塑造地方文化故事、艺术家介入社区及创意社群集聚等社会行动。[③]《台湾的社区营造》一书中对五大元素作了详细解释：“人”——社区居民共同需求、满足人际关系的经营和生活福祉的创造；“文”——社区共同历史文化的延续、艺术文化活动的经营及终身学习等；“地”——社区地理特色的维护和发扬、当地特质的强调；“产”——当地产品的创发和行销、当地经济活动的集体推展等；“景”——社区独特景观的创造、生活环境的永续经营、居民自力投入社区景观营造等。[④]向勇教授还指出进入了新时代，地方创生是乡村振兴、城乡统筹和社区营造等社会行动的新理念和新实践。[⑤]因此地方创生可以将创意旅游作为抓手，并通过五个维度的开发，为具有非遗资源的乡镇提供一种活态化传承的新路径。这种路径也符合活态化传承要发挥市场开发和传承记忆延续的要求。

位于崇州市道明镇龙黄村的道明竹艺村可以作为契合地方创生理念、打造非遗品牌乡镇的典范。道明竹艺村不是一个行政村。2013 年，中央美术学院在对龙黄村考察时，把最靠近公路的九、十一、十三组共 86 户人家所在的范围，规划出了一个竹艺聚集区。相关部门以竹编艺人聚集、竹编艺术产业化的方式，将竹艺村所在的范围打造成“文创旅游的创新创意示范区”，因为非遗竹编文化历史悠久，所以以“道明竹艺村”为其命名。竹艺村一直坚持“竹编非遗旅游为内核，以多元场景营造为抓手，促进农商文旅跨界融合发展”的理念，通过以创意旅游为主要方式的地方

---

① 唐雅雯 . 艺术介入的都市型社区营造：台湾内坜里、竹围和广州竹丝岗的比较研究［D］. 华南理工大学，2019：25-30.

② 张希月 . 非物质文化遗产资源旅游利用价值评价及开发利用研究［M］. 北京：华夏出版社，2019：347.

③ 向勇 . 创意旅游：地方创生视野下的文旅融合［J］. 人民论坛 · 学术前沿，2019（11）：64-70.

④ 唐雅雯 . 艺术介入的都市型社区营造：台湾内坜里、竹围和广州竹丝岗的比较研究［D］. 华南理工大学学位论文，2019：25-30.

⑤ 向勇 . 创意旅游：地方创生视野下的文旅融合［J］. 人民论坛 · 学术前沿，2019（11）：64-70.

创生模式成功地打造了非遗乡创品牌。

二、非遗竹艺村的开发策略

竹艺村发展以来，一直倡导用“艺术点亮乡村，文化延续未来”的思路进行非遗乡镇开发。作为四川非遗乡村振兴的范例，竹艺村充分发挥了活态化传承的市场开发及文化传承记忆延续的双重效应。可以按照地方创生理论所强调的五要素“人—文—地—景—产”的开发模式对这个案例加以分析，将竹艺村的活态化传承开发模式总结如下。

（一）“人”——社区居民共同需求的满足、人际关系的经营和生活福祉的创造

费孝通先生曾针对“保人还是保文化”的话题进行讨论，认为人是非遗传承中不可或缺的要素。[①] 如今在非遗乡镇开发的过程中，“人”同样是必须关注的核心要素。现代社会生活用品越来越丰富，而竹编产品萧条多年，道明竹编传承人已找不到传统手工艺品的出路。老一辈的竹编匠人无法结合新时代背景下的文化元素为非遗竹编产品找到市场，“90 后”的竹编传承人因有职业多元化的选择而放弃以竹编为生，村中出现人员外流的现象。这种状况使非遗竹编所在的龙黄村不仅人均收入低，竹编技艺也可能因为没有市场而消逝。因此，竹艺村的创建为非遗文化持有者们创造了一个生产空间，并通过将非遗文化转化为文化产品的方式换取经济价值，满足传承人的基本生活需求。对于其他村民而言，可以通过出租房屋、开店或在村内务工等方式参与其中，获取收入。另外，竹艺村以孵化式招商模式引进创客人才作为“新村民”，发展竹艺村的文创产业。老村民赋予村落膜拜价值和展示价值，新村民通过文创孵化提供更多的体验价值，实现了新老村民共创共享竹艺村的目的。因此竹艺村充分考虑到人的需求和关系，使新老村民在社区中和谐共生。

（二）“文”——社区共同历史文化的延续、艺术文化活动的经营及终身学习等

根据《华阳国志》记载，道明竹编至今已经有 2 000 多年的历史。早在秦朝，道明地区就已经使用竹子制作农具用于生产和生活。清朝时期，道明竹编的工艺水平

① 麻国庆，朱伟．文化人类学与非物质文化遗产［M］．北京：生活·读书·新知三联书店，2018：180-182.

极大进步，箕、箩、篼、筐等一些产品闻名于省内。在改革开放后，道明竹编进入了繁盛时期，唯一一位国家级传承人赵思进曾出国进行推广，教授竹编技艺。①竹艺村通过设立研学课堂、乡村艺术季、高校研究基地等项目，不仅传递了竹编文化的历史脉络，还为游客提供了更丰富的文化体验，同时也使社会参与度得以提升。在这个维度上，竹艺村在内部传承的基础上，注重运用现代化的手段推广竹艺。无论是游客、高校学生，还是驻村艺术家，都能够深度参与到学习或运用竹编文化进行体验和交流的活动中，这样，竹艺村开发的艺术项目充分发挥了活态化传承延续传承文化的作用。

（三）"地"——社区地理特色的维护和发扬、当地特质的强调

2017 年，同济大学袁烽团队在此用时 52 天设计并建成了一座竹里，作为竹艺村交流展示文化的中心区，该建筑 2017 年还荣获了"艾特奖"文化空间设计奖。②正因为这座将传统竹编韵味和现代建筑美学完美融合的"网红"竹里成为竹艺村的标志性建筑物，竹艺村才开始被游客所熟知。竹艺村秉持"四不"原则进行开发，即不大拆大建、不挖山填塘、不过度设计、不冒洋求进，在不带有圈地思想的情况下，保留原有风土人情以打造中式川西的特色竹林，充分展现出当地本土文化和当地特质。在这个维度上，竹艺村老村民原有的生活方式较为完整地保留了下来，竹里建设也充分考虑到当地的特色，并采用了竹编对其进行装饰。竹里的建设还融入了袁烽团队和村民的共同努力。因此，竹艺村打造的竹里不仅没有加剧现代文化与传统文化的矛盾，还成就了袁烽团队和村民的共同成果，能够让千年竹编文化在一个相对和谐稳定的环境下继续传承。

（四）"产"——当地产品的创发和行销、当地经济活动的集体推展等

道明竹艺村以"竹编非遗旅游为内核，以多元场景营造为抓手，促进农商文旅跨界融合发展"的理念将文化创意产业有机地介入乡村，其文创产业的形成也说明其市场开发较为成功。竹艺村坚持以"造商"代替"招商"的原则孵化由新老村民主导创建的文创空间。③诸如以原村民传承人为代表的丁知竹非遗研习所、红梅竹编等，以新村民为代表的遵生小院、见外美术馆等，以高校合作为代表的中央美院工作站。同时，采用艺术介入乡村社区的模式，赋予乡村文化力。利用多方资源为其

① 蒲骊衡．非物质文化遗产传承的可持续性研究［D］．西南大学学报，2018：29-40.

② 袁烽，林边．竹里：四川崇州道明镇乡村社区文化中心［J］．中国建筑装饰装修，2018（11）：92-97.

③ 中共崇州市宣传部．艺术点亮乡村振兴路［J］．先锋，2018（05）：60-61.

创意旅游赋能，通过新老村民营造的多元场景，让不同需求的游客拥有完整的感官体验、情感体验和精神体验三位一体的创意文旅之行。

（五）“景”——社区独特景观的创造、生活环境的永续经营、居民自力投入社区景观营造等

竹艺村塑造了“开窗见田、推门见绿”的田园风光和大美公园城市形态。“网红”竹里只是提供社区营造的一个中心区域，其美学特征依旧符合川西竹盘的景色，并没有因为建设竹里而牺牲竹艺村的整体风景。另外，入驻的艺术家和中央美术学院工作站也充分考虑到竹林风景的美学价值，在进行艺术景观创作时都会选用竹子为原材料，同时会加入当地居民的竹编设计。这样首先保证了绿色生态的可持续发展环境，还能够让当地居民积极参与到艺术景观的创作中，使得竹艺村的景观既符合自然发展规律，又融入了村民与艺术家共同的情感。

三、地方创生模式下的竹艺村非遗活态化开发

（一）地方创生助力市场开发

竹艺村以地方创生的五个维度进行市场开发，使以非遗文化为主的创意旅旅游得到发展，形成了文创产业，并实现了乡村振兴。竹艺村经过发展非遗创意旅游，从贫困村实现了客观的经济收入目标。据统计，2018 年竹艺村总收入达到 1 561.8 万元，旅游业收入达到 1 480.6 万元，人均可支配收入达到 25 595 元。① 可见该村增收绝大部分来源于旅游收入，由此证明以创意旅游为主的地方创生模式对村民的经济收入产生了积极影响。与此同时，村民的生活水平显著提高，对其市场开发也起到了决定性作用。

（二）地方创生实现传承文化延续

前文提到非遗活态应该在实现市场开发、经济增长的同时，确保非遗文化传承记忆的延续。关于非遗传承文化记忆的延续还涉及文化认同、文化重构和文化记忆三个概念。这三者都受到地方创生模式的影响，但又各自发挥作用，使非遗文化更完整地、更活化地传承。

1. 地方创生构建文化认同

弗洛伊德最早提出“文化认同”的概念，即为个体或者群体在心理或感情上的

① 李敏 . 川竹韵 醉四方：来自成都道明镇竹艺村的报告［M］. 三峡日报，2019-12-17.

趋同。文化认同概念是社会成员对群体的归属和情感的依附。根据陈修岭提出的旅游情景下的群族文化认同测定模型（见图 1）①，在旅游情境下的文化认同包含较多维度，同时是一个动态的过程：旅游活动介入地区对当地居民的经济和文化产生影响，经济影响直接作用于自我认同，而文化影响直接作用于族群卷入。旅游活动本身就能增强族群认同感，从而增强其归属感、态度等。最后，这个动态过程中的因素共同作用于族群的认同重构。

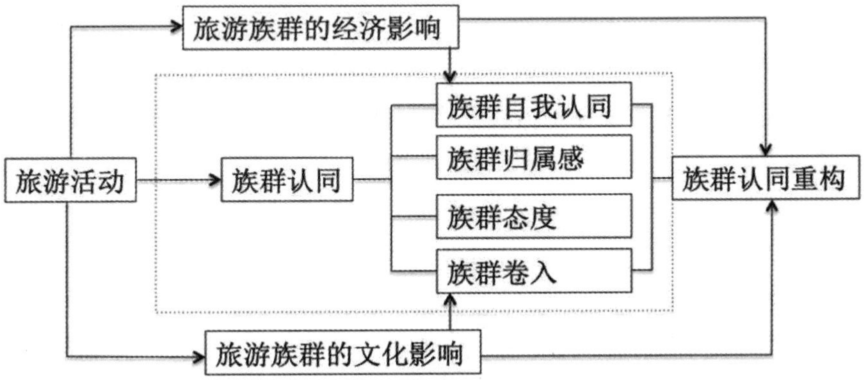

图 1　旅游情景下的族群文化认同测定模型

竹艺村通过修建“网红”竹里吸引了大量游客，与此同时，随着“90 后”竹编传承人的回归，世界艺术家的介入、文创“新村民”的入驻，新老村民对竹编文化更加认同，也对村落更有归属感。因此，村民的文化认同会从萧条贫困时期过渡到乡村振兴示范村时期，由文化不自信转向文化自信。地方创生构建营造了一个多元化的和谐社区，通过创意旅游拉动经济增长，使村民获得更有自信的文化认同。这种文化认同能坚定文化持有者活态传承的信念，增强新村民文创造镇的信心。

2. 地方创生促进文化重构

“文化重构”的概念是指固有文化在与现代文化的接触中选取有用的内容为我所用，并与现代文化进行有机结合和互动。② 文化重构需要现代化文化元素进入乡村，艺术家作为现代化文化的创造者可以为非遗乡村注入活力，协助非遗乡村进行文化重构。方李莉也指出人类学对当代艺术有三次影响，第三次影响就涉及艺术家与社

① 陈修岭 . 旅游、文化变迁与文化认同［M］. 北京：中国社会科学出版社，2018：218-220.
② 陈修岭 . 旅游、文化变迁与文化认同［M］. 北京：中国社会科学出版社，2018：176-180.

会实践相联系的问题。[①]前文所提到的艺术家介入乡村，也是地方创生鼓励的一种形式。近些年，无论是日本的大地艺术节还是中国的许村艺术节，都在摸索中寻找到了较为合适的发展路径，进行艺术乡建。艺术介入乡村不仅能够增加乡村收入，还能增强村民参与公共决策的热情，点亮公众的创新能力。[②]以“艺术点亮乡村”为首句口号的竹艺村同样采用了艺术家入驻乡村的方式，对传统文化进行重构。例如，见外美术馆于 2018 年 12 月正式开馆，旅法艺术家刘福伟带着实现城乡文化生态发展无产别的愿望来到竹艺村。日本大地艺术节初期，村民适应时间漫长，相比之下，竹艺村在艺术家作为新村民驻村时就设计了入村仪式等活动，让艺术家与村民充分接触和磨合。艺术家与乡村互为表里，艺术家为实现将现代文化注入乡村的理想来到乡村，其作品又为村落增添了当代美学色彩。当代文化的注入有助于传承人对艺术产生新的认知，更容易创作出符合时代需求的竹编作品。因此艺术家作为一个链接点将城乡艺术视野的差距逐渐缩小，对文化重构中的文化创新和现代化起到了重要作用。

3. 地方创生延续文化记忆

文化记忆研究与非遗传承有着密不可分的关系。20 世纪 20 年代，莫里斯·哈布瓦赫首次提出了“集体记忆”（Collective Memory）的概念，但此概念并没有涉及文化领域。[③]康纳顿提出的“社会记忆”（Social Memory），则指向群体通过仪式塑造的共同记忆，它并非个人记忆的简单叠加，而是作为主体的集体记忆。另外，康纳顿认为“记忆的体化”（Incorporating）是一种记忆在身体中积累的实践，这种实践是人和人之间及群体之间传播信息的过程。[④]直至 20 世纪 90 年代，阿斯曼夫妇融合文化学与历史人类学背景，提出了“文化记忆”（Cultural Memeroy）的概念，在哈布瓦赫的“集体记忆”基础上提出了“交流记忆”（Communicative Memory）。[⑤]另外，王霄冰指出“文化记忆所依靠的是有组织的、公共性的集体交流，其传承方式可分为‘与仪式相关的’和‘与文字相关的’两大类别”。[⑥]张捷等指出文化记忆和文化

---

① 方李莉 .2019 年中国艺术人类学的焦点和热点问题述评［J］. 民族艺术研究，2020，33（01）：46-53.

② 禹子良 . 艺术家介入乡村建设的路径研究［D］. 中国美术学院硕士学位论文，2018：7.

③ 冯亚琳，阿斯特莉特·埃尔 . 文化记忆理论读本［M］. 北京：北京大学出版社，2012：4-6.

④ 唐璐璐，向勇 . 在地艺术的文化记忆重塑与权利话语重置：以日本越后妻有大地艺术节为例［J］. 福建论坛（人文社会科学版），2019（02）：80-86.

⑤ 冯亚琳、阿斯特莉特·埃尔 . 文化记忆理论读本［M］. 北京：北京大学出版社，2012：4-6.

⑥ 王霄冰 . 文化记忆与文化传承［J］. 励耘学刊（文学卷），2008（01）：227-236.

资本具有良性耦合关系，文化记忆通过加强非遗保护从而加快文化资本化的进程，产生了良性的互动关系。[①]因此，地方创生通过整合五大要素营造社区，能够从文化记忆、社会记忆和交流记忆三方面确保非遗文化记忆在传承中的延续性。

（1）延续传承人文化记忆

无论何种文化，只要它的文化记忆还在延续，它就还能可持续地发挥作用并继续发展；反之，若文化记忆消逝或消解，其文化也就不复存在。[②]竹艺村的发展使“90后”的竹艺传承人重新回归乡村，继承传统。根据竹艺村纪录片《四世同堂》中成都市级传承人杨隆梅的口述，她于2011年大学毕业时曾去外地工作，因竹编生产正经历前所未有困境而不得不于2013年回到竹艺村传承竹编技艺。随着乡村振兴战略的发展助推竹里的建成和文化创意乡创的发展，她的心态从放弃城市工作的纠结转变为只身为传承竹编的坚定。她在继续打磨技艺的同时，还为竹艺村小学上竹编工艺课，以求让村里的孩子也能了解和传承竹编文化。另外，杨隆梅赋予传统竹艺新的时尚创意，如设计“竹子+陶瓷”的茶具、“竹子+时尚品牌”的女士包袋。[③]可见，竹编作为传统文化在当代语境下的传承，既符合了不脱离日常生活的要求，又融入现代生活的需求。

另外，文化持有者经过挣扎后重拾信心，回归乡村的经历，丰富了其生命体验。生命体验意味着亲力亲为，也指亲身经历重大复杂的事情。对地方创生发展而言，故事驱动是内在驱动力，以参与和体验为表达方式。[④]非遗传承人的生命体验首先使非遗的文化记忆得以延续，其次加深了传承人对非遗的认知、记忆，从而丰富了生命体验。生命体验不仅对非遗传承人的创作有积极作用，还能以真实故事原型为素材，对竹艺村创意旅游的发展进行故事驱动，从而留存了非遗文化的本真状态，也促使非遗文化融入了日常生活。

（2）共创村民社会记忆

地方创生的关键主体在于引导地方居民自主参与。前文提及的康纳顿认为对记忆的具体化描述，需要人们经历人与人及群体之间互相交流实践的过程。竹艺村的老村民和新村民都可以自主参与共创共建共享，因此在地方创生赋能非遗乡创的过

---

① 张捷，李育菁．非物质文化遗产保护中文化记忆与文化资本化的耦合机制研究［J］．文化产业研究，2017（03）：43-53.

② 王霄冰．文化记忆与文化传承［J］．励耘学刊（文学卷），2008（01）：227-236.

③ 任菊香，杨静．当城市的“远方”遇到乡村的“诗”：三个川西乡村的产业振兴密码［J］．当代兵团，2019（11）：41-42.

④ 向勇．创意旅游：地方创生视野下的文旅融合［J］．人民论坛·学术前沿，2019（11）：64-70.

程中，通过新老村民的接触与交流还能促成共建社会记忆的结果。

为了确保原村民的生活空间不被破坏，竹艺村引进新村民时不仅要控制数量，还要评估其项目方案和运营思路。简而言之，新村民要在尊重非遗资源的基础上进行文创赋能。[①]其中首批入驻的新村民冯玮通过经营遵生小院，实现了田园梦想。同时，她还在村中担任妇女委员会主任，她管理的竹艺村“妇女之家”被评为成都市示范点。[②]新村民通过在村中参与社会实践，实现了康纳顿所描述的人与人之间的互相交流，使新村民和老村民对此产生了有关联的社会记忆。

此外，节庆的诞生或延续，本质上是以共同的精神分享和公共交流为基础的。[③]前文论述了社会记忆是依靠仪式来集体共同享有的。竹艺村以竹编文化为核心，也设立了节庆活动。例如，道明国际竹文化节，包括针对儿童的“天府小匠人”竹编比赛、国际竹编比赛和文创体验、美食体验。通过诸如此类的节庆，老村民和新村民共同参与，留下文化记忆与社会记忆。此外，基于村民的农耕文化，每年还设有丰收节及秋收运动会。这些节庆活动都根植于非遗文化和农耕文化中，不仅有利于活态化地推广非遗竹编，相比普通的乡村艺术节，也更容易让新老村民理解非遗文化的内涵。节庆使新老村民产生共同的社会记忆，从而对竹艺村产生情感共通的记忆。因此竹编得以在“各美其美，美人之美，美美与共，天下大同”的和谐氛围下，实现活态化的传承和创生，社会记忆的建构也使非遗文化深远的文化记忆更加完整和立体。

（3）留存游客交流记忆

阿斯曼认为文化记忆需要以特殊的载体（历史、传说等）呈现，而交流记忆的载体却很普通，即与同代人共享的回忆。[④]因为创意旅游的过程强调文化旅游的体验和参与的重要性，所以竹艺村的游客可以通过各种活动及多元场景参加深度文旅体验（如竹编研习课、民宿体验、参与节庆等），通过获得展示机会、体验和精神价值等方式在此留下交流记忆。地方感包括三个维度，即地方依恋、地方依赖和地方认同。[⑤]地方感是有关情感和精神的回忆，游客在这里留存美好的交流记忆，有利于对此产生地方感，并与竹艺村建立情感联系。这种联系不仅有助于吸引游客再次游览，

---

① 中共崇州市宣传部．艺术点亮乡村振兴路［J］．先锋，2018（05）：60-61.

② 李敏．川竹韵 醉四方：来自成都道明镇竹艺村的报告［M］．三峡日报，2019-12-17.

③ 谭若芷．从情感共同体的重构到乡村社会秩序的修复［D］．广东工业大学学位论文，2018.

④ Assmann，J./Hölscher，T.（Hg.）．*Kultur und Gedächtnis*［M］．Frankfurt a.1988.

⑤ 向勇．创意旅游：地方创生视野下的文旅融合［J］．人民论坛・学术前沿，2019（11）：64-70.

还能够使游客对文化遗产产生文化认同，从而树立起保护意识，也能解决非遗脱离生活和本真状态的问题。当公众的保护意识增强，共创性的保护可以增强非遗传承的社会属性，在达到活态传承的同时，也能让社会力量融入共保非遗文化记忆完整性的实践之中。

非遗的活态化传承既要考虑市场开发，又要考虑文化传承记忆的完整性和连续性。文化创意管理手段介入非遗传承是兼顾经济效益和文化延续的一种选择，而以创意旅游为抓手的地方创生模式，能够使非遗活态化开发从可能变为现实。出于追求美好生活的愿景，地方创生模式既可以通过市场开发有效地振兴乡村，还可以通过构建文化认同、加快文化重构、延伸文化记忆这三种方式延续非遗文化传承记忆。在延续传承记忆的过程中，文化认同有助于文化重构，而在文化重构的过程中能够融入现代化元素，因此非遗文化适应了文化创新的要求，最终促进了非遗文化记忆的延续。自十九大乡村振兴战略实施以来，建设美丽乡村更成为符合时代要求的选择。地方创生模式可以更好地开发非遗乡村，增强城乡“链接”，促使非遗和乡村、城市形成“城市拥抱非遗文化，非遗文化反哺乡村”的良性互动。同时，这种模式也为兼顾传统与创新的传承非遗乡镇开发提供了驱动力。

参考文献

［1］联合国教科文组织．保护非物质文化遗产公约．联合国教科文组织网站，http：//unesdoc.unesco.org/images/0013/001325/132540c.pdf，2003-10-18/ 2020-05-30.

［2］国务院办公厅．国务院办公厅关于加强我国非物质文化遗产保护工作的意见．中国政府网，http：//www.gov.cn/zhengce/content/2008-03/28/2020-05-30.

［3］林青．非物质文化遗产保护的理论与实践［M］．北京：人民邮电出版社，2017：41-44.

［4］麻国庆，朱伟．文化人类学与非物质文化遗产［M］．北京：生活·读书·新知三联书店有限公司，2018：180-360.

［5］陈修岭．旅游、文化变迁与文化认同［M］．北京：中国社会科学出版社，2018：176-220.

［6］张捷，李育菁．非物质文化遗产保护中文化记忆与文化资本化的耦合机制研究［J］．北京：文化产业研究，2017（03）：43-53.

［7］James H. Gilmore，B.Joseph Pine II. *Authenticity*：*What Consumers Really Want*［M］. Harvard：Harvard Business school press. 2009：pp. 49-50.

［8］向勇．文化产业融合战略：一源多用与全产业价值链［J］．新美术，2014，35（04）：20-26.

［9］［英］霍布斯鲍姆，兰格．传统的发明［M］．顾杭，庞冠群，译．译林出版社，

2004：2-4.

［10］向勇．创意旅游：地方创生视野下的文旅融合［J］．人民论坛・学术前沿，2019（11）：64-70.

［11］唐雅雯．艺术介入的都市型社区营造：台湾内坜里、竹围和广州竹丝岗的比较研究［D］．华南理工大学，2019：25-30.

［12］张希月．非物质文化遗产资源旅游利用价值评价及开发利用研究［M］．华夏出版社，2019：347.

［13］蒲骊衡．非物质文化遗产传承的可持续性研究［D］．西南大学学报，2018：29-40.

［14］袁烽，林边．竹里：四川崇州道明镇乡村社区文化中心［J］．中国建筑装饰装修，2018（11）：92-97.

［15］中共崇州市宣传部．艺术点亮乡村振兴路［J］．先锋，2018（05）：60-61.

［16］李敏．川竹韵 醉四方：来自成都道明镇竹艺村的报告．三峡日报，2019-12-17.

［17］方李莉．2019 年中国艺术人类学的焦点和热点问题述评［J］．民族艺术研究，2020，33（01）：46-53.

［18］禹子良．艺术家介入乡村建设的路径研究［D］．中国美术学院学位论文，2018：7.

［19］冯亚琳，阿斯特莉特・埃尔．文化记忆理论读本［M］．北京大学出版社，2012：4-6.

［20］唐璐璐，向勇．在地艺术的文化记忆重塑与权利话语重置：以日本越后妻有大地艺术节为例［J］．福建论坛（人文社会科学版），2019（02）：80-86.

［21］王霄冰．文化记忆与文化传承［J］．励耘学刊（文学卷），2008（01）：227-236.

［22］任菊香，杨静．当城市的“远方”遇到乡村的“诗”：三个川西乡村的产业振兴密码［J］．当代兵团，2019（11）：41-42.

［23］谭若芷．从情感共同体的重构到乡村社会秩序的修复［D］．广东工业大学学位论文，2018.

［24］Assmann，J./Hölscher，T.（Hg.）．*Kultur und Gedächtnis*［M］．Frankfurt a.M.1988.

《北大文化产业评论》征稿启事

一、期刊介绍

《北大文化产业评论》（*Peking University Cultural Industries Review*）是北京大学文化产业研究院和国家文化产业创新与发展研究基地联合主办的文化产业研究性学术期刊书（Jook，Journal Book），以学术期刊的方式编辑内容，以图书专著的形式出版发行，每年十二月付梓出版。

本刊以文化产业相关领域的理论性、批判性、历史性和国际性的研究为主要内容，重点探讨当下文化产业发展的热点和趋势。同时欢迎人文与社会科学领域内以跨学科视角探讨文化产业现象的论文投稿。本刊所秉持的理论性，是对西方文化产业典范的重新思考和对中国本土概念体系的重新建构；批判性，是对现实存疑的态度和自我辩证的思维；历史性，是回顾过去和面向未来的文化时序；国际性，是对研究问题普世价值的观照和国际情境的借鉴。

本刊的目标是成为国际文化产业学术领域中知名学者研究成果发表的主要阵地，同时也致力于入选南京大学中文社会科学引文索引（CSSCI）。

为进一步完善文化产业领域的学术研究，以艺术学理论的二级学科构建为方向，本刊针对文化产业领域的研究动向和发展趋势，设置以下固定栏目：理论视野、前沿观察、产业动态、区域热点。具体内容包括但不限于以下领域：文化产业理论（基础理论、史论研究）；文化产业要素（文化资源、文化技术、文化资本、文化资产）、文化产业组织管理（文化创意、领导力、文化经营、文化金融）、文化产业社会治理（文化聚落、文化软实力、文化治理）。

二、投稿须知

（一）文稿类型

论文文字中英文均可，但中文以简体字为限，英文内容不超过当期篇幅的五分之一。同时本刊欢迎使用其他语言如日文、韩文、法文等来稿，经审议通过，本刊将原文刊登。论文须是具原创性且完整学术格式的论文，中英文文稿篇幅不超过一万字为宜。

（二）论文格式

（1）来稿请用电脑采用 Word 文档形式处理，文件名注明“文化产业评论投稿”，用电子邮件“附件”形式投寄。若不能用电子邮件投稿，可邮寄打印稿。若文稿中含有数学公式、表格、曲线图及其他图表，请用电脑制作相关内容，并务必保证其中的符号、数字、文字、图线清晰、规范。文字横向排列，并注明页码。

（2）本刊为统一文稿规格，编订了论文撰稿体例，敬请参考遵循采用。来稿请以首页（首页注明：中文论文题目、作者姓名与任职机构、通信地址与电话等相关资料）、中文摘要（二百字以内）与四至六个关键词、英文摘要（二百字以内）与四至六个关键词、正文、注释、参考书目及附录（如有需要）为序，各项独立起页。

（3）为便于本刊匿名审核论文，请勿在正文页内呈现作者姓名与任何可能辨识作者的资料。

（三）审查程序

（1）本刊的审查程序分为两个阶段。文稿投寄至本刊后，先由本刊编辑进行初步审查工作。初步审查完成后，本刊编辑再将文稿交给两至三名编辑委员进行匿名审查，需时约六周。本刊编辑负责通知作者文稿审查的进度与结果。

（2）第二阶段审查完毕后，本刊编辑会将审查意见与文稿副本寄回作者。作者收到审查意见与副本后可进行文稿修改，并在十天之内将文稿寄回本刊。文稿最后版本确定后，作者不得再对文稿内容进行任何更改。

（3）本刊依据匿名审查意见，保有对文稿进行任何必要更改的权利，并请作者参考审查意见做必要的修改或拒绝刊载文稿。不愿接受删改者，请在首页声明。

（4）请自留原稿，本刊依例不退还文稿。

（四）版权事宜

（1）本刊不接受已正式出版及一稿数投的论文。邀请论文不在此限。对于侵犯他人版权或者其他权益的文稿，本刊概不承担任何连带责任。

（2）经刊登的论文，版权归本刊所有。非经本刊同意，不得转载或转译为其他语种发表。邀请论文不在此限。

（3）经刊登的论文，本刊将赠送作者当期刊物两本，不另付稿酬。

（五）稿件交寄

来稿请通过电子邮件投稿，本刊编辑部收到后将会及时回复确认。请勿由私人转递稿件，以免辗转贻误。本刊编辑部收到后即回复，六个月后未被刊用可自行处理。本刊不收取任何费用，也不开具任何书面录用通知，请谨防诈骗。询问本刊出版相关事宜请联系：北京大学文化产业研究院《北大文化产业评论》编辑部。

联系方式：86-10-62767249，86-10-62757216

电子邮箱：ici@pku.edu.cn（邮件标题请注明“《北大文化产业评论》投稿”）。

通信地址：北京大学燕南园 51 号院（邮编：100871）。

《北大文化产业评论》编辑部

2020 年 8 月 31 日

中华文化传承与创新研究智库丛书

编　委　会